따르는 사람, 이끄는 사람

Follower&Leader

FOLLOWER & LEADER

따르는 사람, 이끄는 사람

박삼열 지음

세 상 어 디 에 나 리 더 는 존 재 한 다

HAPPY
PAPER

왜 대기업 임원은
팀장 리더십에 관한 책을 냈는가

필자는 전형적인 X세대이자, 대기업 임원 4년 차다. 마음으로는 기업 경쟁력을 잘 유지하는 회사에서 함께 근무하는 구성원들과 즐겁고 행복한 직장생활을 할 수 있는 조직이 많아지길 진심으로 기대하고 있다. 당장 필자가 몸담은 회사에서부터 그런 꿈 같은 조직을 만들어 가고 싶었다. 섣부른 결론이지만 지금도 그런 이상적인 회사를 만들 수 있다고 확신한다.

그런데 왜 이런 좋은 회사들이 많지 않은 걸까?

'왜, 무엇이 문제인가?', '어떻게 개선하고 변화시킬 것인가?', '변화와 혁신을 위해 나는 무엇을 해야 하는가?' 이 세 마디는 24년간 직장생활을 하면서 꾸준한 고민거리이자 화두였다.

필자의 과거 경력을 미리 공개하는 것이 전체 글을 읽을 때 도움이 되리라 생각한다. 필자는 1990년대 말 IMF 경제 위기 시절 현대자동차에 입사한 이후 국내 생산 공장에서 벌어지는 노사 간 치열한 물리적 갈등과 대립, 투쟁을 직접 경험했다. 정말 마음이 아팠다. 같은 회사 직원끼리 왜 심한 대립과 갈등을 겪고 물리적, 언어적 폭력을 행사해야 하는지 이해가 되지 않았다. 이후 서울 본사로 자리를 옮기게 되었고 회사의 노사관계를 근본적으로 변화시켜 보자는 취지로 구성된 TFT에 배속되었다. TFT에서 노사관계 분석 작업을 하는 도중 인도에 있는 공장에서 파업이 발생하여 초대 노무주재원으로 파견되었다. 6년간 근무하면서 기존 국내에서와는 다른 노무관리 방식을 도입해서 소소한 성공을 맛보았다.

한국 본사로 복귀하여 전 세계 수십 개 생산 공장의 글로벌 사업장 관리 업무를 맡았고, 인도 공장에서의 노무관리 경험을 바탕으로 한 '글로벌 노무관리 전략'을 개발했다. 또한, 해외 공장 곳곳을 찾아다니면서 새로운 노무관리 전략을 전파하며 공장별 HR, ER 부문의 모범사례 Best practice 관행을 갖추는 데 일조했다. 이후 본사 총무팀장 보직을 맡으면서 본격적으로 리더십, 조직문화 그리고 일하는 방식과 관련된 업무를 맡게 되었다.

처음 팀장 보직을 맡고 1~2년간은 정말 힘들었다. 팀장으로서 잘하고 싶은 마음에 당시 지푸라기라도 잡는 심정으로 서점과 인터넷을 넘나들면서 '훌륭한 팀장 되기', '좋은 리더십 만들기' 같은 말이 들어간 자료들을 샅샅이 뒤졌고 나의 지치고 힘든 마음을 잡아 줄 한 줄기 희망을 찾아 헤맸다. 하지만 구매한 책들을 읽어 보면 크게 공감이 가거나 뇌리에 박히는 내용이 그리 많지 않았다.

현재 우리나라 주요기업들은 대부분 양적성장 전략 기조에서 질적성장 전략 기조로 전환되는 패러다임에 놓여 있어 회사 내·외부적으로 급격한 경영 환경 변화가 일어나고 있다. 이러한 변화는 필자가 몸담은 조직에서도 피부로 느껴지기 시작했다. 이에 필자는 팀장 보직을 맡으면서부터 그동안 경험한 이 '날것의 리더십'을 글로 써 봐야겠다고 생각했다.

내가 이 정도 힘들다면 내 주변 동료 팀장이나 향후 리더가 될 후배들은 얼마나 더 힘들겠는가! 그들을 위해서라도 나의 고충과 경험담을 정리해 보고자 마음을 먹었다. 우선 2015년 팀장직을 맡은 이후 필자가 직접 경험한 '어쩌다 팀장의 조직 적응 좌충우돌기'를 정리했다. 2017년부터 네이버 블로그, 브런치에 이를 공유하고 소통하면서 동병상련을 느꼈다. 주요 관심사는 리더십, 조직문화, 직원 정서, 노사관계 등이었다.

이 시기에 임원으로 승진하면서 다시 생산 공장의 노사관계 업무를 맡게 되었다. 과거 사원, 대리 시절을 보냈던 부서에 임원으로서 약 14년 만에 복귀하게 된 것이다. 10년이면 강산도 변한다더니 다시 돌아온 공장 분위기는 사뭇 다르게 여러 측면에서 많은 변화가 있었다.

생산직이 대다수를 차지하는 노조와의 협상을 비롯한 각종 현안 이슈를 처리하는 노무관리의 중심에서 정신없이 업무를 보는 동안에도 '어떻게 하면 현재의 노사관계를 좀 더 발전시킬 수 있을까?'라는 고민의 끈을 놓지는 않았다. 이 시기에 노사관계가 단순히 노동조합과 사용자의 관계가 아닌 '다수 직원이 기업 경영 활동이나 기업 내 리더들에게 어떠한 정서를 가졌는지, 더 나아가 직원과 기업의 경영진이 서로를 얼마나 신뢰하느냐의 정도를 나타내는 관계'라고 재정의해 보게 되었다.

이 정의를 전제로 한다면, 직원 정서는 조직 내 함께하는 리더들의 리더십과 관련 있을 수 있으며, 리더와 팔로워들이 함께 공유하는 기업 내 인식과 관행, 일하는 방식들의 총합인 '조직문화'도 노사관계와 매우 밀접한 관계가 있지 않을까 싶었다. 이러한 관계성을 더 깊이 파고들기 위해 다양한 책을 탐구하고 얻은 지식을 업무와 연결하여 적용해 보는 노력을 틈나는 대로 해 왔다.

그 과정에서 새롭게 알게 된 리더십이나 조직문화에 관련된 글을 집필하면 그중 일부는 블로그, 브런치에 공유하곤 했다. 하지만 회사의 단체 협상과 여러 현안 이슈에 대응해야 하는 시간이 늘다 보니 글쓰기 활동도 흐지부지되어 갔다. 그 당시 출판사로부터 블로그 내용을 토대로 한 책 출판 제의를 받기도 했다. 필자는 그 제안에 잠시 기쁜 마음이 들었지만, 개인 업무와 함께 한창 노사 간

단체 협상에 집중해야 하는 시기였기에 정중히 거절할 수밖에 없었다. 그렇게 책 출간 기회를 접었다.

그사이 생산 공장에서 노사관계 업무로 바쁜 2년을 경험한 직후 내부 사정으로 R&D연구소로 전근을 했다. 다수의 지식 근로자가 근무하는 R&D연구소의 리더들도 리더십과 일하는 방식, 조직문화와 직원의 정서관리에 고민과 어려움을 겪고 있음을 알게 되었고, 한동안 묻어 두었던 글들을 정리하면서 펜을 들었다.

통상 퇴직 후 컨설팅 회사로의 이직 또는 과거 근무 경험담을 엮어 책을 발간하는 경우가 일반적이다. 그러나 현직 임원이 이렇게 책을 내는 경우는 아직까진 드문 일이다. 책 출간 관련하여, 굳이 현직에 있으면서 리스크헷징 Risk-hedging은 못할망정 리스크테이킹 Risk-taking을 하려고 하느냐며 걱정해 주는 동료들의 염려도 뒤로한 채 '가 보지 않은 길'을 자진해서 가 보려 한다.

국내 대기업들의 경우에는 조직 구성원의 적게는 5% 많게는 15% 정도로 보직자 또는 관리자로 구성되는 것이 일반적이다. 보직자는 조직 내에서 직책을 가진 이를 의미하며, 주로 파트장, 팀장, 실장, 사업부장 등의 리더 그룹을 일컫는다. 그렇다면 보직자들은 조직에 어떤 영향을 미칠까? 사업부별 간담회를 비롯해 계층별, 직급별 다양한 루트를 통해 확인해 본 결과, 연구소 직원들의 정서에 영향을 미치는 중요한 요소 중 하나가 바로 이 보직자들의 리더

따르는 사람, 이끄는 사람

십이었다.

조직에서 리더인 팀장의 역할과 책임은 매우 크다. 팀원들의 사기 진작과 업무 성과 창출에 지대한 영향을 미친다. 과거 대부분의 한국 기업과 그에 속한 다수의 리더는 본인들의 핵심 업무가 업무성과관리 Project management 정도라고 생각했었다. 하지만 최근 리더들의 핵심 업무는 '해당 조직원들의 사기 진작과 동기 부여를 바탕으로 구성원들이 큰 성과를 창출할 수 있도록 환경과 시스템을 관리하는 일'로 바뀌고 있다.

그런데 현실은 만만치 않았다.

사실 지금의 보직자 중 대부분은 직원관리 방법을 체계적으로 배운 적이 별로 없다. 그렇기에 이들의 리더십 역량 향상을 위한 기업 차원의 투자가 꼭 필요하다. 조직 내부에 3~4세대의 다양한 연령대가 함께 있는 팀과 조직들이 점차 많아지면서 세대 차이로 인한 갈등이 심화하는 상황이 자주 벌어지고 있다. 실무 리더들은 임원 이상의 상사와 MZ세대의 주축인 팀원들과의 중간에 '낀 세대 리더'가 되어 버렸다. 더군다나 코로나19로 비대면, 재택근무가 확대되면서 근무 형태와 직원관리 등 기업 내 여러 체계가 변하고 있어 리더들의 고민이 늘고 있다.

과거의 조직관리는 면담, 인사평가, 회식 등을 기회 삼아 상대의 언어·비언어적 표현을 살피고 서로를 파악하여 허심탄회하게 마음을 맞춰 갔다면, 현재는 개인주의, 비대면적 환경 등으로 사실상 미팅 자체가 불가능하니 리더 입장에서는 뭘 어떻게 해줘야 할지 난감할 수밖에 없다. 그러므로 사회 전반의 변화 그리고 '위드 코로나With corona' 시대에 걸맞은 리더십 스킬에 대한 새로운 접근과 고민이 필요하다. 이런 상황에서 리더들이 어떻게 조직을 관리하면서 성과를 창출할 수 있는지 이 책에서 함께 살펴보고자 한다. 이야기를 공유하는 과정을 통해 많은 리더가 또 다른 혜안을 가져 '보다 더 나은 리더십'을 발휘할 수 있기를 바란다.

이 책은 크게 세 파트로 나뉜다.

첫 번째 파트는 한국 사회가 중진국에서 선진국으로, 과거 수직적 조직문화에서 수평적 조직문화로 전환되는, 소위 패러다임 전환기의 중심에 서 있는 현실과 그 속에서 왜 리더십이 중요한지를 언급했다.

두 번째 파트는 리더십 그 자체에 대한 새로운 이해를 다뤘다. 리더와 팔로워의 차이점을 비교해 봄으로써 서로의 입장을 이해할 수 있게 구성했다.

세 번째 파트는 리더 역할 수행에 있어 도움이 될 만한 리더십 스킬을 실제 사례와 함께 풀어내고 있다. 실전에서 활용이 가능한 내용을 담고 있으므로 실질적인 팁을 원하는 리더와 팔로워들은 이 장을 유심히 읽길 권하고 싶다.

이 책이 국내의 모든 공공기관과 민간 업체에서 오늘도 밤낮으로 근무하는 리더와 팔로워들에게 도움이 되길 바라며, 그들이 조화를 이뤄 조직이 목표로 하는 사업 성과를 이루고 동시에 '슬기로운 직장생활'을 하는 데 작은 보탬이 되길 진심으로 기대해 본다.

2022년 패러다임의 전환기에서

박삼열

C/O/N/T/E/N/T/S

제3부 실전에서 꼭 필요한 리더의 Skill-ship

미래는 현재 우리가 무엇을 하는가에 달려 있다.

The future depends on what we do in the present.

- 마하트마 간디|Mahatma Gandhi

▶ INTRO ◀

▸ POINT ◂

▸ SKILL ◂

제 1 부

한국 사회,
패러다임 전환기에 서 있다

Korean society is in a paradigm shift

1%의 가능성, 그것이 나의 길이다.
The possibility of 1 percent, that's my way.

- 나폴레옹Charles Louis Napoléon Bonaparte

패러다임 전환기,
기업문화와 리더십이 정답이다

지난 50년 동안 한국 기업들은 '양적성장 전략'에 따라 기업을 운영해 왔고, '빠른 추격자 전략Fast follower strategy'을 통해 한강의 기적을 이루었다. 하지만 과거 선진국의 기술과 기업 체계, 규모의 이익 등으로 성장을 일군 한국의 전략은 세계 무대에서 더 이상 통하기 어렵게 되었다. 최근에 이르러서는 비전, 미션, 핵심 가치 등에 대한 관심이 높아지고 조직문화, 기업문화가 더욱 주목받으면서 기업과 리더들에게 고민이 생기기 시작했다. 빠른 성장의 바탕이자, 지금까지 추진해 온 양적성장 전략과 수직적 조직문화의 한계가 도래했음을 인식하게 된 것이다. 지속 가능한 경영을 위해서는 조직 내 새로운 성장 전략과 함께 문화가 필수적으로 변해야 한다는 것에 필자뿐만 아니라 많은 기업이 공감하고 있다. 그렇게 해서 추구하게 된 것이 바로 질적성장 전략과 수평적 조직문화다. 하지만 이 두 대안이 제대로 적용되고 실천되기까지는 아직 갈 길이 멀다.

통상적으로 기업들의 흥망성쇠를 논할 때, 대부분 기업은 창업으로부터 20~30년 전후에 최고의 경영 성과와 사업 실적을 보인 후 '성공의 함정'에 젖어 들면서 변화와 혁신을 하지 못해 망하거나, 반대로 민첩성과 유연성을 앞세워 제2, 제3의 창업 과정을 거쳐 또 다른 20~30년을 개척해 나간다. 환경 변화에 잘 적응하여 50~100년 이상의 지속 가능한 사업을 영위해 가는 경우도 있다.

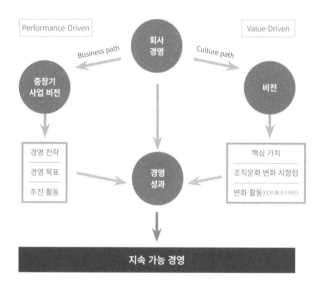

일반적으로 기업들은 중장기 사업 비전을 만들고, 그에 맞는 경영 전략을 선택한 후 경영 목표, 추진 활동을 통해 경영 성과를 창출한다. 하지만 이 경영 성과를 지속하기 위해서는 기존의 비즈니스 모델Business model, 포트폴리오 전략Portfolio strategy만으로는 한계

따르는 사람, 이끄는 사람

가 있다. 창업 후 창업 세대, 그다음 2세대까지는 이 경영 전략들이 성공했을지 몰라도 그것이 2세대, 3세대를 거쳐 기업의 역사가 계속된다면 사회 변화와 그에 따른 변수를 따라가지 못해 점차 한계를 느끼게 될 수밖에 없다.

그러므로 지속 가능한 경영을 위해서는 해당 조직의 비전, 미션, 핵심 가치 등을 아우르는 조직문화 변화 전략을 동시에 전개해야 한다. 달리 표현하면 '분신 경영'이다. 이는 조직이 커지고 내·외부 환경이 급변하는 사회에서 조직 구성원들이 창업주나 경영자, CEO의 분신이 되어 경영자의 마인드(비전, 가치, 철학 등)로 애사심을 가지고 일해 주기를 기대하는 경영 방식이다.

이러한 분신 경영을 오늘날 트렌디한 표현으로 '가치(관) 경영'이라고 한다. 요즘 같은 복잡 다양한 시대에는 외부 고객과 가장 접점에 있는 직원들의 기민하고 민첩한 판단과 일 처리가 요구되고 있다. 그때마다 상사나 리더의 재가나 허락을 받고 일할 수는 없다. 당연히 조직에서 추구하는 조직문화의 범주 내에서 핵심가치를 근거로 스스로 판단하고 행동하는 신속한 대응이 필요한 것이다. 이런 측면에서 볼 때 다시 가치관 경영은 '애자일 Agile 경영'과 그 일맥상통한다고 볼 수 있다.

또한, 지속 가능한 경영 추구와 사기를 북돋기 위해 최근 국내외의 기업들에는 '기업문화팀, 조직문화팀, 문화혁신팀, 피플서포트팀, 크루케어팀' 등 조직문화 관리 업무를 전담하는 조직들이 만들어지고 있다.

결국 '문화 Culture'다. 기업문화가 사실상 기업 경쟁력의 핵심이다. 바로 이런 분위기로 인해 오늘날 한국 내 제조업 기반으로 성공한 대부분 대기업은 현재 상당한 혼란기를 맞고 있다. 그간의 '한강의 기적'을 이룬 수직적 구조 아래 서열주의 문화와 더불어 단기 성과를 추구하는 조직문화에 익숙해져 있는데, 이제 와서 성공의 밑바탕이 되었던 성공 DNA를 갑자기 바꿔야 한다니 그게 어디 쉽게 바뀔 수 있겠는가?

성공의 함정에 빠지면 거기서 벗어나기란 정말 쉽지가 않다. 안타깝게도 많은 기업이 자신들의 과거 사업 성공에 도취하여 함정에 빠져 있다는 '현실 자각'을 하지 못하고 있다. 오늘날 몇몇 기업들이 외치는 '변화와 혁신'에 이성적으로만 동의할 뿐, 심적으로는 기존의 성공 방식에 문제점을 지적하면 본인들의 성공 리더십에 도전하거나 부정하는 것으로 인식하여 강력한 저항 의식을 가진다. 따라서 웬만한 노력과 권유로는 기존의 성공 DNA를 깨고 변화와 혁신의 길에 들어서긴 힘들다.

경영 환경의 변화에 따라 기업의 경영 활동도 변화해야 한다. 리더들의 자발적 변화를 기대할 것인가 아니면 강제에 의한 변화와 혁신을 촉진할 것인가에 대한 고민은 이 시대 그리고 앞으로를 살아갈 대다수의 고위 경영진과 인사 분야 담당자들의 공통적인 고민이 될 것이다.

어떻게 기존의 조직문화를 변화시킬 것인가의 방법론적 이슈도 매우 중요해질 것이다. 기존 내부 리더들을 마인드 코칭과 멘토링 교육으로 변화시킬 수 있을까? 아니면 수평적이고 탈권위적인 외부 고위급 리더를 기존 조직에 영입해서 직간접적 충격을 줄 것인가? 둘 다 장단점이 있기에 대부분 기업은 기존 리더십의 변화를 추구하는 동시에 외부 인사 영입을 병행적으로 실시하는 경우가 많다. 여기서 핵심은 기존 조직문화의 문제점을 제대로 인식하고 새로운 조직문화를 강력하게 만들어 가야 한다는 점이다.

▶▶▶

상황 인식, '현실 자각'의 진정성

현실 자각을 얼마나 진정성 있게 하느냐에 따라 목적과 방향성이 분명해지고, 현재의 조직문화를 조금씩 개선해야 할지 아니면 과감한 변화와 혁신이 필요할지 기업이 처한 상황에 적합한 방법을 선택할 수 있다.

앞서 언급했던 것처럼 많은 기업의 수명이 평균 20~30년이라고 한다. 그 이유는 바로 조직문화의 변화와 혁신에 실패했기 때문이다. 초창기 회사 설립 후 성공 가도에 이르기까지 약 20여 년이 걸리고, 최고의 정점에 이르고 나면 그때까지 성공했던 기업문화가 조직 전체에 매우 강하게 내재화된다. 성공 이후에도 기존의 조직문화를 내·외부 환경 변화의 움직임에 맞춰 빠르게 전환하는 것이 생존 공식이지만, 그러지 못해 사멸한다. 시의적절한 기업문화 변신이 있었던 곳은 지속 가능했지만, 기존의 성공했던 기업문화

DNA를 고집했던 조직은 결국 도태되면서 망하는 것이다. 이것이 일반적인 기업들의 흥망성쇠 이야기다.

▶▶

조직문화의 중심은 팀 내 리더들이어야 한다

조직문화 변화의 초기 단계에는 그 방향성과 분위기 조성을 위해 따로 전담자, 전담팀을 만들기도 한다. 하지만 그들이 맡는 역할은 기업 전반을 대상으로 조직문화를 구성하는 것이지, 개개인이나 어느 한 팀을 위해 움직이지 않는다. 그렇기에 각 팀 리더의 역할과 책임이 중요한데, 정작 리더 본인들은 조직문화와 별로 관계가 없다는 듯 생각하고 행동하는 경우가 많다. 리더들의 착각은 조직문화는 조직문화팀에서, 노사관계는 노무팀에서, 리더십은 교육팀에서 담당하는 일로만 생각하며 본인들의 책임과 역할을 오해하는 것이다. 팀장들은 팀원들의 '업무 성과'만 관리하면 된다고 생각하는 것이다. 기업 내 조직문화의 실질적인 변화 담당자Change agent는 각 조직 내 보직자들인 리더들임을 명심해야 한다.

한국 기업들의 리더들은 조직의 말단 하부 구조의 장長으로서 해당 팀의 일하는 방식, 조직문화를 담당하는 선두주자여야 한다. 조직문화나 리더십 이슈의 핵심 책임자는 팀 내 리더인 팀장들이다. 팀장은 사실상 경영진의 철학과 비전을 보여 주는 대변인이다. 그래서 '팀장 리더십'이 중요한 것이다.

'중진국의 함정'에 빠진 한국 기업,
'현실 자각'이 최우선 과제다

2021년 7월 2일, 스위스 제네바 유엔본부에서 열린 제68차 무역개발이사회 폐막 회의에서 한국의 지위를 개발도상국에서 선진국으로 그룹 변경한다는 안건이 만장일치로 가결됐다는 뉴스가 있었다. 개발도상국에서 선진국으로의 지위가 변경된 것은 1964년 UNCTAD 설립 이래 57년 만에 한국이 처음이라고 한다. 이제 중진국을 넘어 선진국에 진입했음을 국제적으로 인정받은 셈이다. 한편으로는 축하할 일이지만, 다른 한편으로는 선진국으로 인정됨과 동시에 그에 따른 큰 책임과 역할이 따른다는 점을 감안하면 마냥 좋아할 수만은 없다. 이는 동일한 맥락에서 조직 운영과 기업문화, 리더십의 변화 필요성 차원에서도 시사하는 바가 크다고 본다.

한국의 주요 대기업들은 제조업 기반의 비즈니스를 통해 지난 50~60년간 '한강의 기적'을 이루어 낸 핵심 주역이었다. 한국 전쟁 이후 1950~1970년대에 먹을 게 없어서 기아로 인한 사망자가 발생할 만큼 정말 가난했던 시절, ODA 식량 원조를 받아 왔던 대한민국이 이제는 전 세계 극빈국에 식량 원조를 지원하는 국가로 처지가 180도 바뀌었다.

1994년 김영삼 정부 시절 처음 소득 1만 불을 돌파했고, 12년 후인 2006년 노무현 정부 시절에는 소득 2만 불을 넘어섰다. 그리고 다시 12년 후 2018년에 소득 3만 불에 진입했다. 한국이 소득 1만 불에서 3만 불로 진입하기까지 약 24년 정도 걸렸고 소득 2만 불에서 3만 불이 된 시기가 약 12년이 걸렸는데, 이 중진국으로 머물렀던 시간이 오래 지속되면서 그에 걸맞은 옷(시스템, 제도, 문화 등)을 입고 있었던 시간도 덩달아 길어졌다.

이런 이유 때문일까? 소득 3만 불의 선진국에 들어선 지금, 기존 시스템에 너무 익숙해져 버린 한국은 중진국의 함정에 빠져 있다. 선진국으로서의 면모를 갖추는 데 있어서 국민의식 수준, 정치, 경제, 사회적인 인식이 여전히 이전 시대에 머물러 있다. 이는 대기권으로 진입하는 인공위성이 1단계 추진체를 과감히 버리지 못해 2단계 추진체가 우주로 나아가지 못할 수도 있는 것처럼, 성장하려는 목적을 가지고 발전해야 하는 시점에 '한강의 기적'이라는 성공의 상징을 과감히 떼지 못해 다음 단계로 진입하지 못할 수도 있음을 보여 준다. 과거 성공의 향수에 젖은 채 그 미련을 버리지 못하고 계속 끌어안고 있는 것이다. 이제는 1단계 추진체를 과감히 버리고, 2단계 추진체로 몸집을 가볍게 해서 목표하는 궤도에 진

따르는 사람, 이끄는 사람

입해야 한다.[1]

그 궤도에서 한국 사회는 양적성장에서 질적성장으로의 변화를 요구받고 있다. 과거에는 선진국을 벤치마킹하는 빠른 추격자 전략으로 양적성장을 추구하며 급격한 경제 성장을 이루었지만, 현재는 그 양적성장 전략이 한계에 도달한 것으로 보인다. 이 한계를 극복하기 위해 이제는 선도자 전략First mover strategy, 즉 질적성장 전략으로 발 빠르게 패러다임을 전환해야 한다는 인식 공감의 확산이 필요한 때이다.

---

1) 이정동, 『축적의 시간』 중 「창조적 축적 지향의 패러다임으로 바꾸어야 한다」 지식노마드, 2015.

한국 사회 리더십,
어디로 갈 것인가

오늘날 한국 기업 리더십의 대부분은 양적성장 전략에 최적화된 모습을 하고 있다. 한국 기업에 근무하는 대부분 리더는 과거 '한강의 기적'이라는 전대미문의 성공적인 경제 성장을 직간접적으로 이끌어 오거나 경험해 왔다. 당시로써는 하루빨리 선진국 및 선진기업들을 벤치마킹해서 따라잡자는 빠른 추격자 전략에 바탕을 둔 성장 전략이 필연적이었다.

양적성장 전략에 최적화된 한국 사회 주요 리더 그룹의 리더십 특징을 살펴보면 다음과 같다.

첫째, 탑다운 Top-down, 하향식 방식의 강력하고 카리스마 있는 리더십이 인정을 받았다.

조직 내 구성원들은 상사의 명령, 지시를 잘 따르는 것이 중요했고, 반면에 상사의 지시나 명령에 의문을 제기하거나 반론을 제기하는 것은 금기시되었다. 당연히 상사와 부하 직원이 함께하는 토론문화는 잘 형성되지 않았다. 즉, 상사의 지시나 오더에 항명하거나 실무자의 의견을 제시하는 행위는 권장되지 않는 분위기였다. 상사도 예하 실무자의 의견을 듣는 것에 별로 익숙하지 않았다. 일반적으로 나이와 경험이 많은 리더 그룹의 말이 옳고, 아직 업무 경험과 능력이 부족한 부하 직원들은 그에 잘 따라야 한다는 사고가 지배적이었다. 혹시라도 속으로 상사의 지시나 명령이 부당하고 적절하지 못하다 생각해도 굳이 말해 봐야 득보다는 실이 되던 시절이었다. 나이, 근속, 경험 위주의 서열주의 문화가 점차 조직 내에 내재화되었고, '상사는 지시하고 부하 직원은 수행한다'는 의식이 만연해진 것이다.

둘째, 단기 성과 지향적이고 결과 중심적인 일 처리가 중요했다.

추격자 전략과 양적성장 전략에는 '속도'와 '목표량', '효율성'이 매우 중요했다. 매사 업무를 추진함에 있어 최대한 빨리, 단기간에 결과를 내는 일 처리가 권장되었다. 중장기적 측면에서는 조직 내에 폐해를 줄 수 있을 것이라 예상되는 행위일지라도 단기적 관점에서 긍정적 결과를 도출하는 것을 용인했다. 심지어 일하는 과정보다도 결과가 더 중요시되는 분위기였다. 아무리 과정이 좋아도 결과가 나쁘면 과정 자체가 별 의미 없이 치부되었다. 실패 문화가 결코 꽃피울 수 없는 상황이었다.

특히, 상사의 지시나 오더는 물불을 가리지 않고 반드시 달성해야 했다. '안 되면 되게 하라'는 말처럼 양적성장 시대에는 주어진 오더는 반드시 달성해 내고 만다는 불굴의 의지와 강력한 추진력을 증명하길 권장했다. 실제 그렇게 결과와 실적을 내면 승진, 성과금 등 포상이 있었고, 실패하면 승진 누락, 임원 경질 등의 대가를 치러야 했다. 조직 내에서는 그런 사례들이 발생할 때마다 '학습효과'가 일어났고, 20~30년 동안 이어지면서 말 그대로 뼛속까지 내재화된 것이다.

셋째, 부문 최적화로서 각자의 책임과 역할이 명확했다.

한국의 주요 기업들의 성장하는 과정에서 기획, 재경, 구매, 생산, 영업 등 부문별 역할과 책임이 분명했다. 또한, 각 부문의 핵심 요직에는 기업 내 핵심 인사들을 배치하여 그들의 역량을 극대화했다. 때로는 부문 간 선의의 경쟁도 부추기고 균형과 견제를 요구하는 등 각 부문 중심으로 최상의 경영 활동을 하도록 유도해 왔다. 특히, 각 부문 간의 전체 조율 작업은 최고 경영진 또는 예하 비서실, 기획실 등 소수의 부서나 팀에서 통합관리 및 조정하는 게 일반적이었다.

결국 최고 경영진을 제외한 나머지 직원들은 각 해당 부문 내에서 주어진 일만 열심히 하면 되는 분위기였다. 당시는 지금처럼 부서가 세분화되어 있지 않아 중앙의 조직에서 '조정 기능'을 하며 통제할 수 있었고 시의적절한 의사결정을 할 수 있었다. 하지만 이렇게 부문 중심의 의사결정과 사고 구조가 결국은 '부서 이기주의 Silo effect'와 더 나아가 사내 정치 Organizational politics가 생기는 등 조직의 병폐로 나타나게 된 것이다. 그래서 이 문제를 완화하기 위해 오늘날 다수의 조직에서는 '소통 Communication과 협업 Cooperation',

'집단지성 Collective intelligence'을 강조하고 있다.

넷째, 직원 개인보다는 조직의 성장이 우선인 선先 조직, 후後 직원 우선주의였다.

양적성장 전략을 추진하던 시대는 회사의 경쟁력이 중요했다. 회사의 성장이 먼저였고 그다음이 직원이었다. '선先 회사 성장, 후後 직원 복지'였다. 당시에는 회사가 일정 수준 이상으로 성장하기까지 직원들의 희생과 고생은 당연히 따라올 수밖에 없는 것으로 인식했다. 또한, 그것이 기업 경쟁력의 한 축이라 여겼다. 중진국으로 가는 과정에서 수출 주도적 산업의 핵심 경쟁력이 '저렴한 인건비·노무비, 납기일 준수' 등이었고, 이는 곧 기업들의 핵심 경쟁우위 요소가 되었다. 직원 개인보다는 조직을 우선시하는 업무 추진이 점차 확산되고 누적되면서 이에 불만을 품은 노동자들이 노동조합을 결성하고 회사에 대항하여 투쟁을 외쳤으며 인권 보장과 임금 인상, 복지 향상을 요구하는 경우가 많아졌다. 이는 그동안 회사가 직원들의 기대에 걸맞은 관리와 처우를 제대로 충족시켜 주지 못했다는 것을 보여 준다.

파도가 없는 잔잔한 호수에서 팀장의 지시에 팀원들이 최선을 다하면 성공하던 시대, 그때는 노를 젓는 팀원들은 말 그대로 타이밍에 맞춰서 노만 열심히 저으면 됐다. 조직에서 시키면 시키는 대로 하고 열심히 하는 것이 최고의 미덕으로 여겼다. 상사의 지시에 토 달지 않고 본인이 해야 할 일에만 충실하면 그것만으로도 인정받을 수 있었다. 양적성장 전략과 수직적 조직문화에서는 과정보다 결과가, 중장기보다 단기 성과 달성이 더 중요했다. 그리고 회사, 조직이 우선시되었고 회사를 위한 직원들의 희생과 고생은 당연시되었다. 이처럼 탑다운 방식의 경영, 부분 최적화, 단기 결과우선주의, 조직우선주의와 같은 것들이 과거의 성공 DNA가 되어 중진국에서 선진국으로 가는 '성장의 디딤돌'이 되었음은 부정할 수 없는 사실이다.

하지만 어느덧 국내외의 경영 환경이 급변하여 과거 성공의 디딤돌이 이제는 '변화와 혁신을 가로막는 걸림돌'이 되고 있다는 사실을 직시해야 한다. 그리고 찾아야 한다. 지금 시대에 맞는, 한국 사회에 맞는 그런 리더십을 말이다.

'질적성장 전략' 추진,
그 변화의 주축

프랑스 명문 경영대학원 인시아드 INSEAD의 장 클로드 라레슈 Jean-claude Larreche 교수는 "오늘날 기업들에 가장 중요한 것은 질적성장"이라고 말했다. 과거 양적성장 전략으로 고도의 성장을 이뤘던 성공 방식이 비효율적이고 더는 통하지 않는다면 이제는 다른 전략을 시도해야 한다. 이에 '질적성장 전략'을 세우고, 기존의 수직적 문화를 탈피하여 수평적 조직문화로 변화해 나가야 한다. 지속 가능한 성장을 위해서 기업의 변화 전략은 선택이 아닌 필수 요소다.

미래에 필요한 지속 성장 DNA는 바텀업, 전체 최적화, 중장기 과정우선주의, 직원우선주의 등 이전과는 다른 인식들이 조직 내 실질적으로 제도와 시스템, 조직문화, 나아가 일하는 방식으로 안착해야 한다. 정말 아이러니하게도 과거 패러다임과 미래의 패러다임은 정반대여야 한다는 것이다.

▶▶

아래에서 위로의 원활한 소통, 바텀업

과거 탑다운 방식의 경영 체계에서는 리더의 지시는 반드시 해내야만 하는 과제였고, 그 과제에 대한 의구심을 갖거나 문제점에 실무자가 의견을 제기하는 것이 금기시했다. 하지만 VUCA[2] 시대에서는 소수 최고 경영진에 의한 의사결정이 한계를 드러냈다. 조직은 커질수록 관료화가 심화되는데, 이런 상황에서는 시장에서 들리는 고객의 목소리가 리더들에게까지 전달되기 어렵다. 따라서 최적의 의사결정을 할 수 있으려면 조직 내 말단 직원들의 목소리가 경영층에 잘 전달될 수 있는 환경이 조성되어야 한다. 리더들은 언제라도 조직 내 직원들과 소통하며 시장 상황과 고객, 트렌드를 알아내려는 의식적인 노력이 필요하다.

바텀업 Bottom-up, 상향식은 '집단지성'을 발현시킬 수단이며, 집단지성이 결국 리더가 최적의 의사결정을 할 수 있는 근본 배경이 되어 준다. 하지만 리더들이 조직 구성원들에게 호통치거나 지적하면서 바텀업을 강제할 수는 없다. 그리고 '뻔한 답'을 요구하는 '뻔한 질문'으로도 얻을 수 없다. 장기적인 관점과 열린 소통으로 구성원들의 마음을 얻어야 가능하다.

---

2) VUCA(뷰카): 변동성(Volatility)과 불확실성(Uncertainty), 복잡성(Complexity)과 모호성(Ambiguity)의 영문 약어로, 복잡하고 불확실한 상황을 뜻하는 신조어.

의사결정 시 전체 최적화를 염두에 두고 일하라

　과거 성장기에는 부문별 책임과 역할이 분명했다. 타 부문과의 소통과 협업을 해야 하는 분위기는 조성되지 않았을 뿐만 아니라 각자가 속한 부문에서 열심히 잘하는 것이 가장 중요했다. 더구나 회사 고도 성장기에 맞춰 조직의 규모가 커질수록 업무와 조직은 더욱 세분화 및 분절되었다. 동시에 경영층에서는 이를 '균형과 견제'라는 이름으로 상호 간에 '선의의 경쟁'을 하는 방향으로 이끌어 갔다.

　양적성장 전략의 시대에 이 방식은 매우 효과적이었다. 각 부문 간의 경쟁의식을 기반으로 소속팀의 성과를 위해 팀원 간 시너지가 활발히 일어났으며, 이는 기업 전체적으로 좋은 실적을 내는 배경이 되기도 했다. 하지만 팀 내 소통만이 주로 이뤄지며 경쟁에 몰두하다 보니 정보 공유 및 부문 간 소통에는 소극적인 태도를 보이게 되면서 기업 성장의 속도가 정체되거나 늦춰지는 문제점을 초래하게 되었다.

　이제는 부문 간의 충분한 소통을 바탕으로 내·외부 환경 변화에 적극적으로 대응해야 한다. 팀 내 업무와 더불어 타 부문과의 협업에서 소통하고 교류하는 일들이 자연스럽게 일어나야 한다. 단순히 개인의 노력에 의한 것이 아니라 시스템적으로 자연스러운 소통 환경이 있어야 한다. 최종적으로 각 부문 간의 의견을 잘 조율

해 리더들이 최적의 의사결정을 할 수 있도록 해야 한다.

▶▶

중장기 과정 우선주의가 앞으로 중요해진다

과거 양적성장 시대에 가장 중요한 것은 '속도'와 '양'이었다. 기업에 있어 한 번 설정한 목표나 경영진의 지시는 반드시 달성해야 했고, 과정보다는 결과가 더 중요했다. 빠른 시일 내에 목표나 결과만 달성하면 과정이 다소 왜곡되고 비정상적일지라도 괜찮았다. 이러한 특징은 한국 특유의 '빨리빨리 문화'를 적나라하게 드러낸다.

리더들은 본인의 재임 기간에 최대한 좋은 성과를 내고 싶어 한다. 이는 리더뿐만 아니라 기업에 속한 누구나 그럴 것이다. 정해진 재임 기간 내에 성과를 내야 한다는 욕심에 단기적인 성과에 집착하거나 지루하고 오래 걸리는 과정을 생략하고 결론에 이르고자 하는 유혹은 그들에게는 꽤 매력적으로 느껴질 것이다. 하지만 이러한 생각은 기업 발전을 위해서든 개인의 성취를 위해서든 철저히 경계해야 한다. 결과보다는 과정을 중시하고, 단기적으로 처리할 업무인지, 장기적으로 끌고 가야 하는 업무인지 명확한 관점을 가지고 일을 할 수 있도록 노력해야 한다. 이것이 앞으로의 기업에 더 필요한 덕목이다.

직원들의 마음을 얻을 수 있는 경영

과거 고도 성장기의 직원관리 시 주요 모토 중 하나는 '회사가 먼저 발전하고 그다음이 직원들'이었다. 기업이 발전하는 동안 발생하는 고충이나 어려움 등은 직원들이 참아야 한다는 논리다. 기업은 성장했음에도 직원들에게 그에 걸맞은 처우나 보상이 제대로 이뤄지지 않으면서 직원들은 '받은 만큼만 일하자'라는 생각이 만연해지고 기업 성장은 이전보다 더뎌지게 되는 것이다.

리더들이 기업 경영에 있어 반드시 가져야 하는 것 중에 하나는 직원들의 신뢰다. 직원들의 신뢰를 얻는 것은 내실을 탄탄히 다지는 것과 같다고 해도 과언이 아니다. 기업에 마음이 없는 직원, 자신이 재직 중인 회사에 대한 신뢰를 잃은 직원에게 어떤 발전을 요구하고 기대할 수 있겠는가. 생산성과 이익도 중요하지만, 그에 앞서 직원들의 마음을 얻는 경영 활동을 해야 한다.

VUCA 시대일수록 기업이 흔들리지 않도록 하는 데 필요한 기초는 '집단지성'이다. 이 집단지성은 직원들의 회사에 대한 신뢰로부터 시작된다. 최고 경영진부터 말단사원에 이르기까지 기업 내에서 쌓은 신뢰로 집단지성을 자연스럽게 발휘할 수 있도록 환경을 만들어 줘야 한다. 회사가 직원이나 노조를 통제, 관리의 대상이 아닌 '기업의 중요한 자산'으로 생각하는 철학이 필요하다.

일하는 방식을 180도 바꿔라

양적성장 전략에서 질적성장 전략으로 변화한다는 것은 기존의 방식을 획기적으로 바꾸어야 한다는 것을 의미한다. 단순히 업무 개선이나 보완 수준이 아니다. 가장 대표적인 사례가 삼성그룹이다. 과거 삼성그룹의 故 이건희 회장이 1993년 6월 7일 독일 출장 중에 혁신을 요구하기 위해 했던 유명한 말이 있다.

바꾸려면 철저히 다 바꿔야 한다.
극단적으로 말해 마누라와 자식만 빼고 다 바꿔라.

이 말은 당시 외형을 중시하는 관습에 빠져 '질적성장'에 소홀했다는 위기감을 전 임직원에게 공표하면서 삼성그룹이 글로벌 기업으로 전환하는 계기가 되었다. 그나마 최고 경영진의 지혜와 혜안이 있었기에 당시부터 변화와 혁신을 하려는 노력을 기울였고, 그 결과 2000년대 이후 삼성그룹은 주력 부문에서 엄청난 경영 실적을 거두며 성장했다.

변화와 혁신을 이루는 데 있어 성공의 함정을 피하는 것과 새로운 것에 대한 저항감을 줄이는 것이 관건이다. 과거 양적성장 전략에 수십 년간 노출되었던 구성원들은 새로운 업무 방식에 강한 거부감을 나타낼 수밖에 없다. 기존 방식이 익숙한 데 비해 새로운 방식은 '가 보지 않은 길'이기 때문이다. 이 거부감을 과감히 뛰어넘어야 한다.

래프팅을 생각해 보라. 수시로 변하는 물길 속에서 구성원 각자가 믿음을 가지고 빠르게 판단하여 민첩하게 다른 사람들과 협동해 노를 저어야 보트가 뒤집히지 않는다. 일일이 팀장, 리더에게 묻거나 지시만을 기다리는 것은 이미 죽은 조직이나 다름없다. 물론 여기서는 리더 간, 구성원 간의 상호 신뢰가 전제되어야 한다. 다양한 상황과 위기에 노출되고 이를 헤쳐 나가기 위한 소통과 협력을 함으로써 팀워크가 더욱 강화될 수 있다.

기존 양적성장에 머물러 있는 '일하는 방식'을 과감히 버려라. '변화와 혁신'은 거저 얻어지는 것이 아니다. 아무런 준비 없이 갑자기 래프팅을 하면 위험한 자살행위가 될 수 있듯이, 준비하지 않고 변화와 혁신에 성공할 수 있는 기업은 없다. 평상시에 질적성장 전략과 수평적 문화에 걸맞은 다양한 조직 활성화 활동들을 직원들이 수시로 경험할 수 있도록 해야 한다. 다양한 경험으로 노하우를 갖춘, 준비된 직원들과 함께한다면 변화와 혁신은 말뿐인 비전이 아니라 현실이 될 수 있다.

▶▶

미래 비전을 구체화하는 작업의 지속성

공감대 형성의 전제 조건은 바로 과거, 현재, 미래의 패러다임이 조직 내부에서 객관적으로 규명되는 것이다. 과거 양적성장 전략에서 어떻게 성공해 왔는지, 그 성장 DNA가 지금은 왜 제대로 작동하지 못하는지, 그 성장통을 어떻게 해석할 것인지 등을 잘 규명해야 한다. 앞으로는 어떤 방향으로 가야 할지 미래의 청사진이 그려야 한다. 그리고 과거와 미래를 연결하는 지금, 현재는 무엇을 어떻게 해야 할지 검토해야 한다.

변화가 요구되는 전환기엔 반드시 혼란이 발생하는데, 이때 미래에 대한 전망과 비전이 없으면 다시 관성의 법칙에 따라 기존의 관행대로 돌아가기 마련이다. 그게 더 쉬운 선택이기 때문이다. 어느 정도 미래에 대한 전망을 분석 및 설정하고 질적성장 전략에 맞는 길을 구축해 현재의 업무와 미래의 비전을 잘 연결하고 구체화하는 작업들이 지속해서 이루어져야 한다.

관리 시스템의 재조정

현업에서 변화와 혁신을 책임질 중추 세력은 바로 조직 내 리더들이다. 리더들은 오늘날 한국 사회 전반적으로 패러다임이 전환되는 시기에 있다는 점을 냉정하게 인식해야 한다. 그리고 하루빨리 질적성장 전략을 기반으로 지속 가능한 성장을 할 수 있도록 전체 관리 시스템을 재조정해야 한다. 리더들의 낡고 구태의연한 관행과 제도, 절차, 규정들이 오히려 변화와 혁신의 장애 요소가 될 수 있다. 그러므로 리더들은 주변을 항상 두루 살피며 장애 요소가 될 만한 것들을 골라내고 발견해 이를 하나씩 정리, 조정, 제거하는 것을 게을리해선 안 된다.

가 보지 않은 길을
가야 하는 리더들

패러다임 전환기, '전인미답前人未踏=가 보지 않은 길'을 가야 하는 현재 한국 기업들 사이에서는 변화와 혁신을 추구하며 과거의 빠른 추격자 전략 대신 게임 체인저 또는 선도자 전략을 적용하려는 움직임이 일고 있다. 양적성장 전략A으로 승부를 걸었던 시대에서 이제는 그런 단계를 넘어 질적성장 전략C을 추진하려는 상황으로, 즉 현재 한국 사회는 A에서 C로의 패러다임 전환기에 있다.

A전략에서 C전략으로 가야 한다는 사실은 대부분 인정하고 있다. 문제는 어떻게 해야 A전략에서 C전략으로 넘어가느냐 하는 것이다. 패러다임 속성상 갑자기 A전략에서 C전략으로 점프 인Jump-in을 할 수는 없다. A전략에서 C전략으로 전환하는 과도기인 B단계가 필요하다.

B단계에서는 어떤 일들이 발생할지 충분히 생각해 봐야 한다.

따르는 사람, 이끄는 사람

국가나 기업이 A전략에서 C전략으로 순조롭게 전환하기 위해서는 B단계를 어떻게, 얼마나 슬기롭게 대처하느냐가 최대의 관건이다. 아니나 다를까 B단계에서 많은 기업, 단체가 실패를 경험한다고 한다. 이 단계를 이겨 내지 못하면 해당 조직의 운명도 다하게 되는 것이다. 그렇다면 과도기인 B단계에서는 조직에 어떤 특징들이 나타날까?

과거 A전략을 쓰던 시대에는 소수의 경영진이 강력한 지시와 명령, 비전과 미션을 부여하면 그것을 반드시 실행해 내는 것이 지극히 일상적이고 정상적인 경영 방식이었다. 리더의 강한 비전 제시에 신상필벌信賞必罰 원칙 적용 등으로 저돌적인 실행력을 담보할 수 있었다. 사람들은 이 시스템에 익숙하다. 모두들 리더가 C전략에 대한 강력한 비전을 갖고 미션을 제시해 주기를 기대하고 있지만, 실제 C전략에 대한 강한 믿음과 비전을 가진 경험 있는 리더는 매우 부족한 실정이다. 리더 본인들이 이전 시대에서는 경험하지 못한 것에 대한 막연한 두려움이 앞서 적극적으로 추진하기를 망설이기 때문이다.

지난날 제조업 중심의 한국 기업들은 기존 양적성장 전략에서 비즈니스적인 성공을 강하게 경험한 경우가 많다. 성공의 정도를 강하게 경험할수록 그만큼 새로운 길을 가야 하는 변화와 혁신을 실행하기 어려워진다. 즉, '성공의 함정'에 걸리기 쉽다는 말이다. 현재 좀 성공했다 싶은 기업, 조직들은 작게는 10~20년, 길게는 50~60년 동안 A전략에 익숙해져 왔다. C전략을 경험해 보지 못하고 충분한 결괏값을 가지고 있지 못한 상태에서는 당연히 머뭇거리릴 수밖에 없다.

기존 A전략에서 C전략으로 가는 것에 대한 불안감을 제거하기 위해서는 그 중간단계인 B단계를 냉정하게 인식할 필요가 있다. A전략에서 C전략으로 전환되는 B단계를 단순히 섞인 혼재된 상황 Mixed situation 으로 여기기보단 하나로 융합된 혼돈 상황 Chaotic situation 으로 인식해야 한다. 그래야 과도기인 B단계에서 흔들리지 않을 수 있다.

만약 과거에 A전략으로 성공한 경험이 있는 기업은 B단계를 거쳐 C전략으로 완전히 바꾸고자 할 때, B단계를 단순히 A전략과 C전략이 혼재된 상황으로 생각한다면 시도해 본 적 없고 예측 불가능한 C전략보다는 성공 경험이 있는 A전략으로 다시 회귀하고 싶어진다. 즉, 자연스럽게 과거로의 회귀, 관성의 힘이 작용하여 나중엔 아예 C전략을 배제해 버리게 되는 것이다. 하지만 B단계를 A전략과 C전략이 융합된 혼돈 상황으로 생각하게 되면, 이미 이 둘을 하나의 문제 상황으로 보게 되기 때문에 이를 해결하기 위한 여러 방안을 고안하게 되고 시도하며 과도기인 B단계를 빠져나가기 위한 새로운 대안들을 많이 도출할 수 있다. '둘 중 하나를 선택한다'가 아닌, '하나의 문제를 해결한다'는 관점이 되는 것이다.

기업, 조직의 미래에 큰 영향을 미치는 과도기인 B단계를 슬기롭게 극복하기 위해서는 리더와 팔로워 모두의 노력이 필요하다. 리더는 팔로워들이 불안해하지 않도록 비전을 확실히 제시해야 한다. 팔로워들도 리더를 믿고 적극적인 아이디어 제시와 성과를 통해 힘을 보태야 한다. 또한, 과거의 방식에 머물지 말고 이를 보완하거나 새로운 방법을 모색하는 습관을 들여야 한다.

과거에 성공을 가져다 준 방식이 급변하는 사회 속에서 먹힐 리 없다. 차라리 리더와 팔로워가 현시대 흐름을 직시하고 연구하며 여러 시도를 통해 새로운 길을 찾는 것이 더 성공 가능성이 클 것이다. 과거의 영광은 과거일 뿐이다.

한국 기업의 3~4세대 경영진은
'팀장 리더십'을 잘 이용해야 한다

한국 사회의 패러다임 전환기에는 왜 팀 내 리더인 팀장들의 역할과 책임이 중요하다. 왜 그럴까?

한국 주요 대기업들의 경우 창업주들의 은퇴 이후 경영권을 승계받고 있다. 이미 기업별로는 2세대, 3세대 경영진이 후계자로서 승계 작업을 마무리하고 있고, 심지어 4세대의 승계까지 나타나는 실정이다. 오늘날 한국 사회의 경영권 승계 과정 시기는 한국 주요 기업들의 기업 운영 패러다임을 전환해야 하는 시기와 거의 동시에 겹치는 운명적 시기이기도 하다. 새롭게 경영 승계를 이은 최고 경영자는 길지 않은 시간 안에 본인의 철학과 리더십을 드러내어 선친과는 차별화된 경영을 선보여야 하고, 동시에 한국 기업 전반의 패러다임 전환기가 겹치는 시점에서 어떻게 조직 전체를 발 빠르게 장악할지 고민해야 한다.

지난 1960~1970년대부터 시작된 '한강의 기적'이라는 한국 경제 발전의 주역들은 1세대 창업주들이었고, 창업 1세대에서부터 2세대까지는 적게는 30년, 길게는 50여 년에 이르는 기업의 역사와 전통을 유지해 왔다.

통상적으로 조직 내에서 연령대 기준으로 볼 때, 3세대 경영진과 비슷한 연령이나 업무 경험을 가진 사람들은 웬만한 국내 대기업에서는 본부장급, 사업부장급, 실장급, 팀장급이다. 따라서 3세대 최고 경영진 입장에서는 본인을 둘러싼 측근 임원들과의 관계가 마냥 편할 수만은 없다. 하지만 이들은 회사의 고위급 핵심 리더들이기에 비즈니스 차원에서 새로운 것을 도모하려고 한다면 꼭 필요한 인재들이다.

이 인재들을 어떤 방식으로 포섭해 가는 것이 가장 효율적일까? 동시에 3세대 경영진의 경영 철학과 사상을 조직 내에 전파하는 가장 효율적인 방식은 무엇일까? 이에는 심도 있는 고민이 필요하다. 여러 가지 해법이 있을 수 있지만, 가장 효과적인 방법은 기업 내 팀장들과의 적극적인 소통 채널을 확보하는 것이다. 예를 들어 해당 기업 내 팀장들과 정례 타운홀 미팅, 월례 조회, 간담회와 같은 직접 소통의 기회를 가지는 것이다.

그렇다면 왜 팀장과의 소통이 유독 중요할까?

첫째, 최고 경영층의 철학과 사상을 고위급 임원들에게 전파할 수 있다.

3세대 경영진 입장에서 2세대 경영진과 함께했던 고위급 임원들에게 본인이 직접 탑다운 방식으로 변화와 혁신을 강력하게 주문하기 어렵다. 나이 차이는 물론 업무 경험 면에서 차이가 크기 때문에 업무적 질타 또는 책임 추궁, 조직문화 개편, 리더십 강조 등을 강요하기가 심리적으로 부담스럽다. 특히 연장자에 대한 예의가 중시되는 유교 문화 색채가 강한 기업은 더욱 그렇다.

이런 상황에서 팀장들로 하여금 바텀업 방식으로 고위급 임원들에게 3세대 경영진의 경영 철학과 사상을 간접적으로 전달할 수 있다. 최고 경영진은 조직 내 팀장들과의 월례 간담회를 통해 본인이 의도하고 생각하는 바를 충분히 전달할 기회로 활용해야 한다. 그러면 월례 간담회에 참석 권한이 없는 고위급 임원을 비롯한 팀장 이상의 임원들은 자연스럽게 월례 간담회에서 팀장들과 최고 경영진이 소통한 내용을 궁금해할 것이다. 이에 임원들은 해당 팀장들에게 어떤 이야기가 오갔는지 물어보게 될 것이고 자연스럽게 바텀업 방식의 보고와 소통, 토론하는 장이 마련될 수밖에 없다. 예하 팀장으로부터 그런 정보와 내용을 입수한 고위 임원들은 무슨 생각을 하겠는가? 팀장들도 알고 있는 최고 경영진의 경영 방침과 기대치에 자신들도 부흥하고자 각자의 노력을 하게 될 것이고, 한편 팀장들과 고위급 임원 간에 잦은 소통 과정을 통해 그들도 성장할 수 있을 것이다. 즉, 최고 경영진 입장에선 자신의 철학과 생각들을 간접적이지만 자연스럽게 탑다운할 수 있는 것이다.

둘째, 3세대 경영진은 팀장들과의 직접적인 쌍방향 소통으로 변화와 혁신을 추구할 토대를 다질 수 있다.

현재 3세대 경영진이 최고 경영층으로 자리하고 있는 경우 조직 내에 팀장, 실장, 사업부장이 비슷한 연령대이므로, 같은 세대라 공감대가 더 쉽게 형성될 수 있다. 경영진 본인의 철학과 생각들을 이들 집단에 부담 없이 이야기할 수 있게 됨은 물론 설득도 용이해 질 수 있다.

조직의 장長인 팀장의 역할이 매우 중요함은 주지의 사실이다. 3세대 경영진이 원하는 새로운 조직문화의 형성과 변화와 혁신의 마인드를 전파하는 데 팀장들과의 공감대 형성만큼 중요한 것은 없다. 조직 전체의 변화와 혁신을 이룸에 있어 팀장은 절대적인 '지렛대 역할'을 할 수 있기 때문이다.

팀장들의 역할 또한 막중하다. 조직 내 작은 사안을 바꾸는 데 팀장이 상사 임원들을 제대로 설득시키지 못하면 시도부터 막히게 될 것이다. 하물며 기업 자체에 변화와 혁신을 하려면 그보다 더 설득력 있는 논리를 펼치고 그에 맞는 노하우도 필요할 것이다. 실제적인 변화를 위해 팀장은 새로운 아이디어나 일하는 방식을 상사 임원에게 지속해서 보고하고 건의하며 신뢰를 쌓아 나가고 이들을 최대한 잘 설득시키기 위해 노력해야 한다.

따라서 3세대 경영진은 측근 임원들에게 탑다운 방식으로 변화와 혁신을 주문하고, 아래의 팀장들은 바텀업으로 상사 임원들을 설득하여 동의와 지지를 끌어낼 수 있게 해야 한다.

셋째, 팀장들은 탑다운 방식으로 예하 팀원들에게 최고 경영진의 철학과 생각, 입장을 신속히 전달할 수 있다.

3세대 경영진과 정기적으로 소통하는 팀장은 조직 전체의 비전과 방향성을 제대로 인식하기 쉽다. 최고 경영진의 철학과 생각, 그 예하 임원들의 입장과 생각들을 잘 인식하고 있기에 이러한 내용을 자신의 팀원들에게 전달하기가 매우 쉽다. 즉, 최고 경영진과의 정기 간담회에 참석한 팀장들의 입장에서는 팀장 위의 보직자 임원들에게는 바텀업 방식으로, 팀장 아래의 팀원들에게 탑다운 방식으로 최고 경영진이 제시하는 방향성과 철학, 지향하는 바를 신속히 전달할 수 있다. 이러한 과정으로 지시가 내려간다면 최고 경영진의 말이 중간의 여과 없이 바로 전달되므로 그 뜻이 왜곡될 가능성도 줄어들 것이다. 그리고 팀원들 입장에서도 함께 얼굴 맞대고 일하는 실질적인 상사인 팀장이 직접 최고 경영진에게 듣고 전하는 말이니 쉽게 공감하고 신뢰할 수 있으며 앞으로의 회사 방향에 대해 더 확신을 가지고 업무에 임하게 될 것이다.

또한, 3세대 경영진과 팀장의 정기적 소통 간담회는 '1타 3피'라는 효과가 있다. 대규모 조직일수록 서열주의 및 수직적 조직문화가 강하다. 자연스럽게 권위주의가 심화된다. 만약에 서열주의 및 권위주의적 조직문화를 변화시키고자 한다면 '팀장과의 소통'이라는 채널을 잘 활용해야 한다.

많은 기업에서는 '주니어 보드', '미래세대 위원회', '리버스 멘토링' 등 직원들과의 소통을 위해 여러 방식을 시도 중이다. 그만큼 그들과의 소통이 회사의 미래를 좌우할 수 있는 중요한 요소임을 잘 알고 있기 때문이 아닐까? 조직 내 핵심 역할을 하는 '팀장들과의 직간접 소통'이 최고 경영층에게는 가장 효율적인 경영 방법이 되어 줄 것이다. 대부분의 직원은 매일 팀장과 얼굴을 맞대고 생활한다. 팀장의 언어, 표정, 눈빛 등 모든 요소는 팀원들에게 직접적인 영향을 준다. 그만큼 팀 내 영향력이 있는 팀장이 최고 경영진 대변인 역할을 할 수 있도록 자리를 만들어라. 이들과 신뢰를 쌓아나간다면 최고 경영진 또한 변화와 혁신에 필요한 좋은 아이디어와 피드백을 직접 보고받을 수 있을 것이다.

한국 사회의 리더십,
위기인가 기회인가

'리더십의 부재' 또는 '리더십 역량 부족'은 오늘날 꽤 많은 조직이 처한 어려움 중 하나로 꼽힌다. 그래서인지 최근 3~4년 전부터 조직 내 중간관리자에 해당하는 팀장 리더십에 대한 책들이 홍수처럼 쏟아져 나오고 있다. 유튜브 동영상만 보더라도 '팀장 리더십'을 다룬 영상 강의가 연일 업로드되고 있다. 이런 움직임들은 그만큼 팀장 리더십에 대한 현대인들의 갈증이 심화되고 있음을 보여 준다.

⊳▶▶

리더들이 생존하기 위한 필수 요소

21세기는 흔히 '집단지성의 시대'로 불린다. 그렇다고 '집단지성'이라는 말이 21세기에 생긴 말은 아니다. 정의되지 않았을 뿐 사람이 모여 군중, 조직을 이루는 곳에는 적용 상황과 그 성격만 다를 뿐 항상 집단지성이 존재해 왔다. 오늘날 인터넷의 대중화, 네트워크 형성, 지식 공유의 비약적 증가가 집단지성이 발휘될 수 있는 여건을 더 광범위하게 구축하면서 빠른 속도로 그 영향력이 커지고 있다.

집단지성의 정의는 간단하다. 어떠한 문제를 해결함에 있어 개인이 아닌 집단의 힘이 작용하는 것으로, '한 명의 엘리트'보다는 '다양한 지식을 가진 대중'이 문제 해결에 더 낫다는 것이다. 집단지성은 경제, 정치, 문화 등 사회 전반에 영향을 끼치고 있다. 그중 대표적인 사례는 위키백과, 네이버 지식iN, 네이버 사전 번역 참여 서비스 등이 있다. 학문적으로 연구되거나 정의되지 않고, 아직 사전에 오르지 못한 새로운 지식들을 전문가들뿐만 아니라 일반인들이 참여하여 자신들의 지식을 나누는 장으로 만들어 낸 것이다. 이를 통해 사회적 소통도 활성화할 수 있다.

최근에는 변화와 혁신을 추구하는 기업들이 집단지성을 기업 내 문화로 정착시키려 노력하고 있다. 문화데이, 휴식시간 제공, 자유로운 업무시간 활용 권장 등을 통해 창의적인 아이디어를 도출, 사내 소통 활성화를 도모한다. 이러한 내부의 집단지성 강화를 통해 소비자 니즈에 맞는 서비스를 출시해 고객 만족도도 높이고 생산성, 이익을 극대화하려는 것이다.

계속 언급되는 것이지만, 글로벌 경영 환경은 점차 변동이 심하고 Volatility, 불안정하고 Uncertainty, 복잡하고 Complexity, 모호한 Ambiguity

상태로 가고 있다. 한 사람의 엘리트 리더가 많은 변수를 안고 있는 사회 문제를 잘 대처해 나갈 수 있을까? 이 간단한 질문 하나만으로도 우리는 쉽게 답을 내릴 수 있다. 리더에게는 '집단지성'이 필요하다는 것이다. 그렇다면 리더들은 자신들에게 꼭 필요한 팔로워들의 집단지성을 강화하기 위해선 어떻게 해야 할까?

우선 리더는 팔로워 개개인의 판단 능력을 높이기 위해 '다양한 정보와 깊이 있는 지식'을 충분히 제공해야 한다. 모든 지식을 리더가 알려 줄 순 없다. 팔로워들이 자기계발을 할 수 있는 시간과 여건을 마련해 줘야 한다. 그리고 작은 사안일지라도 팔로워들의 의견을 취합하고 상호 간 토론을 통해 개개인이 집단의 결정에 영향을 주는 존재임을 인식시켜야 한다. 이는 단순히 '좋은 의견을 듣는다'라는 것을 떠나 개인의 능력 향상에 도움이 된다.

아울러 팔로워 개개인의 능력 못지않게 중요한 것이 바로 '다양성'이다. 개인이 아무리 많은 경험을 했다고 할지라도 세상 모든 일과 변수를 경험해 볼 순 없다. 리더는 해결하고자 하는 사안을 위해 최대한 다양한 영역의 사람들 이야기에 귀 기울일 줄 알아야 한다. 리더의 경험과 기술뿐만 아니라 되도록 많은 사람의 다양한 경험과 의견, 추론 방식 등을 제시한다면 더 나은 결과를 도출해 낼 수 있다. 집단지성의 가치 중 하나는 인지적 다양성을 가진 개인이 많이 참여하여 판단 능력을 향상하는 데 있다.

마지막으로 리더는 팔로워들이 집단논리, 집단사고에 빠지는 것을 경계할 수 있도록 독립성을 지켜 줘야 한다. 집단지성과 집단사

고는 다르다. 집단지성이 다양한 의견, 경험들의 합^습이라면 집단
사고는 한 의견을 지향하게 하는 개개인의 합이다. 리더는 집단지
성과 집단사고의 정의를 명확히 알고 자신이 속한 기업에 집단지
성이 제대로 효과를 발휘할 수 있도록 해야 한다. 문제 해결을 위
해 다양한 의견을 취합하는 집단의 힘이 필요한 것이지, 한 의견의
타당성을 강화하기 위해 또는 리더의 주장을 관철하는 수단으로
집단의 힘이 필요한 것은 아니기 때문이다.

▶▶▶

조직 내 세대 차이

오늘날 기업에는 적게는 1~2세대, 많게는 4세대까지 함께 근무
하는 것이 일반적이다. 팀장, 경영진 임원들로 구성된 리더 그룹은
기본적으로 베이비붐 세대, X세대이며, MZ세대는 팔로워 그룹에
속한다. 세대 간의 이슈가 인류가 존재한 이래로 계속 있었다지만
기업이라는 조직 내에 다양한 세대가 한꺼번에 공존하다 보니 세
대 차이가 더 극명하게 나타나고 있다.

이들의 차이는 태어난 시기와 더불어 사회적 제도, 교육 방식,
가정환경 등의 '다름'에서 시작된다. 세대끼리 따로 살면 세대 차
이 이슈는 없었겠지만 그럴 수 없는 것이 현실이다. 그러니 세대
차이를 단순히 불평불만을 토로한다고 해서 변하지 않는다. 베이
비붐 세대부터 Z세대까지 이를 현명하게 대처하지 못한다면 결국

모두가 손해다. 개인뿐만 아니라 그들이 속한 집단, 더 나아가 기업의 생존에도 지대한 영향을 미칠 수 있다.

기업 내 세대 차이 극복을 바란다면 자신이 속한 세대를 제대로 대변해라. 베이비붐 세대도 '라떼'부터 시작하는 것이 아니라 '요즘'은 어떤 것이 트렌드인지 다른 세대에게 묻고 시도해 보려고 해야 한다. Z세대도 마찬가지다. 과거의 기업 환경, 사람들 간의 업무는 어떻게 했는지, 기업에서 진행한 일들 중 성공 사례나 실패 사례가 있다면 그 성공 요인 또는 실패 요인은 무엇이었는지 적극적으로 상사에게 물어 서로 이해하려는 노력이 필요하다. 세대 차이를 '갈등'이 아닌 '집단지성력'을 높이는 수단으로 이용하는 지혜를 발휘하길 바란다.

따르는 사람, 이끄는 사람

왜 팀장 리더십 교육에 대한
투자가 부족한가

한 가지 의문이 생긴다. 팀장 리더십을 배우고자 하는 사람은 많고 그 니즈에 따라 콘텐츠도 늘어나고 있는데, 사정이 이러함에도 왜 한국 기업의 경영진들은 리더들에게 투자하지 않을까? 웬만한 기업 경영진들 누구나 '리더십의 중요성'을 다 알고 있으면서 왜 이들을 길러 내는 데는 소극적일까? 우선 그 이유를 몇 가지 꼽아 보겠다.

첫째, 리더에 대한 전통적 인식론, 즉 일 잘하고 나이와 경험이 있으면 된다는 착각 때문이다.

평사원에서 보직자가 되는 길에 특별한 비법은 없다. 맡은 바 일을 어느 정도 잘 해내 고과점수를 잘 받고, 나이와 경력이 조금씩 쌓이면 '조직관리도 어련히 알아서 잘하겠지'라고 믿으며 파트장이나 팀장으로 보직을 부여받는다. 사실 이는 엄연히 다르게 평가해야 하는 영역이다. 과거에는 리더가 직원관리를 좀 못한다고 해도 큰 문제로 여기지 않고 이슈화되지 않았다. 리더 개인의 능력이든 팀워크의 결과든 좋은 성과만 끌어낸다면 별문제가 되지 않았다. 그래서 경영진들은 '기업은 여전히 잘 운영되고 있다', '아무 문제 없다'는 식의 생각으로 지금까지 팀장 리더십 교육에 투자하지 않는 것이다.

둘째, 양적성장 전략 및 수직적 조직문화를 여전히 추구하고 싶은 마음 때문이다.

과거 성장기에는 소수의 리더나 기획실 외에 나머지 모두는 실행 조직의 기능을 했다. 업무 속도와 양으로 생산성을 극대화하던 시기에는 리더가 지시하면 팔로워들은 지시받은 것을 잘 실행하는 데만 몰두했다. 기업 내 팀장의 지시는 마치 군대 상사가 지시하는 것과 다르지 않았다. 이런 수직적 조직문화에서도 기업 운영이나 양적성장에 큰 차질을 빚지 않았기 때문에 문제의식을 느끼지 못했을 것이다. 이런 상황에서 경영진들이 당장 시간적, 금전적 손해를 보면서까지 리더들과 팔로워들에게 리더십 교육을 할 필요가 있었을까?

셋째, 기업 내 지나친 분절적 업무 분배 때문이다.

재직 근무자의 수가 많은 기업의 경우 조직이 방대하다 보니 인사, 노무, 교육, 총무, 복지, 법무, 안전 등의 업무가 각각의 팀으로 편제되어 있다. 즉, 팀장은 일의 성과나 프로젝트 진행을 위한 직원관리를 할 뿐이고, 직원들에 대한 인사 관련 사항은 인사팀, 리더십 등은 교육팀, 노사 이슈는 노무팀, 안전 이슈는 안전팀, 조직문화는 조직문화팀에서 각각 처리하다 보니 팀 내 리더는 굳이 직접적인 업무 외에는 관여하지 않게 된다. 물론 조직이 세분화되어 각 팀의 전문성은 높아졌고 업무 처리 능력도 향상되는 장점도 있었을 것이다.

하지만 리더는 업무 외에도 팔로워들이 어떤 고충이 있는지, 필요한 것은 없는지, 사내 개선할 사항이 있는지 등에 관심을 가지는 것이 장기적인 기업 운영 관점에서는 매우 중요하지만 이에 크게 관심을 두지 않게 되었다. 직원관리를 담당하는 팀을 따로 두는 분절적 업무 분배 체계에서는 리더와 팔로워의 사적인 관계나 관심이 멀어질 수밖에 없으며, 주 업무 외의 일들은 부수적이고 선택적인 일이라고 생각하게 된 것이다.

넷째, 제한된 리더십 교육 투자 예산으로 충분한 교육이 어렵기 때문이다.

기업 내 예산 편성 특성상 '전년 대비 얼마 축소, 인상…'을 고려하여 전년 실적이 부족하거나 낮으면 이후에 신규로 교육 예산을 확보하는 것은 사실상 어렵다. 즉, 경영층의 강력한 지시 같은 특단의 조치 없이는 신규로 대규모 금액의 예산 편성하기 어렵다는 것이다. 만약 과거에 리더십 역량 교육과 관련된 예산 투자 사례가 없거나 적었다면 이에 새로운 예산을 편성하거나 늘리는 데 주저하게 될 것이다. 물론 많은 이가 리더십의 중요성을 알고 있고 이성적으로는 공감하지만, 실제 현업에서는 경기 전망의 불안정성, 매출 하락 전망, 비용 상승 등 내부 환경으로 예산 절감 운운 시 항상 순위가 밀려나기 쉬운 것이 바로 이런 '리더십 교육' 항목이다.

교육이라는 것이 단기적으로 투자한다고 해서 바로 좋은 결과로 이어지는 것은 아니기에 장기적인 관점으로 지속성을 유지해야 한다. 그러나 앞으로 기업의 수익이 얼마나 날지 모르는 상태에서 당장 효과 없다고 여겨지는 교육의 예산을 확보하고 투자를 결정하는 것은 쉽지 않은 일이다.

다섯째, 리더 스스로가 잘하고 있다는 자만으로 적극적인 리더십 교육 제안을 하지 않기 때문이다.

베이비붐 세대부터 오늘날에 이르는 50~60여 년 동안의 고도 경제 성장기의 선배 세대들에게는 리더십 역량 교육 같은 것은 사치로 여겨졌다. 만약 리더십 교육이 필요할지라도 그런 교육이 없었고 '알아서', '눈치껏' 해야 한다는 인식이 강했으며, 본인이 알아서 역량을 발휘하는 것에서 그쳤다. 또한, 리더들은 본인이 팀 내 책임자라는 역할을 맡는 순간부터 '조직에서 일을 잘한다고 인정받았다'며 강한 자부심과 자긍심을 갖게 된다. 하지만 막상 팀장 업무를 수행하다 보면 자신의 업무와 실적을 관리하는 것은 기존에 늘 하던 일이라 괜찮지만, 팀원들에게 업무를 분배하고 전반적인 스케줄을 짜고 실적을 평가하는 등 팀 전체를 관리하는 것이 얼마나 어려운 일인지를 알게 된다. 기업의 인정과 좋은 평가를 받으며 팀장으로 승진했는데 불평불만을 토로하며 리더십 교육, 코칭 등을 시켜 달라고 요구할 수 있겠는가? 이를 공개적으로 요구한다는 것은 본인의 팀장 리더십이 부족하다는 것을 조직 내부에 자인

하는 꼴이라고 생각할 것이다. 이런 상황에서 리더들이 요구하지 않는 리더십 교육을 경영진이 알아서 해 줄 리 만무하다.

▶▶▶

경영의 시작과 끝은 사람이다

기업 경영은 조직 구성원들의 노력을 통해 새로운 가치를 창조한 제품과 서비스를 외부 고객에게 판매함으로써 그 매출을 만들어 내고 수익을 끌어내는 활동을 지속적으로 유지하는 활동이다.

오늘날의 VUCA 시대의 기업은 생존을 위해서는 민첩하고 기민함을 의미하는 '애자일 조직'을 구성하여 조직 구성원들의 업무 역량 향상과 팀워크가 매우 중요하다. 한마디로 구성원 각자의 능력이 우수해야 하며, 팀의 조화가 잘 유지되어야 한다. 바로 그러기 위해 리더가 존재하는 것이며, 리더란 직원들의 동기 부여를 통해서 조직이 목표로 하는 성과를 창출하는 가이드인 셈이다.

미국의 경영학자이자 현대 경영학을 창시한 학자로 평가받는 피터 드러커 Peter Ferdinand Drucker 는 '경영은 사람에 관한 일이다 Management is about human beings'라고 할 정도로 조직 구성원에 대한 관심이 남달랐다고 한다.

조직 내 리더는 '인간'을 잘 알아야 한다. 인간에 대한 이해를 바탕으로 어떻게 동기 부여를 할 것인지, 그들 스스로 어떻게 성과를 창출토록 할 것인지 유도해 내는 노하우를 쌓아야 한다. 그래서 리더는 인문학에 관심을 두고 단순히 업무를 위해 소통하는 것이 아닌 인간 자체로 이해도를 넓혀 소통하려는 마음가짐이 필요하다.

단기적인 급한 업무를 처리하는 것도 바쁜데 인문학을 배우려고 시간을 내고 예산을 들이는 게 과연 얼마나 조직관리에 효과적일 것인가 의문이 들 것이다. 하지만 리더는 '배부른 돼지보다는 배고픈 소크라테스'가 되어야 한다.

이에 경영진, 임원, 리더들은 철학, 역사, 사회, 예술, 종교 등 인문학 강좌를 수강하거나 다른 팀, 다른 기업의 리더들과 각종 조찬, 미팅, 워크숍, 강연회 등 다양한 활동을 하고 있다. 우리가 인문학을 공부해야 하는 가장 큰 이유는 인문학 자체가 '사람에 관한 이야기'이기 때문이다. 사람을 책 몇 권, 동영상 몇 편으로 이해할 수 있는 것은 아니다.

특히 조직 내 리더들은 보직자로서의 역할을 하는 한 늘 인문학을 기반으로 내부 고객인 팔로워들에게 관심과 애정을 가져야 한다. 그러다 보면 팔로워들을 깊이 이해할 수 있게 되어 보다 효과적인 동기 부여를 할 수 있게 되고, 이에 힘입은 팔로워들은 외부 고객에게 더 많은 관심을 기울이며 성과 창출이 가능해진다.

리더는 모든 팔로워가 CEO처럼 애사심이나 자부심을 갖고 각자가 알아서 업무 처리를 잘해 주기를 바란다. 이를 위해서는 직원들의 마음을 어떻게 잡느냐, 그들로부터 회사나 경영진에 대한 신뢰를 어떻게 확보하느냐가 관건일 것이다. 그래서 언제나 조직이 지향하는 방향으로 올바르게 잘 가고 있는지, 그 속에서 일하는 직원들은 어떤 감정을 가지고 있는지, 어떻게 하면 직원들이 행복감을 가지고 업무에 임할 수 있을지 항상 고민해야 한다. 이런 고민에 깊이 있고 진중하게 접근하는 리더가 되려면 인문학에 많이 노출되어야 한다.

직원들 입장에서는 사장, 본부장, 사업부장 등은 너무 먼 사람들이다. 실제로 조직 내 일상생활에서 그들을 대면할 기회는 거의 없다. 그래서 결국 팀 내 리더인 팀장은 이 경영진을 대변하는 인물인 것이다. 팀장의 사고방식과 말 한마디, 행동 하나하나가 그대로 팀원들에게 영향을 미치기에 그만큼 팀장의 보여 주는 리더십이 중요하다. 기업 내 리더들이 팔로워에게 훌륭한 리더십을 보여 줄 수 있도록 팀장 리더십 역량 향상 과정이 반드시 있어야 하며 많은 투자를 해야 한다. '어쩌다가 팀장'이 되어서 팀원들에게 실망을 안겨 주어서는 안 된다.

▸ INTRO ◂

▸ **POINT** ◂

▸ SKILL ◂

제2부

전진하지 않는 것은
퇴보하는 것과 같다

Not moving forward, It's like regressing

용기 있는 한 사람이 다수의 힘을 갖는다.

One man with courage makes a majority.

- 앤드류 잭슨Andrew Jackson

지는 리더,
뜨는 리더

　　과거 나이 많은 선배가 후배 팀장 밑에서 근무하는 것은 흔치 않은 일이었다. 그러나 지금은 어떤가? 나이가 적어도 해당 업무에 정통하고 전문가인 팀장이 있고, 팀장보다 나이 많은 실무자들이 같은 팀에서 근무하는 경우가 부지기수다. 소위, 연공서열형 조직 운영과 관리가 점차 퇴색되고 있다. 앞으로는 이런 현상들을 더 자주 보게 될 것이고, 이런 변화가 지극히 정상적인 것으로 간주될 것이다.

　　이처럼 연공서열로 승부를 거는 시대는 지났다. 직장에서의 최우선은 업무 처리를 잘하는 직무 역량이다. 어느덧 나이 많은 선배가 젊은 후배 팀장과 함께 살아가는 방법을 배워야 하는 시대에 왔다. 동시에 젊은 후배 팀장이 나이 많은 선배 팀원들과 함께 '슬기로운 직장생활'을 위해서는 어떤 리더십을 추구해야 할까?

변화하는 시대에 리더의 역할

　과거에는 나이와 경험, 연륜이 많은 사람이 리더로 선정됐고, 다수의 팔로워가 그 리더를 따르는 형태의 리더십이 주를 이뤘다. 또한, 외부 환경의 영향을 받기보다는 조직 내부의 환경에 맞춰 통제, 관리가 이루어졌다. 즉, '나를 따르라, 내가 지시한 대로 하라'는 식이었다.

　하지만 이제 과거의 리더십은 먹히지 않는다. 함께 소통하고 이견을 조율하며, 지속 가능한 미래를 보여 주는 리더가 '뜨는 리더'가 되는 시대다. 단순히 본인 스스로 잘난 리더로 인정받는 것이 아닌 팔로워들이 리더보다 더 앞서갈 수 있도록 육성하고, 기업과 조직에 대한 주인의식 Owner mind 과 열정을 품을 수 있도록 돕는 역할로 변화했다. 팔로워들에게 일방적으로 지시, 명령해서는 장기적인 발전을 기대하기가 어렵게 된 것이다. 그렇기에 스스로 그런 마음을 갖도록 환경을 조성하는 것이 바로 리더의 일이며, 그것이 바로 리더십인 세상이다.

　하지만 현재의 리더십은 어떤가? 앞으로의 리더십은 어떨 것 같은가? 외부 환경에 맞춰 현재의 리더십 개념도 그에 맞춰 달라지고 있다. 그 어느 때보다 변동성, 불안정성, 복잡성, 모호성이 증가한 시대이다 보니 조직 내부에서 나이 많고 경험 많은 사람이 리더가 되는 것이 오히려 적합하지 않은 경우가 생겼다. 업무를 처리하는 과정에서 문제가 생겼을 때 원래 가지고 있던 노하우보다는 급변하는 상황에 따라 민첩하게 대응하고 유연하게 사고할 수 있는 사람이 필요해진 까닭이다. 이런 점에서 예전의 업무 처리 방식에 익숙한 기성세대보다는 새로운 환경에 익숙한 젊은 세대의 업무적 역량이 더 뛰어날 수 있다. 그래서 나이와 경험이 적은 팔로워도 단기간 내에 리더가 될 수 있게 된다. 결국, 내·외부 주변 환경 흐름에 발 빠르게 반응할 수 있는 자가 '뜨는 리더'가 되는 것이다.

▶▶▶

리더십이 범람하는 시대

일반적으로 리더는 구성원들을 잘 리드하여 조직이 목적하는 바를 달성하고, 그 과정에서 현안이나 갈등이 발생할 경우 문제를 잘 해결하는 태도와 능력을 갖춘 사람을 의미하며, 그런 능력을 리더십이라고 통칭한다.

리더의 특징을 알려 주는 명사나 형용사를 붙여 수많은 유형의 리더십이 언급되곤 한다. 다양한 이름의 리더십이 생겨나는 이유는 구성원들의 인식이 계속해서 바뀌고, 조직을 둘러싼 외부 환경이 변화함에 따라 이전에는 당연시 여겼던 리더십이 다른 환경에서 다른 관점으로 다시 재평가되며 그 적합성 여부를 계속해서 판단하기 때문일 것이다.

리더의 행동 방식에 따라 서번트 리더십, 카리스마 리더십, 제왕

적 리더십, 소프트 리더십, 감성 리더십 등이 있으며, 특정 시기에 탁월한 역량을 보여 준 리더를 숭상하는 의미로 세종대왕 리더십, 이순신 리더십, 나폴레옹 리더십, 퍼거슨 리더십 등 중요 인물형 리더십도 있다. 또한, 리더의 역할과 책임을 기반으로 한 스마트 리더십, 신뢰의 리더십, 공정의 리더십, 멘토형(코치형) 리더십, 육성형 리더십 등, 그리고 리더의 주체나 방향성에 따라 이기적 리더십, 이타적 리더십, 셀프 리더십 등의 명칭이 붙은 리더십도 있다.

리더십은 오늘날 갑자기 뜨거운 감자가 된 것이 아니다. 다만, 과거보다 현재 상황이 더 예측 불가능하고 급변하며 복잡한 상황으로 치닫자 그 환경을 이겨 나갈 수 있는 '좋은 리더'를 찾는 사회적 욕구와 필요성이 증가해 시간이 갈수록 리더십에 대한 관심이 증폭할 수밖에 없을 것이다.

실제로 국내외 어느 서점에 가더라도 항상 리더십 관련 책들은 수없이 출간되며 자기계발의 대표적 서적으로 인정받고, 수시로 베스트셀러 코너를 차지하고 있다. 우후죽순으로 쏟아지는 리더십 책들을 보면 '리더십 홍수'인 것처럼 보이지만, 실제는 사회적으로 '리더십 기근'에 시달리고 있다는 방증이 아닐까 싶다.

그렇다면 왜 사회적으로 필요로 하는 좋은 리더십이 부족할까? 그리고 우리는 앞으로 어떤 리더십을 추구해야 할까? 필자는 미래 리더십의 핵심에는 '창의'가 있다고 생각한다.

일반적으로 '창의적'이라는 표현은 난관에 부딪혔을 때, 그 문제를 해결할 수 있는 기존에 통용되던 방식과는 다른 신선하고 혁신적인 아이디어나 방법 등이 제기될 때 주로 쓰이는 말이다. 그렇기에 우리는 일상적으로 '창의성'을 많이 강조한다. '창의적인 리더가 되어라', '창의적 리더십을 갖추어야 한다', '발상의 전환을 잘하는 리더가 되어야 한다' 등 창의성을 기반으로 한 리더의 역할은 언제나 강조되고 있다.

▶▶▶

미래를 이끌 '창의적 리더십'이란?

'창의적 리더십 Creative leadership'은 현재 상황을 잘 관리·유지하고 동시에 변화하는 환경을 예측하여 준비하는 능력을 고루 갖춘 리더의 힘을 의미한다.

리더는 항상 오늘을 살면서 내일을 준비하고, 미래에 대한 선견지명으로 변화하는 환경의 움직임을 예의주시해야 한다. 현재의 업무에서는 기존의 방식과 통찰력을 활용해 문제점을 잘 인식하고 대응하며 해결해야 한다. 그리고 미래에 필요로 하는 리더십을 고민하고 관련 능력을 키워 가야 하는 사람들이다. 즉, 역량의 80%는 현재의 업무관리능력과 문제해결능력에 치중하지만, 항상 나머지 20%의 역량을 다가오는 미래의 환경변화에 대한 통찰력에 쏟아야 한다. 이것이 바로 창의적인 리더십이다.

이탈리아 경제학자 빌프레도 파레토 Vilfredo Pareto는 80%의 이탈리아의 땅을 20%의 사람들이 소유하고 있는 것을 보고 80대 20의 법칙을 발견했다. 즉, 모든 결과의 80%가 전체 원인의 20%에서 일어난다는 것으로 이를 리더십 영역에 적용해 보면 다음과 같다.

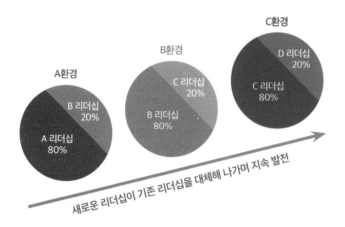

위 그림에서 각 원은 시간이 지나면서 달라지는 업무 환경을 나타내는 것이고, 그 안은 그 시기에 필요한 리더십을 도식화한 것이다. A 업무 환경에서는 A 리더십을 갖춘 리더 80%가 그 시기에 맞는 역량을 발휘하고 그 외에 달라질 업무 환경을 예측하여 B 리더십을 준비한 20%의 리더가 미래를 이끈다. 이 과정은 A 환경 → B 환경 → C 환경으로 변하는 동안 반복되며, 그때마다 20%의 리더가 달라진 환경에서의 결과를 결정한다는 것이다. 즉, 미래를 준비하는 20%의 능력과 해당 미래 이슈가 시간이 지나면서 다시 80%의 리더 주체가 되고, 또다시 미래의 새로운 환경에 맞닥뜨렸을 때 그다음을 준비했던 20%의 리더가 그 시기를 이끌어 간다는 점에서 빌프레도 파레토가 주장한 8:2 법칙을 적용해 볼 수 있다. 이것이 필자가 주장하고 싶은 '창의적 리더십'의 핵심이다.

앞서도 언급했던 것과 같이, 리더십 이슈는 수십 세기 전부터 지금까지도 전해오고 계속 이어질 것이다. 환경변화에 걸맞은 최적의 리더십을 찾는 여정에 끝은 없을 것이라고 본다. 그렇기에 현재의 환경에 맞는 리더십을 잘 발휘하는 것도 중요하지만, 달라질 미래에 대응할 수 있는 20%의 '창의적 리더십'을 추구해야 한다. 그 시작은 현재의 수준을 자각하고 부족한 점을 이해하고 그 부족함을 채우기 위해 열심히 탐구하고 실행하는 것이다.

그 방법론적인 부분은 제3부에서 더 구체적으로 설명하고자 한다.

리더의 철학과 인식이
팀 정체성을 결정한다

리더의 책임과 역할은 조직의 생존 여부에 매우 큰 영향을 끼치므로 그들의 활동 결과에 조직의 운명이 달려 있다고도 할 수 있다. 리더의 핵심적 역할은 직원들이 역량을 잘 끌어내도록 동기 부여하여 조직이 목표로 하는 업무 성과 창출을 지속할 수 있는 분위기와 환경을 만드는 것이다. 더불어 이들의 철학과 인식에 따라 구성원들의 직무, 직장 만족도, 팔로워들의 사기와 팀워크가 결정된다.

다음 같은 상황이라면 당신은 어떤 조직을 택하겠는가?

A 회사 인사팀

월급 500만 원, 기업문화가 경직되어 있고 특히 팀장이 매우 권위적이고 강압적이라 사무실에는 정적이 흐름.

B 회사 인사팀

　　월급 450만 원, 기업문화가 개방적이고 팀장과 팀원이 서로 존중하

　　고 배려하는 분위기로 사무실이 항상 토론 및 대화로 시끌벅적함.

　　과거의 직장에 대한 인식을 기반으로 한다면, 어차피 돈 벌려고 다니는 회사니 스트레스를 받아도 급여를 더 주는 A회사 팀을 선택하는 경향이 높았다. 같은 값이면 더 많은 급여를 주는 회사에 다닌다는 '자기합리화'를 하면서 말이다.

　　하지만 지금은 시대가 달라졌다. 현재는 보편타당하고 적당한 임금 외에 일하는 작업 환경, 조직문화가 중요하게 작용한다. 이런 점에 있어 요즘 젊은 직장인들은 B회사를 선택할 확률도 높다.

　　요즘은 회사를 단지 돈만 버는 곳이 아니라 사회인, 직장인으로서 일하면서 본인의 적성과 꿈을 실현하는 곳으로 정의한다. 자기 능력을 발휘 또는 계발하고 그런 과정에서 인정받고, 보상받을 수 있는 조직을 더 선호하는 것이다. 이 사내 분위기를 결정짓는 것은 다름 아닌 리더다. 그렇다면 리더는 팀의 정체성 확립을 위해 어떤 고민을 해야 할까?

　　첫째, 팔로워들을 명령과 통제로 관리할 것인가 또는 자율 신뢰 방식으로 관리할 것인가의 문제다.

　　리더가 판단했을 때 팔로워들이 충분히 실무 능력을 갖추고 있어서 일을 믿고 맡기겠다고 생각한다면 자율 신뢰 방식을 활용하게 될 것이다. 반대로 팔로워들의 실력과 능력이 아직은 믿고 맡기

기 어렵다는 생각이 들면 리더는 이들에게 일일이 업무적 코칭과 멘토링을 하는 마이크로 매니징 Micro managing 방식을 선택할 것이다. 바로 이 두 가지의 기준에 의해서 리더의 리더십 스타일이 결정된다. 당신은 어떤 타입의 리더인가?

둘째, 직원관리를 업무 위주로만 할 것인가 또는 개인적인 것까지 관리의 대상으로 볼 것인가이다.

팔로워 개인과의 면담 과정에서 아주 세세하고 최대한 많은 개인적 정보를 수집하는 경우가 있을 것이다. 조금 불편할 수 있는 질문과 답변이 오가기도 하겠지만, 이는 팔로워들과의 일상 교류를 통해 사적으로 친해지는 계기가 되기도 한다.

반면, 개인적인 것에 관심을 두기보다 공적인 일에 더 집중적으로 관심을 가지는 스타일도 있다. 이들은 일을 잘하는 것이 최우선이기에 군이 팔로워 개개인의 가정사나 관심사를 세부적으로 알아야 할 필요가 없다고 생각하며, 개인사와 회사의 업무를 철저히 분리하여 가능한 사적인 영역은 침해하지 않는다. 오늘날 많은 기업에서 선호하고 있는 스타일이긴 하지만 또 일부 직원들은 동료들과 함께 어울릴 기회가 줄고 감정 교류가 적어 일할 때 합을 맞추기가 어렵다고 토로하기도 한다.

셋째, 인기 영합과 쓴소리를 하는 것 중 어떤 역할 맡을 것인가이다.

리더는 팔로워들을 잘 관리하여 실질적인 성과물을 만들어야 한다. 당연히 리더로서 팔로워들과 좋은 관계를 유지해야 한다. 하지만 팔로워들의 업무적인 실수, 업무 능력 부족 등을 지적하고 개선을 요구해야 할 부분이 있을 때 리더는 역할 선택의 기로에 놓인다.

남에게 쓴소리하는 것은 누구나 싫어한다. 개인의 성격상 그럴 수도 있고 쓴소리를 해야 하는 상대나 주변 시선이 신경 쓰이기 때문이다. 하지만 팀이, 팔로워가 발전하기를 바라며 쓴소리를 하는 리더들이 있다.

반면, 단순히 팔로워들에게 인기 영합을 유도하는 스타일도 있다. 특히 기업 내 360도 다면 평가의 비중이 증가하는 추세에서 만약 쓴소리를 자주 하는 것처럼 보이면 나중에 팔로워들이 다면 평가 시 리더에 대한 점수를 나쁘게 주기도 해 섣불리 쓴소리를 못하는 경우가 많다. 그래서 인기를 유지하기 위해 쓴소리보다는 오히려 칭찬, 대화를 통해 친밀도를 높이는 것이다.

둘 다 장단점이 있는 리더십이지만, 필자의 경험을 비춰 보면 업무 자체에 대한 실수나 잘못은 정확히 짚어서 쓴소리로 지적해 주는 게 업무적, 관계적인 면에서 결과가 좋았다. 다만, 지적하는 방식이 중요하다. 일 자체나 문서 작성에 대해 코칭을 해 주는 것이지 그 직원의 전체 역량이나 능력, 인성이 잘못되었다거나 다른 직원과 비교하는 식의 지적은 별로 효과적이지 못하다.

넷째, 리더로서 업무 부진자에 대한 태도를 어떻게 취할 것인가이다.

조직에는 업무 수행에 있어 우수, 보통, 역량 부족 등 다양한 수준의 팔로워들이 있다. 양극단에 약 10% 정도가 포진하여, 10:80:10 비율로 팔로워의 역량이 발휘되고 있으며, 안타깝게도 이 비율이 지극히 정상적이고 일반적이다. 여기서 문제는 말단의 최하위 역량자 10%에 대한 관리 방안이다. 그들이 스스로 살아남는지 두고 보기만 할 것인지 아니면 계속 육성 투자하여 나머지 범주$^{10+80}$ 안으로 끌어올릴 것인지 리더는 선택해야 한다. 만약 육성 투자를 선택한 리더라면 특히 최하위 10%를 어떻게 관리할지 구체적인 방안이 필요할 것이다.

기업 차원에서 투자해 교육하거나 하지 않는 것은 2차적인 과정이다. 정작 중요한 것은 하위 10% 범위에 포함된 팔로워에게 본인이 그 그룹에 속한다는 사실을 인식하게끔 해 줘야 한다는 것이다. 그리고 그들의 태도가 어떻게 변하는지 지켜보는 것이다. 아무 변화가 없는 팔로워가 있는가 하면 반대로 어떻게 하면 발전할 수 있을지 고민하고 노력하려는 팔로워도 있다. 리더는 팔로워의 태도를 보고 결정하는 것도 도움이 될 것이다. 자신의 부족함을 받아들일 줄 아는 사람과 그렇지 않은 사람이 보여 주는 업무 능력 향상의 효과는 확실히 다르다.

다섯째, 보고자를 누구로 할지 선택해야 한다.

팀 내에서 작성한 보고서를 리더의 확인을 거쳐 실장이나 사업부장 등 더 높은 직급의 상사에게 보고할 경우 리더가 직접 보고할 것인지 아니면 팔로워가 할 것인지 고민해 봐야 한다. 여기에도 각각 장단점이 있다.

따르는 사람, 이끄는 사람

리더가 모든 보고를 할 경우 팔로워들은 실장, 사업부장에게 보고할 기회가 없어지고 오로지 직속 리더에게만 보고함으로써 더 높은 상사를 직접 만날 기회가 없어진다. 하지만 리더는 아무래도 자신보다 높은 직급인 상사의 스타일, 분위기, 보고의 핵심 내용 전달 방법 등 다양한 면에서 노하우가 있기에 그들의 귀에 잘 들리도록 보고할 수 있다는 장점이 있다.

팔로워들은 더 높은 상사에게 관련 브리핑을 할 때 긴장을 하거나 자칫 그들의 스타일을 고려하지 못해서 그들을 설득시키지 못할 수도 있다. 하지만 보고서를 정리, 작성하는 것을 직접 한 팔로워는 더 깊이 있게 내용을 전달할 수 있으며, 브리핑에 익숙해지면 더 높은 상사를 대하는 태도와 담력도 키울 수 있을 것이다.

필자는 보고 내용의 중요성이나 비중에 따라 보고자를 결정해야 한다고 생각한다. 하지만 기본적 방침은 보고서 작성자인 실무자 팔로워가 자신의 리더보다 상사인 실장, 사업부장 등에 직접 보고하는 방식을 추천하고 싶다. 필요하면 리더가 팔로워와 동행 보고하는 방법도 좋다. 리더의 역할 중 하나가 팔로워의 역량을 최대로 끌어올려 주는 것이라는 점에서 보고자를 팔로워로 지정해 긍정적인 효과를 본 사례를 많이 봐 왔다. 물론 쉬운 선택은 아니다.

여섯째, 사무실 분위기 조성을 어떻게 할 것인지 고민해야 한다.

두 사무실이 있다. A팀 사무실은 아침부터 저녁까지 사무실 전체가 산중의 절간처럼 매우 조용하다. B팀 사무실은 그에 반해 다소 왁자지껄하다. 둘 중에서 여러분은 어떤 사무실이 좋은가?

사무실이란 조직 구성원들이 함께 모여서 일하는 공간이다. 사무실의 분위기를 결정짓는 요소는 일하는 직원 수와 해당 업무의 성격 등에 따라 다르기도 하지만, 리더가 어떤 업무 분위기를 선호하느냐도 중요하다. 그렇기에 리더는 자신이 업무를 보는, 그리고 팔로워들이 함께 일하는 사무실 분위기를 어떻게 조성하여 일의 효율을 높일 것인지 생각해 봐야 한다.

일곱째, 업무 분배와 처리의 방향성을 어떻게 설정할 것인지 결정해야 한다.

리더가 속한 조직에 탑다운 방식 또는 바텀업 방식 중 어떤 방식이 더 적합한지 선택해야 한다. 탑다운 방식은 리더의 지시가 명확하므로 일 처리가 빠른 특징이 있다. 반면에 바텀업은 문제 이슈나 화두에 대해 팔로워들이 의견을 수합, 보고하는 방식이다. 리더는 팀의 성향과 업무 상황을 고려하여 시의적절하게 사용할 수 있도록 어떤 방식을 적용할지 판단해야 한다.

더 나아가 기업의 중간관리자로서 리더는 자기 팀 업무를 더 높은 직급의 실장이나 사업부장에게 보고하며 바텀업 방식을 취하기도 하고, 높은 직급의 사람이 지시하는 일을 탑다운 방식으로 받아 팔로워들에게 분담하는 일도 한다. 이 두 입장에 모두 이해관계가 있으므로 어떤 방식이 자신의 팀에 더 효율적이고 사기를 진작시킬 수 있는지 그리고 자신보다 더 높은 직급을 어떻게 설득할 것인지 결정해야 한다.

여덟째, TGIF ^{Thanks God, It's a Friday} 또는 TGIM ^{Thanks God, It's a}

회사라는 조직은 구성원들이 모여서 성과를 내기 위해 일하는 곳이다. 같은 성과물을 내고 인정받는 조직이라도 일하는 과정과 방식에 따라 조직 내 분위기가 많이 달라진다. 물론 단기적 성과냐, 장기적 성과냐에 따라 또는 과정과 결과 중 어디에 더 비중을 두느냐에 따라 차이가 나는 것도 사실이다. 여기서는 성과는 동일하지만 분위기가 다른 두 조직을 살펴보자.

A팀장 조직은 팀원들이 한 주를 보내고 나면 번아웃되는 경우가 잦아 오직 금요일 퇴근 시간만을 기다리는 TGIF 문화(직장에서 빨리 퇴근하고 싶은 문화)가 강한 곳이다. 반면 B팀장 조직은 일하는 과정에서 재미와 활력이 넘쳐 금요일과 주말을 아쉬워할 정도로 긍정적인 팀워크를 발휘하는 조직이다. 같이 근무하는 구성원들과 함께 업무에 집중하며 합을 맞추고, 적절히 이야기도 나누며 즐겁게 회사 생활을 한다. 출근에 대한 부담 없이 해야 할 업무를 처리하며 성취감을 느끼는 TGIM 문화(월요일 아침 빨리 출근하고 싶은 문화)의 조직이다.

이 글을 읽는 사람 중 대다수가 '과연 TGIM 문화가 있는 조직이 있긴 있느냐?', '회사가 유토피아냐?'는 식의 의문을 제기할 수 있다. 하지만 이는 필자가 직접 경험한 사례로, 실제 그런 조직들이 있으며, B팀 방향으로 팀 환경을 조성하는 것이 리더의 역할이

자 필수 과제다.

　조직의 정체성을 확립한다는 것은 매우 중요하다. 이 정체성을 결정짓는 경영 철학은 실무자에서 팀장으로, 팀장에서 실장으로, 실장에서 사업부장으로, 사업부장에서 본부장으로 승진을 통해 큰 역할을 맡을수록 더 필요해짐을 잊지 말자.

리더로
인정받는다는 것

통상적으로 팀장은 팀 실무자들과 업무 경험을 쌓아 가며 해당 업무 능력을 인정받아 파트장 또는 그룹장으로의 경력을 거쳐 팀장이 된다. 이렇게 어려운 과정을 통해 팀장이 되었지만, 팀장으로서 책임과 역할을 제대로 수행하지 못하여 팀장 리더십이 난항을 겪는 경우가 많다. 여기서는 서로 다른 '위기의 팀장 리더십' 두 사례를 통해 리더의 역할과 책임을 되새겨 보는 기회로 삼길 바란다.

실무자로 남고 싶은 위기의 A팀장

A팀장은 나이로나 업무 경력으로나 고참급 실무자로, 차분한 성격에 성실한 업무 태도를 지닌 평범한 직원이었다. 어느 날 원래 팀장이 타 부서로 전출을 가는 바람에 그 자리에 A가 보직을 맡게 되었다. 갑작스러운 팀장 승진에 A팀장은 기뻤지만, 한편으로 걱정이 앞

섰다. 아니나 다를까 실제 팀장 역할 수행을 해 보니 우려한 바가 서서히 현실이 되었다. 자신의 업무도 있는데 팀원들 관리와 타 부서와의 업무 협조 등 팀장 리더십을 발휘해야 하는 상황이 많았다. 얼마 전까지는 실무자라 자기 일만 잘하면 됐는데, 그렇지 못한 현실에 이 일 저 일 정신없이 처리하다 보니 팀원들과도 점차 괴리가 느껴지기 시작했고, 완벽히 해내던 자기 일에도 부족함이 생기는 것 같았다. 원래대로 실무만 하고 싶다는 생각이 간절해졌다. 그동안의 실력을 인정받아 팀장이 된 것인데, 이런 이야기를 주변 사람에게 내뱉을 수도 없어 속으로만 끙끙 앓고 있다.

급격한 번아웃에 빠진 위기의 B팀장

B팀장은 누가 보더라도 '대단한 직원'이라고 평가할 정도로 적극적으로 업무도 알아서 잘하는 탁월한 업무 역량을 보여 주었다. 당연히 경험과 실력상으로 보더라도 팀장 적임자였다. 팀장이 되고 자기 업무도 하지만 팀 업무에도 열정적이었다. 성과를 위해서 모든 팀원들의 업무를 일일이 확인하고 칭찬, 질타 등의 피드백도 직접 하며 자신을 불태웠다. 하지만 애초 기대와 달리 B팀장은 전혀 예상치 못한 일을 겪게 된다. 해당 팀의 업무 실적이 처음 1~2년 정도는 그럭저럭 유지되다가 3년 차 이후로는 급격히 나빠진 것이다. 심지어 해당 팀에 나름 차세대 팀장으로 촉망받던 우수한 직원이 퇴사하는 등 팀 전체적으로 팀워크가 무너지는 듯했고 사기도 크게 저하됐다. 본인도 번아웃이 될 정도로 지쳐 있는 상황이다.

A팀장의 경우, 본인은 기존의 실무자로서 해 오던 일을 계속하고 싶은데 팀장이 되고 나니 완전히 업무 성격이 바뀐 것이다. 팀장의 주된 역량 중 하나인 '조직관리'에 어려움을 겪고 있기도 하다. 이전에는 한 명의 실무자였다면 이제는 팀 전체를 관리해야 할 팀장이 되어 버린 것이다. 리더십을 제대로 발휘해야 한다는 심리적 부담이 느껴졌을 것이다. 이로 인해 해당 A팀장 및 팀원들의 직무·직장 만족도가 낮아졌을 가능성이 크다.

사실 B팀장의 경우도 크게 다르진 않다. A팀장과는 달리 팀의 일까지 잘 해내지만 과한 열정을 쏟으면서 스스로 번아웃된 것이다. 그 영향은 당연히 팀원들에게도 느껴졌을 것이고 사기 저하와 퇴사라는 극단적 상황을 초래했다. 이런 경우에는 어떻게 하면 좋을까?

A팀장과 B팀장에게 지금 필요한 것은 일 자체보다 '사람 관리 People management'에 더 초점을 맞추는 리더십이다. 나무를 보는 것이 아닌 숲을 봐야 한다는 말처럼, 리더는 업무 완수, 업무 성과에만 매몰돼서는 안 된다. 실무자일 때는 본인의 업무 중심으로 성과를 내면 되지만, 리더는 달라야 한다. 업무의 효율적인 분담과 진행을 위해 팀원 전체의 업무와 개인적인 사정까지도 어느 정도 알고 있어야 하며 능력에 따른 효율적인 업무 분배를 할 줄도 알아야 한다. 보다 넓은 시야를 가지고 아울러 보는 능력, 그것이 리더십의 소양 중 하나다.

대부분 조직에서 근속 연수와 경험이 일정 수준에 이르면 '팀장'

보직에 앉게 되지만, 앞서 언급한 팀내 리더로서의 일 처리 소양은 아무도 알려 주지 않는다. 그리고 팀장은 대부분 모두 신입이나 다름없는 상태로 팀을 이끌게 된다. 실무자가 팀장이 되었다고 해서 어느 날 갑자기 '팀장 리더십'이 자연스럽게 구현되는 것은 아니다. 결국 팀장 리더십은 처음부터 본인이 갈고닦아야만 실현 가능한 능력이다. 무엇보다도 본인이 팀장으로서 부족한 부분이 있다면 신입의 마음과 열정을 품고 차근히 배우고 필요한 역량을 최대한 채워 갈 수 있도록 노력해야 한다. 팀장 리더십의 구체적 실현 방법들은 뒤에서 더 다룰 예정이다.

한국 기업에는
똑게형 리더십이 필요하다

2014년 7월 23일 LG경제연구원 강승훈 책임연구원이 발표한 보고서는 기업 내 문제를 단적으로 나타낸 내용으로 직장인들의 많은 공감을 받은 바 있다.

헛손질 많은 우리 기업들 문제는
부지런한 비효율이다.

이는 기업의 문제와 동시에 기업을 함께 이끌어 나가는 리더들에게 반성이 필요함을 일깨워 준다. 누구도 헛손질하거나 비효율적으로 일하고 싶지는 않을 것이다. 앞에서 계속 언급해 왔듯이 기업을 이끄는 게 '리더'라고 한다면, 과연 저 보고서에서처럼 헛손질하고 비효율적으로 일하는 리더는 어떤 유형일까?

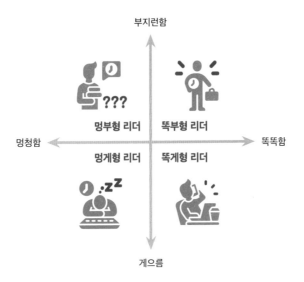

위 그림은 직장인들 사이에서 '직장인 사분면', '호사분면' 등으로 불린다. X축, Y축을 통찰력과 성실성으로 구분하여 리더의 유형을 정리했다. 통찰력을 기준으로 멍청한 리더와 똑똑한 리더, 성실성으로는 부지런한 리더와 게으른 리더로 정리된다. 이 네 가지의 성향을 조합하여 멍부형 ^{멍청하고 부지런한 리더}, 멍게형 ^{멍청하고 게으른 리더}, 똑부형 ^{똑똑하고 부지런한 리더}, 똑게형 ^{똑똑하고 게으른 리더}으로 나뉜다.

여러분은 어떤 타입의 리더인가? 그리고 모든 리더와 팔로워가 스스로 생각하는 이상적인 리더 유형은 무엇일까?

우리는 지난 수십 년간 '리더는 무리 중에 가장 똑똑하고 팀 전반을 아우를 수 있는 통찰력을 갖춰야 하며, 동시에 성실해야 한다'고 교육받았다. 그 영향 때문인지 한국 사회의 가장 이상적인 리더는 '똑부형 리더'로 여겨져 왔다. 많은 이들이 '똑부형 리더'가

되고 싶어 하고, 되기 위해 노력한다. 리더 자신뿐만 아니라 팔로워들도 똑부형 리더와 함께 일하기를 기대할 것이다.

하지만 한 베스트셀러의 저자인 국내 모 대기업 회장님은 한국의 대기업엔 '똑부형 리더보다는 똑게형 리더가 적합하다'고 말한다. 기존의 정석적인 리더의 이상적 덕목을 뒤집는 주장이라는 점에서 인상적이다. 똑부형 리더를 이상적으로 여기고 당연시하는 풍토에서 그는 왜 '똑게형 리더'가 더 적합하다고 주장할까?

▶▶▶

똑게형 리더의 특성

첫째, 똑게형 리더는 완벽하지만 조금 틈을 보여 주는 '인간미'가 있는 리더 유형이다.

리더가 지나치게 완벽하면 팔로워들은 리더에게 다가가는 것을 어려워한다. 팔로워 입장에서는 리더의 업무 역량이 너무 우수해 웬만한 보고서나 아이디어가 아니고서는 리더에게 질책이나 지적을 받을 가능성이 크면, 보고를 머뭇거릴 가능성도 커진다. '그걸 아이디어라고 보고하느냐?', '말도 안 되는 제안 아니냐?', '제대로 조사는 했느냐' 등 그렇게 한두 번씩 팔로워들이 자발적으로 제시한 아이디어가 기각될 때마다 '차라리 입 다물고 있다가 리더가 시키는 일만 잘하자'는 식으로 수동적인 자세를 취할 것이다. 리더는 때로 알아도 모르는 척하면서 팔로워들의 자발성이나 창의적 생각을 독려해 주는 너그러움과 여유가 필요하지만 이러한 성향은 업무의 성과를 효율적인 시간 안에 최대치로 끌어올리려는 엄격한 똑부형 리더와는 거리가 멀다.

그래서 지금 시대의 리더는 업무 역량 차원이든 리더십 차원이든 적당한 틈이 있는 것이 더 낫다. 일명 '여백의 미'가 필요한 것이다. 틈새로 팔로워들이 좀 더 편하게 접근할 여지를 주면서 그들과 눈높이를 비슷하게 맞춰 볼 기회를 얻을 수 있다. 무엇보다도 리더에게 접근하는 것에 대한 심리적 부담감을 최대한 줄여 주는 것이 필요하다. 똑똑하지만 조금은 게으른 척, 여유 있는 척하며 조직 내 말단 구성원들과도 스스럼없이 어울릴 수 있는 인간미가 필요하다.

둘째, 큰 그림과 일의 의미를 부여하며 자율성을 지켜 준다.

똑부형 리더는 팔로워의 역량이 본인보다 떨어진다고 전제한다. 그래서 본인이 지시했거나 팔로워들이 결재를 올린 모든 업무를 매우 세세하게 지적하며 확인하는 것을 당연시한다. 만약 팔로워가 가져온 보고서가 본인의 생각대로 만들어지지 않았으면 자신이 직접 해당 보고서를 재작성하듯 대폭 수정하여 팔로워에게 다시 타이핑해서 결재받으라는 과도한 마이크로 매니징을 하는 것이다. 그들은 철저하고 최고의 완성도에 오른 보고서만이 통과할 수 있다는 압박감을 팔로워들에게 밀어 넣는다. 업무를 잘 배우고 좋은 성과를 끌어내기 위해서는 팔로워들의 일을 세세히 지적해 준다. 필요하다면 야단도 쳐야 한다고 생각한다. '누구보다도 직원들을 잘 트레이닝하고 있다'라는 생각으로 자신의 관리 스타일에 대해 더 강한 정당성을 부여하면서 말이다.

물론 모든 마이크로 매니징이 부정적인 것만은 아니다. 일을 주체적으로 하는 팔로워가 아니라 배워야 하는 팔로워의 경우 마이크로 매니징만큼 반가운 교육법도 없다. 자신이 한 업무에 잘못된 부분을 세세하게 짚어 주며 구체적으로 알려 주는데 이보다 더 고마운 일은 없을 것이다. 팀 내에서 쌍방향으로 소통하며 함께 일을 처리하는 관계에서의 마이크로 매니징은 어느 정도 허용되며 긍정적인 영향을 미치기도 한다.

같이 일하는 팀=신뢰하고 있다는 것

그러나 상호작용해야 하는 팀의 경우 지속적이고 과도한 마이크로 매니징은 자칫 팔로워의 자존심을 상하게 할 수 있다. 리더의 입장에서는 부지런히 이것저것 챙긴다지만, 조직 구성원인 팔로워 입장에서는 리더가 자신들을 믿지 못한다고 생각하거나 업무에 대한 자율성을 침해받는다고 오해할 수도 있다. 더불어 팔로워들의 시야를 좁게 만든다. 일단 팀으로 구성되었다는 것 그리고 그 일을 맡겼다는 것은 신뢰를 기반으로 한다는 점을 잊어선 안 된다.

똑게형 리더는 팔로워들에게 팀이 기업 내 어떤 역할을 하는지 명확히 인식시킨다. 그런 후 각자 업무 분담을 해 주며 본인들이 하는 업무의 의미를 잘 이해할 수 있게끔 해 준다. 이런 프로세스는 팔로워들이 모든 업무를 처리함에 있어 자연스러운 대화의 장을 만들고, 일의 의미를 잘 이해하게 하여 궁극적으로 업무의 자율성을 키우는 토대가 된다. 리더가 미래의 비전을 이야기하면서 실무자들에게 업무의 의미와 중요성을 강조하면 팔로워들이 자부심을 가지고 일할 수 있는 분위기를 만들 수 있다.

셋째, 보고의 리드 타임 Lead time 을 확보하여 최대한의 창의성을 끌어낸다.

똑부형 리더는 뭔가 지시가 있거나 상사에 보고해야 할 경우가 생기면 최대한 빨리 결과를 보고하려는 경향이 높다. 본인 스스로 일을 잘해 리더로 승진했고 '똑부' 성향을 가진 것에 대한 강한 자부심이 있기 때문이다. 따라서 상부로부터 업무 지시가 떨어지면 최대한 빠른 시간 내에 보고하는 것이 큰 미덕이며, 본인의 똑똑함과 성실함을 보여 줄 좋은 기회라 여긴다. 한술 더 떠서 이를 본인의 남다른 경쟁력이라 생각한다.

빨리 보고하는 것이 나쁘다는 것은 아니다. 하지만 그 일을 빨리 완수하기 위해 팔로워들을 재촉하는 것에서 문제가 생긴다. 리더의 말에 짧은 시간 내에 보고서를 작성하다 보니, 정작 리더의 기대치를 충족시키기 힘들어지는 것이다. 그 결과 지적을 받게 되고 리더는 직접 자신의 입맛에 맞게 수정한 보고서를 유도, 강요하게될 것이다. 이런 상황에 지속해서 노출된 직원들은 과연 어떤 생각을 하게 될까?

아주 긴박한 사안이 아니라면, 리더는 팔로워들이 충분히 검토

후 보고할 수 있게끔 시간을 주어야 한다. 또한, 상위 상사의 재촉을 받는다 하더라도 이를 막아 주며 어느 정도의 시간적 여유를 확보해 줄 필요가 있다. 객관적인 사실이 아니라 리더의 입장에서 빠르게 성과를 내기 위해, 상위 상사에게 빠릿빠릿하게 일하는 모습을 보여 주고 싶은 마음에 리드 타임을 제대로 확보해 주지 않는다면 장기적으로 팔로워들이 나가떨어질 가능성이 크다. 또한, 자율성과 창의성을 발휘하기 힘든 조건으로 팀 문화를 만들어 버리는 꼴이 된다. 똑게형 리더는 이런 점에 있어 최적화되어 있다. 똑똑한 머리로 제대로 완성된 보고인지 판단할 수 있고 외부의 시선과 요구를 게으른 성향으로 대응하기 때문에 팔로워들에게 충분한 시간 확보를 해 주며 일을 처리할 수 있기 때문이다.

넷째, 팔로워들의 의견을 잘 듣는다.

리더는 때로 알고 있는 내용이라도 본인이 먼저 나서거나 중간에 말을 끊지 않고 오히려 팔로워들의 의견을 최대한 듣고 존중해 줄 필요가 있다. 자신이 답을 알고 있다고 생각하여 빠르게 일을 처리하고자 하는 똑부형 리더는 자신이 먼저 알고 있는 답을 직접 지시해 일을 처리하기 때문에 팔로워들의 의견을 물을 이유도, 들을 생각도 못 한다. 하지만 똑게형 리더는 답은 알고 있을지라도 일을 부지런히 처리할 생각이 없으므로 시간의 여유를 가지고 팔로워들의 의견을 듣고 기다린다. 때로는 알아도 모르는 척해 줄 수 있는 여유와 센스가 필요하다.

다섯째, 팔로워들에게 권한 위임을 많이 한다.

똑부형 리더는 어떤 팔로워든 자신보다는 업무적으로 열등하고 자신이 주체가 되어 다 해내야 한다고 생각한다. 이런 생각이 1년, 2년 그리고 그보다 더 오랫동안 누적되면 팔로워들에 대한 리더의 생각이 어떻게 굳어질까? 아마 존중보다는 무시하게 될 것이고, 팀의 성과를 끌어올리는 데 필요한 도구적 존재 정도로 여기게 될 수도 있다. 이런 존재에게 과연 리더는 어떤 일을 믿고 맡길 수 있을까?

반면, 똑게형 리더는 권한 위임을 통해서 직원들이 능력을 충분히 발휘하는 환경을 조성해 준다. 이들은 모든 걸 다 자기 혼자 처리할 수 없다는 사실을 안다. 그래서 자기 혼자 부지런히 처리하며 불태우기보다는 일의 어느 부분은 자신이 맡고 어떤 부분은 팔로워에게 분담하면 좋을지 판단한다. 리더인 본인의 주 업무 중 일부를 팔로워들에게 위임했기에 주 업무 외에 팔로워들에게 신경 쓸 일이나 그 외 살펴야 할 일까지 수월히 처리할 수 있게 되는 것이다. 팔로워 입장에서는 자기 일을 나눠 주는 리더의 모습에 불만을 품을 수도 있지만, 리더와 함께 일을 처리하면서 자기 선에서는 아직은 해 볼 수 없는 일의 프로세스를 배울 수 있다. 팔로워는 리더가 일을 나눠 줄 만큼 자신에 대한 신뢰가 쌓였구나 하는 자부심을 느끼며 열심히 업무에 임할 것이다.

여섯째, 똑게형 리더는 직장생활의 모습부터가 다르다.

이전에는 리더가 가장 일찍 출근하고 늦게 퇴근하는 것이 일반적이었다. 하지만 리더가 팔로워보다 항상 일찍 출근하고, 늦게 퇴근하며, 지시한 업무에 대해 시시각각 확인한다면 팔로워들은 자연스럽게 눈치를 보게 될 것이다.

똑게형 리더는 실속 있게 워라밸 Work-life balance을 챙기는 유형의 리더십을 발휘한다. 그들은 연차 휴가, 여름 휴가 등을 잘 활용하여 충분히 재충전한다.

똑똑한 머리로 이성적인 판단을 내려 자신이 쉬어야 할 타이밍을 알고 그 시간만큼은 마음의 여유를 가지고 일을 현명하게 내려놓을 줄 아는 유형이 바로 똑게형 리더이다.

사업 초기나 규모가 작은 기업들의 경우, 리더 한 명의 똑똑하고 부지런한 업무 태도가 팀의 성과에 큰 영향을 미치기도 한다. 그래서 이 시기에는 똑부형 리더가 주목받고 인정받을 수 있다. 하지만 기업의 규모가 커졌을 경우에는 똑게형 리더 같은 다른 관점을 가진 리더가 필요하다. 자신의 영특한 머리로 팔로워들에게 일방적으로 지시를 내리며 업무 성과를 내려는 리더는 장기적으로 봤을 때 리더 본인도 지치고 팔로워들의 사기 저하를 초래하며 어떠한 발전도 기대할 수 없을 것이다. 조직 구성원들의 능력을 최대한 효율적으로 활용하고 소통하며 신뢰를 기반으로 권한을 위임하는 똑게형 리더가 장기적인 기업 발전에 더 적합하다.

오늘날과 같이 급변하는 경영 환경일수록 쉽게 변하지 않는 조직 구성원들의 사기 진작 및 동기 부여는 매우 중요하다. 똑게형 리더의 긍정적 역할 중 가장 중요한 것이 바로 '자율성과 창의성을 가진 조직 구성원 육성'이다. 기업과 더불어 리더는 크고 더 먼 곳을 바라보며 자잘한 업무보다 앞으로 회사가 가야 할 방향성을 고민해야 하는 존재다. 미래를 위해 실무진들과의 충분한 교감과 권한 위임을 통해 자기 일을 덜어 내고 몸을 가벼이 할 줄 알아야 한다. 실무자들이 방향을 잃지 않고 잘 나아갈 수 있도록 코칭하고 조언하는 것이 리더 본연의 역할이다.

그러려면 똑게형 리더같이 시간적 여유와 심적 여유를 부릴 수 있는 리더십이 있어야 한다. '여유를 부리는 리더십'을 일반적인 한국 정서에선 바로 적용하기 어려울 수도 있다. 하지만 기업과 리더들은 모두 기억해야 한다. 이제 성실하고 부지런한 리더십이 미덕인 시절은 지났다.

무조건 똑똑하고 근면 성실한

똑부형 리더가 되지 말라는 뜻이 아니다.

'지나치면 부족한 것만 못하다'는 말이 있다. 기업마다 분야와 업무 특성, 문화가 다르다. 다양한 기업 구조에서 하나의 유형만이 정답이고, 무조건 그렇게 하라는 것이 아니다. 각 리더 유형의 특성을 알고 적절히 사용하는 것이 중요하다는 것이며, 이런 조화를 위해 끊임없는 리더십 교육이 필요하다는 것이다.

똑똑하고 성실한 것은 좋은 것이다. 다만, 리더 본인의 장점을 업무와 팀 내에 표출하는 방식에 있어 적절한 융통성을 발휘한다면 오히려 리더가 업무와 팀에 긍정적으로 기여할 수 있는 정도가 커지고 조직 구성원들과의 관계도 더욱 잘 꾸려 나갈 수 있다는 것이다.

혹시 당신은 똑부형 리더인가? 그렇다면 그 성향을 버리지 말고 똑게형 리더인 것처럼 행동하라. 원래 가진 성향을 내려놓고 다른 모습을 보여 주는 능력도 실력이라 본다. 자기가 어떤 성향의 리더인지 모르겠다면, '똑게형 리더'가 되라. 그리고 어떤 리더를 선택할지 고민하는 팔로워라면 당당하게 '똑게형 리더'를 따라라!

작용과 반작용,
역지사지의 관점

　　리더인 팀장과 팔로워인 팀원의 역할과 업무는 엄연히 다르다. 실무 경력과 능력을 인정받아 팀장이 되긴 했지만 아직 리더로서의 역량이 부족한 이들을 위해 대부분 기업에선 신임 팀장 대상 직무교육을 제공하고 있다. 팀장의 리더십과 역량에 따라서 팀원들의 행복과 불행이 결정되는 사례가 많기에 기업에서도 리더십 있는 리더 육성을 위해 노력한다.

　여러 일을 한 번에 모아 처리해야 하는 핵심적인 역할을 하는 곳인 본사나 연구소 등 주로 지식 근로자를 팀원으로 두고 있는 조직은 서로 정보를 공유하고 소통하는 업무가 많아 말 한마디로 오해가 생기기도 하고 잘못된 소통으로 인해 업무 결과에 영향을 끼칠 수도 있다. 그렇기에 더더욱 팀장의 리더십이 중요하다.

　현실적으로 '미리 준비된 팀장'보다는 '어쩌다가 팀장'이 된 경우가 제법 많기에 리더십 교육은 꼭 필요하다. 더불어 리더십 교육

외에도 팀원과 팀장의 차이점을 리더 스스로 제대로 이해하는 것도 중요하다고 본다.

출근하는 교통편의 변화에 따라 보이는 것들은 달라진다. 승용차로 매일 새벽마다 같은 시간에 같은 루트로 출퇴근한다. 정확히는 승용차 이용 시 지면에서 1.5m의 눈높이로 교통 상황과 앞차, 뒤차와의 간격을 살피며 운전에 집중했다면, 차량 5부제로 승용차 대신 대중교통인 버스를 이용했을 때는 2~3m의 눈높이에서 창밖 풍경을 바라보며 출근할 수 있다. 고속도로 양옆의 높은 담벼락 너머의 풍경이 멀리 보이고, 길 건너 도로 사이 고랑도 보이고, 고속도로 옆 그린벨트 지역에 들어선 여러 시설물 등 평상시 승용차로 출퇴근하며 보지 못했던 새로운 광경이 보일 것이다. 승용차에서 버스로 이동 수단만 바뀌었을 뿐인데, 1~2m 차이로 관점이 달라지며 보게 되는 풍경도 변한 것이다.

이러한 '관점의 차이'를 회사에도 적용해 볼 수 있다. 회사에서 엊그제까지 수십 년간 실무자였다가 마침내 팀장으로 보직이 변경되었다. 인식에 어떤 차이가 발생할까? 팀장과 팀원의 차이점을 서로가 위치한 입장과 견해에서 하나씩 비교해 보자.

첫째, 보고서 작성하는 자와 보고서 감수하는 자의 차이다.

리더가 되면 문서를 작성하기보다는 팔로워들로부터 작성된 문서를 보고받는 경우가 대부분이다. 일상적인 업무에서는 리더가 주로 업무 지시를 하고, 팔로워들은 지시를 기반으로 보고서를 작성하고 보고한다. 이 과정에서 팀장은 팀원들의 업무 능력을 전반적으로 일시에 파악해야 한다. 한두 장의 보고서만 보고도 해당 팔로워의 문서 작성 능력은 물론 이해력, 통찰력, 분석력 등 모든 것을 평가할 수 있어야 한다. 팔로워에 대한 평가와 파악을 통해 앞으로 팀 내에서 그들을 적재적소에 투입해 일의 효율과 성과를 끌어내야 하기 때문이다.

업무 보고를 위한 문서는 리더뿐만 아니라 팔로워에게도 매우 중요한 소통 수단이면서 상호 소통하는 매개체이기도 하다. 실무자에게 문서 작성은 본인의 지식과 정보, 노하우 등 업무 능력을 리더인 팀장에게 확실히 보여 줄 기회다. 그 과정을 통해 리더는 칭찬, 격려 또는 꾸중, 지적의 방법을 동원해 성과를 낼 수 있도록 독려하고 팔로워는 차근히 자신의 업무 능력을 향상해 가는 것이다.

둘째, 보고받는 자와 보고하는 자의 관계 차이다. 실무자인 팔로워는 자신이 기획한 아이디어 방향으로 리더를 설득하기 위해 보고서를 작성하여 보고한다. 보고서를 작성할 때부터 보고에 이르기까지 리더의 입장에서 역지사지하는 관점을 가진다면 그 설득은 더욱 쉬워질 수 있다.

역지사지 관점으로의 전환은 보고서 작성 능력이 부족한 팔로워를 지도, 육성할 경우 유용하게 사용할 수 있다. 팔로워가 보고를 받는 리더의 입장과 관점에서 생각해 보도록 자꾸 유도해라. 실무자에게는 보고서를 통해 상사를 설득할 만큼 논리적인 근거와 쉬운 이해를 위한 서비스 마인드가 필요하다. 예를 들어, 해당 보고 내용과 관련하여 리더가 실무자인 팔로워보다 정보가 부족한 경우, 이를 역지사지한 팔로워라면 중요한 내용의 추가 자료를 첨부한다든지, 모를 수 있는 전문용어에 대한 부연 설명을 각주로 달아 준다든지 하는 노력을 기울일 것이다. 상대를 생각하는 세심함, 눈높이를 맞추는 배려는 누군가를 설득하는 데 있어 매우 유용한 소통 방법이다. 이러한 관점의 전환이 습관화된다면 이는 곧 훌륭한 실무자의 능력으로 이어질 것이다.

셋째, 관리하는 자와 관리받는 자의 관심의 정도 차이다.

리더는 팔로워들을 업무적으로 관리해야 하는 입장이며, 반대로 팔로워들은 리더로부터 관리를 당하는 입장이다. 자연스럽게 리더는 팔로워들을 통제하는 것 같이 느끼고, 팔로워들은 본인들의 자율성이 리더의 통제로 축소되는 것 같아 창의성과 적극성이 낮아질 수 있다.

하지만 오늘날의 리더들은 일일이 통제하던 전통적인 관리 방식이 아닌 다른 리더십을 갖추기 위해 많은 고민을 한다. 리더가 팔로워들을 잘 관리하면서도 팔로워들의 자율성과 창의성을 침해하지 않고 더 활성화시켜주는 환경을 조성하는 것이 지금의 리더들이 요구받고 있는 새로운 리더십 요건인 것이다.

넷째, 평가하는 자와 평가받는 자의 견해차다. 직장생활은 기본적으로 업무적 역량을 발휘하여 얻은 성과에 따라 처우와 보상이 달라진다. 그 성과 차이를 객관적으로 나타내는 지표가 바로 '평가'다. 리더는 성과를 평가하고, 팔로워들은 리더로부터 성과를 평가받는다. 객관적인 평가라고는 하지만 보고서 기획, 아이디어 제안, 팀 내 생활 등 주관적인 판단 기준들도 많이 있어 평가의 객관성에 대한 논란이 발생하기도 한다. 팔로워 스스로 평가한 점수와 리더가 팔로워를 평가한 점수가 비슷할 경우 문제가 없지만, 그렇지 않고 자기 평가 점수 대비 리더의 평가 점수가 매우 낮을 경우 갈등이 싹트기 시작한다.

전통적인 조직에서는 리더가 낸 점수와 팔로워가 생각하는 점수의 편차가 있으면, 좋은 점수를 받지 못한 팔로워는 항의하는 것이 아니라 입을 다물고 이후 리더의 말에 적극적인 피드백을 하지 않았다. 하지만 요즘 젊은 세대는 마냥 그렇지 않다. 본인의 생각과 리더의 생각이 차이가 날 경우 팔로워들은 그 이유가 뭔지, 왜 본인이 그런 평가 점수를 받아야 하는지 그 절차와 결과의 공정성에 대해 적극적으로 이의를 제기하는 경우들도 많아지고 있다. 따라서 평가를 하는 리더는 이런 세대의 변화도 잘 인식하고 있어야 하며 최대한 객관적인 평가자료나 면담 과정들을 기록해 두는 습관이 필요하다.

다섯째, 육성하는 자와 육성 받는 자와의 차이다. 리더의 기본적 덕목은 '팔로워 육성'이다. 그래서 리더는 팔로워들의 자기계발 및 경력 관리를 유도하여 업무적 역량을 육성시킨다. 이에 리더는 수시로 팔로워들의 업무 경력과 개인별 특성을 참작한 면담으로 이들이 경력을 관리하고 자기계발을 할 수 있도록 돕는 것이 좋다. 물론 이런 리더의 마음과 달리 새로운 경력관리 및 자기계발에 관심이 없고 귀찮게 하지 말고 기존에 하던 일이나 계속할 수 있도록 해 달라는 팔로워들도 있다. 속이 상할 수도 있지만, 리더는 팔로워들의 역량 향상과 더불어 그들의 성향도 존중하고 받아 줘야 하므로 자신과 다른 팔로워들의 성향을 이해하려는 노력을 기울여야 한다.

여섯째, 회의를 주관하는 자와 회의감을 느끼는 자의 차이다.

회의는 통상적으로 리더가 주관한다. 리더가 회의를 주관하는 방식과 과정에 따라서 팔로워들의 반응은 다르다. 전근대적이고 관료적인 방식으로 회의 중 팔로워의 의견이나 보고를 통제하고 업무 체크와 질타를 위주로 하는 강제적 회의 진행은 서로에게 별로 도움되지 않는다. 팔로워들이 모여 의견을 서로 주고받는 본연의 회의會議로 기능하게 될지 또는 정말 듣기 싫거나 지루해 회의에 괜히 참석했다는 식의 회의감懷疑感이 드는 회의가 될지는 모두 리더에게 달려 있다. 이런 팔로워들의 니즈를 반영하고자 예전에는 팀 내 주무과장이 하던 회의 진행자Facilitator 역할을 참석한 팔로워가 진행토록 하고 리더의 발언권만큼이나 팔로워들의 발언권도 보장해 주는 식의 분위기가 필요하다. 때로는 전체 팀원이 돌아가면서 회의 진행을 경험해 보는 방법도 권장할 만하다.

일곱째, 업무를 지시하는 자와 업무 지시를 받는 자의 차이다.

리더와 팔로워의 대표적인 차이가 바로 업무 지시 여부다. 리더는 기본적으로 팀 업무 실적을 위해 팔로워들에게 해당 실무 관련 업무 지시를 할 수밖에 없다. 동시에 팔로워들은 업무 지시를 받아 관련된 후속 활동을 한다. 리더가 업무 지시를 할 때 그 방식과 과정에 의해서 결과가 달라진다. 리더는 업무 지시를 하면서 가능한 한 빠르게, 더 수준 높은 업무 처리를 기대하게 된다. 동시에 팔로워는 리더의 기대치에 맞추고자 최대한 열심히 하지만 대부분의 경우 그 기대치에 못 미치기에 그 부족함을 채워 가는 코칭과 멘토링 과정이 불가피하다. 그렇기에 리더가 팔로워에게 코칭과 멘토링 할 때 어떤 방법과 말투로 지시할 것인지 그 과정이 중요하다. 업무 지시를 너무 포괄적으로 하면 팔로워들이 모호하게 느끼고, 너무 구체적으로 하면 지나치게 마이크로 매니징을 한다고 비판을 듣게 된다. 또한, 팔로워에게 업무 지시나 요청을 할 경우에도 대화를 시작하는 방식을 어떻게 하느냐에 따라 리더와 팔로워의 감정 상태와 관계가 달라질 수 있다.

상황1.

　　김 팀장: 김 대리님, 지금 바쁘신가요? 뭐 특별히 이슈라도 있나요?

　　김 대리: 아뇨 괜찮습니다. 무엇 때문에 부르셨나요? 혹시 업무나 제가 도와드릴 일이 있나요?

　　김 팀장: 최근 발생한 A현안 관련 건 정리해서 내일까지 보고 좀 해주시겠어요?

상황2.

　　박 팀장: 박 대리, 잠시만요, 최근 발생한 A현안 관련 업무 지시를 할

테니 이틀 안에 빨리 작성해서 보고해 주세요.

박 대리: 예.

두 팀장 모두 이틀 안에 A현안 보고서를 작성해서 전달해 달라는 업무를 지시했다. 별 차이가 없어 보이겠지만 업무를 지시하는 방법과 감정에 있어 어떤 견해 차이가 있을까?

전자인 김 대리의 경우, 본인이 일을 받겠다는 의사를 명확히 했기에 상사의 명령 때문이 아닌 오히려 김 대리가 주도적이고 적극적으로 업무를 하겠다는 의지를 보인 것 같은 인상을 준다. 김 팀장의 입장에서도 막무가내로 업무 지시를 하는 것이 아니라 김 대리가 지금 바쁜 업무를 하는 중인지, 자신이 일을 맡겨도 되는지 등의 업무 협조 과정을 충실히 거치고 지시하고 있다. 상대의 업무를 배려하고 확인하는 과정을 거치면 일을 주는 사람도 심리적 부담이 적어지게 된다.

반면에 후자인 박 대리의 경우, 박 팀장으로부터 일방적인 업무 지시를 받은 셈이다. 상사가 지시하니까 어쩔 수 없이 수동적인 태도로 업무에 임할 수밖에 없을 것이다. 박 팀장 또한 박 대리의 업무적 여유 상황, 개인적 상황은 전혀 고려치 않은 채 대뜸 업무를 지시한 것이다.

팀 내에서 지시하고 지시받는 대화를 나눌 일은 수없이 많다. 그때마다 이런 식의 대화가 오간다면 김 대리와 박 대리의 심리적 상황이 어떻게 달라질까? 나아가 김 팀장과 박 팀장 간의 성과 차이가 어떻게 될까? 분명히 그 차이가 있을 것이라고 본다.

여덟째, 바텀업 요청을 받는 자와 요청을 하는 자의 차이다.

과거 상사는 지시하고 팀원은 묵묵부답 실행하는 것이 일반적이었다. 하지만 현재의 경영 환경에 접어들면서 점차 상사의 지시에만 의존하는 것이 아닌, 팀원이 현장 상황을 전달하면 상사가 이를 토대로 합리적인 의사결정을 내리는 업무 추진 방식이 중요해지고 있다. 팀원은 리더인 팀장에게 현장의 문제나 상황을 보고할때, 혹은 자신의 의견을 전달할 때 그로 인해 징계를 받거나 보복당하지 않을 것이라는 강한 믿음이 전제되어야 한다. 나아가 팀 동료들에게 본인이 가지고 있는 본래의 모습이나 생각을 솔직하게 보여 줘도 편안함을 느낄 수 있어야 한다.

리더가 바텀업을 통한 팔로워들의 의견을 통해 올바른 의사결정을 하려면 우선 신뢰를 기반으로 말하는 분위기를 만들어 줘야한다. 동시에 팔로워들도 맹목적인 비난을 담은 뒷담화 대신 리더에게 본인들의 생각과 의견을 바텀업 해 보려는 시도를 포기해선안 된다. 물론 이는 업무 관련이 아닌 개인적 고충이나 고민에 대한 도움 요청 등도 포함된다.

리더와 팔로워는 그 위치와 역할에 있어 차이점이 많다. 하지만 그 둘의 관계가 작용 및 반작용일 수밖에 없기에 조금은 다른 관점에서 역지사지한다면 상호이해도를 높일 수 있지 않을까?

팀장은 팀원으로부터 보고를 받는 사람이지만, 다시 실장이나 사업부장에게 보고해야 하는 자이기도 하다. 그렇기에 팀장의 역할을 잘 수행하기 위해서는 팀원과의 관계, 실장 또는 사업본부장과의 관계 등 다양한 관점을 동시에 고려하고 고민해야 한다. 이러한 순환이 팀 내·외부에서 자연스럽게 일어나다 보면 팀장의 업무적 역량과 경험이 축적될 것이며, 팀장 역할을 훌륭히 수행한 사람만이 다음 레벨인 임원까지 올라갈 수 있을 것이다.

코로나19 팬데믹,
리더십을 뒤흔들다

2019년, 전대미문의 코로나19 팬데믹으로 전 세계가 혼란에 빠졌다. '위드 코로나'가 현실이 되었으며, 한 해 두 해 시간이 가면서 이제는 단순한 유행병이 아니었음을 모두가 절실히 깨닫고 있다. 코로나19 팬데믹이 정치, 경제, 사회, 문화, 체육, 종교 등 사회 전반에 끼친 엄청난 영향은 아직도 현재진행형이다.

특히 사람들이 함께 공장이나 사무실이라는 공간에 모여서 함께 팀워크를 통해 성과물을 창출하는 기업들은 많은 영향을 받았다. 현재는 대면보다 비대면을 해야 하는 상황이고, 대면이라도 소수 인원과의 접촉만 허용될 뿐이다. 당연히 기존의 일하던 방식에 변화가 불가피해졌다.

하지만 의외로 이번 코로나19 팬데믹은 한국이 중진국의 함정에서 벗어나 선진국으로 진입하는 길목에서 변화의 촉진제 역할을 하기도 했다. 한국의 주요 기업들이 양적성장에서 질적성장으로,

수직적 조직문화에서 수평적 조직문화로 전환하려는 시점에서 변화와 혁신을 더 가속해 주는 계기가 된 것이다. 기존 패러다임에서 성공의 맛을 느낀 사회 전반적 구성원들이 성공의 함정에 빠져 주저하거나 미적거리는 시점에 다시 정신 차리고 새로운 것을 고민하고 추구하려는 움직임을 극대화해 주었다.

그렇다면 코로나19가 우리의 업무 환경을 어떻게 변화시켰는지, 그리고 그 변화가 리더와 조직에 어떤 영향을 미쳤는지 짚고 넘어가도록 하겠다.

첫째, 기존에 사무실에서 함께 근무하던 대면 문화가 급격히 비대면 문화로 바뀌고 있다.

회사는 모일 회會, 일 사事의 한자어처럼 구성원들이 함께 모여서 일하는 곳이지만, 정부의 '거리 두기' 정책과 더불어 사적인 대면 모임까지 대폭 줄이거나 없앴던 상황이라 기업 또한 비대면 업무 환경을 반강제적으로 구축할 수밖에 없었다. 코로나19 이전 일상에서는 정시 출근 후 회의실에서 간단한 업무 회의를 하고, 점심시간이나 퇴근 후 단체로 회식을 하는 등 한자리에 모이는 것이 당연했지만, 이제는 허용되지 않는다. 비대면으로 기존에 일하는 방식들이 완전히 반대 또는 급격히 변화한 것이다. 이 뿐만 아니라 근무 장소, 회의, 소통, 교육, 업무 지시, 회식 방식 등 거의 조직 활동 전 부문에서 변화가 일어났다.

둘째, 팀 내 인원이 격일로 번갈아 나오거나 아예 재택근무를 하는 업무 환경이 활성화되고 있다.

근무 스케줄의 변동은 사무실 내 인구밀도를 줄여야 코로나19 집단 감염의 가능성을 줄일 수 있으며, 심지어 코로나19 양성 확진자 발생 시 해당 건물 소독과 함께 업무 마비를 초래할 수 있어 불가피한 선택이었을 것이다.

사실 국내외 대부분의 조직 리더들은 재택근무의 일반화를 아직은 먼 미래의 일로 생각해 왔고, 일부 IT 회사 및 소프트웨어 개발업무 종사자들에게만 한정된다고 생각하는 경향이 높았다. 그런데 갑자기 나타난 코로나19 팬데믹이 이런 생각을 한순간에 뒤집어 버렸다. 사실 베이비부머, X세대 리더들은 재택근무를 마지못해 수용하긴 했지만, 여전히 호의적이진 않다. 그들은 내심 '집이라고 쉬엄쉬엄하면서 일하지 않겠느냐', '회사에서 하는 것보다 일의 효율이 나지 않을 거다', '대충 할까 봐 걱정된다'는 우려의 시선을 보내고 있다. 베이비붐 세대, X세대의 입장에서는 재택근무라는 것은 상상 밖의 일이라 집에서 일한다는 것은 이해하기 힘든 현실이었다. 집은 '휴식처'이고 회사는 '일하는 곳'이어야 한다는 고정관념이 강한 세대이기 때문이다. 이들이 재택근무의 업무 효율성과 생산성에 의문을 품는 것은 어찌 보면 당연한 일일 것이다.

셋째, 소통도 비대면으로 바뀌게 되었다.

소통 강화 활동이라고 하면 오프라인으로 대규모 인원이 모두 모인 자리에서 경영 활동 정보를 공유하는 활동을 말한다. 예를 들어 타운홀 미팅도 리더와 다수의 조직 내 구성원들이 한자리에 모여서 진행하는 것이 전형적인 패턴이다. 하지만 이제는 리더 혼자 또는 보조 진행자 외 일부 소수 직원 참관을 통해서 유튜브, 줌^{ZOOM}을 통한 영상 소통 또는 사내 포털을 활용한 '온라인 토크쇼' 형태로 진행되는 경우가 다반사다. 그 대표적인 예가 메타버스^{Metaverse}다. 기존의 가상 현실^{VR}보다는 한 단계 더 높게 진화한 개념으로, 이 메타버스 공간에서는 5G 상용화라는 인터넷 인프라를 기반으로 자신의 아바타를 활용하여 가상 현실 속에서도 마치 실제 현실과 같은 사회, 문화적 활동을 할 수 있다. 단순히 온라인 회의에 참관하여 보고, 듣고, 발언하는 수준에서 벗어나 온라인 세상에서 실행되는 공연, 세미나, 토론회, 강의, 교육, 타운홀 미팅 등 현실 세계에서 행해지는 거의 모든 것이 가능하다. 메타버스 플랫폼을 이용한 국제 박람회 또는 대규모 국제 컨퍼런스를 진행할 경우 국내 및 해외 고객들이나 종업원들도 각자의 아바타로 메타버스 행사장에 입장해 각 부스에서 진행되는 별도 세션에 참석하거나 주최 측에서 마련한 특별행사 코너를 참관할 수 있다. 그리고 메인 행사시간이 되면 해당 컨퍼런스룸이나 야외파크에 입장하여 서너 시간 강연이나 회의에 참석할 수 있다. 즉, 말 그대로 시간과 공간을 초월한 미팅이 가능한 것이다. 앞으로 비대면 접촉이 일상화되는 상황에서는 메타버스를 통한 다양한 교육 및 소통이 활성화될 것이다.

위의 내용처럼 실제로 2022년 1월 3일 현대차그룹은 50여 년 이상 해 오던 본사 강당에서의 전통적인 오프라인 시무식을 창사 이래 처음으로 메타버스 플랫폼을 이용하여 그룹 시무식을 했다.

그 자리에는 실시간으로 국내외 직원 수만 명이 동시 접속해서 참관하는 진풍경이 펼쳐졌다. 비대면이다 보니 직접적 소통할 때의 느낌과 분위기는 나지 않지만, 오프라인 미팅에서는 상상할 수도 없는 일을 실현했다는 것에 그 의의가 있다. 이제는 리더들도 방송, 영상 등 온라인 화면을 통해서 직원들과 소통하는 것이 일상화되는 시대를 받아들이려는 노력과 준비를 더욱 철저히 해 두어야 할 것이다.

넷째, 업무 지시나 프로젝트 점검 시스템의 변화도 불가피하다.

회사에서는 팀장이 수시로 팀원들에게 업무 지시 및 진행 과정 점검, 보고, 피드백 등의 역할을 무난하게 진행했다. 하지만 이제 비대면 시대이다. 어찌해야 하는가? 영상통화, 문자 및 이메일, 사내 인프라로 업무를 지시하는 방법이 일반화되고 있다. 업무 점검 및 보고서 피드백도 이제는 비대면에 익숙해져야 할 때다. 일상적이거나 단순한 보고의 경우는 이제 비대면 방식으로 하고, 중요하고 설명이 필요한 부분들은 대면 보고를 하는 등 하이브리드 Hybrid 방식도 취하고 있다. 앞으로 비대면 보고와 결재, 의사결정 등은 더욱 증가할 전망이다.

다섯째, 회의 문화의 변화가 불가피하다.

본사나 연구소 등 지식 근로자들이 일하는 곳의 대표적인 이미지 중에 하나는 회의실에 모여서 회의하는 장면이고, 그 회의 결과에 따라서 희로애락을 느끼는 게 일반적인 직장생활 모습이다. 코로나로 인한 비대면 시대에 가장 큰 변화가 일어난 것이 바로 회의

문화다. 일단 모두가 모일 수가 없다. 당연히 업무 지시나 업무 진행 상황 체크가 앞에서 말한 것처럼 비대면 화상회의나 문서 또는 이메일로 대체된다.

팀장 등 조직 내 리더들에게는 회의를 통해 짧은 시간 내 조직의 여러 업무를 한꺼번에 정리할 수 있는 효율성과 효과가 있지만, 상대적으로 회의 참석자들은 본인의 업무과 직접 관련이 없는 내용까지 참고 들어야 하는 경우가 많았다. 게다가 회의 시간의 대부분이 각자가 진행하는 업무 과정과 결과를 추궁하며 질타와 질책으로 이뤄져 주로 긍정보다는 부정적 분위기가 더 잦았다. 사정이 이렇다 보니, 회의에 알레르기 반응을 보이는 것은 당연할지도 모른다. 그래서일까? 회의가 줄어든 것에 대해 실무자들은 만족하지만, 리더들은 업무를 챙기기 힘들어졌다고 불평하는 등 대조적인 반응이 나오기도 한다.

더불어 많은 기업에서 화상회의를 할 수 있는 인프라를 앞다퉈 구축 및 업데이트하고 있다. 재택의 경우는 문제될 것이 없지만, 기존 사무실에서 회의하게 되면 같이 출근한 일부 동료들에게 방해될 가능성이 크다. 규모는 작더라도 별도의 화상회의실을 구축하는 것이 좋다. 특히 화상회의실의 경우 코로나19 종식 이후에도 수요가 더욱 증가할 수 있어 초기 구축 시 제대로 투자하는 것이 중요하다.

여섯째, 집단 교육이 전면 중단 및 축소되었다.

내부적으로 세대 간의 갈등, 외부적으로는 VUCA 환경에 발 빠르게 대응하기 위해 리더들을 비롯한 조직 구성원들에게 집단 교육이 꼭 필요한 상황이지만 코로나19로 쉽지 않은 상황에 놓였었다. 이에 대한 기업들의 해결 방안은 비대면 교육이며, 기업들의 비대면 교육 진행은 지속적으로 증가하는 추세다. 유튜브, 줌 등에 채널을 열어 기업 내 교육이 필요한 사람들이 쉽게 참여할 수 있도록 하고 있다.

당연히 기존 오프라인, 대면, 집체 교육에 익숙한 세대는 지금의 온라인 비대면 교육 방식이 어색할 수밖에 없다. 그래서 쉽게 접근하지 못한다는 단점이 있지만 장점도 많다. 대표적인 것이 기존에는 교육장의 크기, 인원 제한 등이 있어 모든 사람이 참여하는 데 한계가 있었지만, 영상으로 교육하기에 언제, 어디서든, 누구나 들을 수 있다는 장점이 있다. 비대면 교육의 장점을 살려 그동안 소외되었던 사업장이나 해외 공장도 시간대를 조정해서 국내외 구성원들과 잦은 소통을 할 수도 있다.

일곱째, 회식을 통한 조직 구성원 관리가 불가능해지고 있다.

X세대 전후 리더들이 일반적으로 직원관리에 활용하는 가장 보편적인 방식은 조직 내 구성원들이 정기적으로 모이는 회식이었다. 평상시의 업무적 스트레스와 더불어 조직 내부의 갈등 거리를 회식으로 해결하는 경우가 다반사였다. 직원들 간의 갈등과 불만도 회식 장소에서 서로 술잔을 주고받으며 그 술 한잔에 모든 걸 털어버리고, 리더를 중심으로 다 같이 한 방향으로 가자며 단합 분위기를 조성하면서 개인들의 고충과 불만을 삭이는 것이 바로 '집

단 회식'이었다.

그러나 코로나19로 4인, 8인 이상 등 일정 규모의 사람들이 한 자리에 모이는 회식이 최근까지도 불가능했었다. 현재는 해제되었지만, 이런 사회적 분위기가 일반화된 상태에서 덜 공적이고 가장 손쉽게 집단 인사관리를 할 수 있는 회식을 다시 활성화 시키기엔 아직 시간이 많이 필요할 듯하다. 그렇다면 이제 리더들은 어떻게 구성원들을 관리해야 할 것인가? 이는 코로나19 팬데믹이 끝난 이후에도 기업과 리더들에게는 지속적인 고민 과제가 될 것이다.

회식에 대한 보완책으로 일부 랜선 회식을 하는 곳도 있다. 생소하긴 하지만 경험해 볼 만한 가치는 있다. 회식이라는 본래 의미가 한 자리에 모여 음식을 같이 먹는 것이지만, 랜선 회식은 각자가 다른 장소에서 같은 시간에 모여 음식을 먹으면서 화상으로 채팅하며 대화를 나누는 것이다. 대부분의 리더에게 랜선 회식은 한 번도 경험해 보지 못한 '가 보지 않은 길'이다. 낯설더라도 피할 수 없다면 즐길 수밖에 없다. 익숙해지기 위해 변화해라.

코로나19는 리더와 팔로워 모두에게 많은 고민을 안겨 주었다. 다 함께 사무실에서 일하는 환경이 익숙했던 상황에서 갑작스럽게 재택근무, 거점 오피스 등에서 근무하는 상황이 된 지금, 팀 내 구성원들과의 협업과 소통 방식이 관건일 것이다. 회식으로 해결하고자 했던 사내 문화를 대체할 새로운 방법이 필요하다. 더불어 원활한 소통 창구를 위해 비대면 화상회의 같은 문화가 일반화되려는 움직임만큼 회의 개설부터 종료까지 '디지털 문맹'에서 벗어나서 스스로 할 수 있는 '디지털 리터러시 Digital literacy' 능력을 갖추어야 한다.

  이러한 상황에서는 조직을 둘러싼 내·외부의 환경 변화를 잘 읽어 내고 적절하게 잘 조응하는 리더십이 필요하다. 리더들은 불편하고 힘들겠지만 변화를 수용하고 적응하기 위해 노력해야 한다. 복잡한 사회일수록, 변수가 많은 사회일수록 유연하게 대처하고 변할 줄 아는 리더가 되어 살아남아야 한다. 강한 자가 살아남는 것이 아니라 살아남는 자가 강한 것이다.

► INTRO ◄

► POINT ◄

► SKILL ◄

제3부

실전에서 꼭 필요한
리더의 Skill-ship

Leader's skill-ship that is essential in real life

남을 따르는 법을 알지 못하는 사람은
좋은 지도자가 될 수 없다.

He who cannot be a good follower cannot be a good leader.

- 아리스토텔레스Aristotle

협조전은
최고의 업무 파악 OJT 교안이다

'협조전'이란 상대방에게 업무상 일정한 사항을 요청 또는 의사결정권자가 결재하고 지정한 사항을 관련 팀 및 부서에 의견을 교환하고 협조하는 데 사용하는 문서를 뜻한다. 신임 팀장에게 협조전은 본인이 앞으로 해야 할 업무 파악뿐만 아니라 임명 전부터 행해졌던 팀 전반의 업무 흐름까지도 파악할 수 있는 유용한 수단이다.

한국 내 여느 기업을 막론하고 팀장들이 가장 많은 시간을 소요하는 업무는 전산 협조전 및 이메일 우편함 결재 처리일 것이다. 대부분의 팀장에게 매일 적게는 20개, 많게는 70여 개 정도의 협조전, 이메일이 온다고 한다. 많은 건수만큼 팀장들이 협조전 처리에 가장 많은 시간과 정성을 쏟는 것은 어찌 보면 당연한 일이다.

이는 팀장들의 가장 큰 불만 사항으로 손꼽히기도 한다. 협조전이 지나치게 많기도 하고 정성을 들여야 하는 일이기에 다른 생산적이고 가치 있는 업무와 동시에 진행하긴 시간이 부족하다는 것이다. 이 관점에서 보면 팀장들의 생산적인 업무 시간과 효율까지 갉아먹는 듯한 불필요한 협조전은 점차 줄여 가는 게 바람직할지도 모른다.

하지만 팀장들의 불평 거리인 협조전 처리를 다른 시각에서 재해석해 볼 필요가 있다. 특히 신임 팀장들의 경우 협조전이나 업무 협조성 이메일은 업무 파악에 매우 유용한 팁으로 활용할 수 있다.

협조전은 단순히 팀 업무, 협조 결재 이상의 역할을 한다. 협조전의 발신처와 그 내용을 자세히 보면 해당 팀의 업무와 타 부문 팀과의 업무 협조관계, 업무 분담 등이 잘 드러나 있다. 즉, 협조전은 본인 팀의 업무 정체성을 재빠르게 파악하는 데 도움이 된다.

또한, 협조전을 보면 본인 팀을 둘러싼 조직 내부의 업무적 움직임을 잘 이해할 수 있다. 협조전을 바쁘다고 대충 결재하거나 전결처리할 것이 아니라 협조전 작성자 또는 담당 팀장과 대화를 나누며 협조전 내용을 상세하게 알아 가는 과정을 갖는다면 그만큼 업무를 빨리 파악할 수 있다. 팀장이 되면 업무 파악 OJT On-the-Job-Training, 직장 내 교육훈련를 하는 경우가 다반사지만, 타 부문과의 업무 연관성을 감안할 경우 협조전 만큼 업무 파악에 유용한 수단이 없다.

만약 협조전을 통해 타 팀, 타 부서에서 협조 요청이 올 경우 최대한 조기에 지원을 할지 안 할지 의사를 전달해야 한다. 협조전은 접수처인 해당 팀과 발송처인 타 팀과의 공식적인 업무 협조 및 처리 과정을 보여 준다. 업무 협조 요청 시 상대 팀은 해당 팀의 협조전 내용과 처리 결과를 보고 해당 팀에 대해 업무적으로 협조적 관계인지, 비협조적 관계인지 파악하는 수단이 될 수 있으므로 가능한 협조전은 최대한 조기에 합리적 방향으로 처리해 주는 것이 옳다. 특히 바쁘다는 핑계로 검토 또는 협조 완료 결재를 지나치게 늦게 하는 것은 절대 바람직하지 않다. 협조전 발송과 동시에 실무자로부터 해당 협조전을 즉시 결재해 달라는 식의 긴급한 요청이 있을 때에는 빠르게 처리해 주는 것이 좋다.

하지만 이 협조전은 책임 회피용, 면피용으로 악용되기도 한다. 일부 팀에서는 협조전 수신처를 지정할 때, 업무적으로 굳이 필요한 수신처가 아님에도 불구하고 조금만 관련 있다 싶으면 일단 지정해서 보내고 보는 경우가 있다. 그래서 나중에 정보 공유 또는 협조 여부 등의 이슈가 발생할 경우를 대비하여 '안전장치' 목적으로 수신처를 무차별로 지정해서 보내는 것이다. 예를 들어 특정 프로젝트나 회의 결과를 협조전을 통해서 보내 놓고 나중에 그 문제에 대한 사전, 사후 통보나 정보 공유 등에 대한 불만이 나올 경우 '이미 협조전을 수일 전에 발송했다. 우리는 역할을 다했다. 오히려 이미 보낸 협조전을 읽지 않고 준비해 오지 않은 당신이 더 문제다'라는 식으로 반응하는 경우가 종종 있다. 그러므로 책임을 회피하는 면피용 협조전은 지양하고, 때와 목적에 맞지 않게 협조전을 남용하는 것은 오히려 업무에 혼란을 줄 수 있어 줄여 나가야 한다.

결국, 협조전을 어떻게 해석하느냐에 따라 스트레스의 정도도 달라진다. 많은 시간을 소요해야 하는 피곤한 업무처럼 느껴질 순 있지만 협조전을 꼼꼼하게 챙겨 봄으로써 팀 업무 정체성 이해와 타 팀과의 협조관계 및 범위를 충분히 이해하는 데 도움이 될 수 있다.

⊘ POINT

1. 부임 초기나 팀의 전반적인 업무 파악하는 데는 협조전이 유용하다. 팀 업무 정체성과 타 팀과의 업무 관계 파악을 위해서 협조전을 꼭 검토해 봐야 한다.
2. 협조전은 정보 전달과 의사결정을 위한 것이지 책임 회피용이 아님을 명심하자.
3. 직접 소통보다 좋은 협조전은 없다. 협조전은 큰 틀에서의 이해를 위한 수단이므로, 시간을 효율적으로 사용하기 위해서는 자잘한 업무 공유나 문의는 직접 소통으로 처리하자.

거절의 미학!
기분 나쁘지 않게 거절하는 법

리더는 팀의 의사결정권자로, 업무 외에도 팀과 관련한 모든 일을 최종적으로 결정해야 하는 사람이다. 만약 타 팀으로부터 업무 요청이 왔는데 지원하기 힘들다면 팀 내 리더로서 당신은 어떻게 행동할 것인가?

결론부터 말하자면, 타 팀으로부터 업무 지원 요청이 왔을 경우 지원해 줄 거라면 시원하고 통 크게 해결해 주고 거절할 때는 왜 거절하는지 세부적으로 설명해 주면 된다. 거절당한 상대의 기분이 최대한 상하지 않도록, 심지어 스탭 부서의 입장을 동정할 수준까지 끌어낸다면 금상첨화일 것이다.

스탭 부서들은 각 현업으로부터 여러 가지 협조 요청을 받는다. 다른 부서의 직원들이 해당 조직 본연의 업무에만 집중하고 그들의 능력을 최대한 잘 발휘할 수 있도록 전반적인 경영 지원을 통해 제한된 자원 내에서 내부 직원들의 만족도를 최대한 높이는 역할을 하는 것이다. 따라서 현업 부서에서 다양한 업무 협조를 스탭 부서에 요청하면 관련 규정과 근거, 관례 등에 맞추어 해당 서비스를 지원하는 것이 일반적이며, 대부분의 경우 요청에 따라 사내 서비스가 잘 이뤄진다.

하지만 문제는 간혹 그 지원 요청을 거부 또는 기각해야 할 때가 있다. 이런 경우, 지원 요청을 거절당한 타 부서 실무자에게 그이유를 제대로 설명하지 않는다면 협조가 거부된 것에 기분만 나빠진 채 자신의 팀장에게 그 상황을 보고하게 될 것이다. 그러면그 팀장은 재차 스탭 부서 팀장에게 전화해 '이런저런 요청을 했는데, 사정이 있으니 꼭 지원해 줬으면 한다'며 '팀장 대 팀장'으로 재요청을 하게 되고 스탭 부서의 팀장은 난감한 상황에 처하게 된다. 실무자 간에 어느 정도 말이 오갔는지 앞뒤 정황을 보고 받지 못한이상 어떤 입장도 대변해 줄 수 없기 때문이다.

이때 '거절하는 방법'에는 세 가지의 선택 옵션이 있다.

첫 번째 옵션은 확실한 원칙에 따라 거절하는 것이다. 회사의 관련 규정과 관례 등 연결 지을 수 있는 근거를 제시함으로써 도저히수용 불가하다는 견해를 밝혀 실무진에서 욕을 먹더라도 지원 요청을 과감히 거절하는 것이다.

이때 주의해야 할 점이 있다. 스탭 부서의 실무자들이 원칙적으로 거절한 내용을 자신들이 속한 부서의 팀장에게 대략적으로라도보고해 둬야 한다. 팀장이 실무자의 기각 사례들을 인지하지 못한상황에서 타 부서로부터 동일 지원 요청 건을 다른 경로로 다시 받아 승인하게 된다면 '팀장에게 보고도 하지 않고 실무자가 혼자 결정해 버린 건가'라는 오해를 살 수 있다. 이 옵션을 선택했을 때 문제가 발생하지 않으려면 거절한 요청은 팀장에게 보고하도록 하는 프로세스를 갖추어 두는 것이 좋다.

두 번째 옵션은 완곡히 거절하는 것이다. 실무자 또는 팀장 본인이 직접 연락하여 왜 협조 요청 건이 수용키 힘든 상황인지를 설명하는 것이다. 현재의 각종 서비스 지원 현황이 정확히 어떤 상황인지, 왜 서비스 지원이 어려운지 혹은 대체할 수단을 제시해 주는 등 세세한 상황과 의견을 전달하여 상대방이 생각해도 '아, 거절할 수밖에 없겠구나', '충분히 이해가 되네'라는 느낌이 들도록 해야 한다.

한마디로 '기분 나쁘지 않은 거절'을 선사하는 것이다. 단순히 '지원 안 된다'가 아니라 지원 거절 명분을 분명히 설정하고 최대한 많은 정보를 제공하며 성심껏 설명하고 본래 이슈를 자연스럽게 누그러뜨릴 수 있도록 유도하는 게 중요하다.

세 번째 옵션은 '팀장 대 팀장'의 요청이라 할지라도 어차피 당장은 지원해 줄 수 없는 상황이기에 '한번 검토해 보겠다', '실무자에게 상황 보고를 받고 다시 연락드리겠다'라고 회신하여 현 상황을 모면한 후 더는 연락을 하지 않고 요청을 묵살하는 방법이 있다.

하지만 이 옵션은 상대 팀을 무시하는 것으로 보일 수 있어 권장하고 싶지 않다. 상대 팀장에게서 연락이 왔다면 지원 요청을 거절한 실무자를 대신해 팀장이 직접 연락해 거절 이유를 설명하고 지원 여부를 상의하는 것이 바람직하다고 본다.

일반적인 직장인이라면 하루에 8시간 정도를 직장에서 보낸다. 어찌 보면 가족들보다 더 오래, 더 많이 볼 수밖에 없는 것이 같이 일하는 사람들일 것이다. 하루 이틀 볼 사이도 아니기 때문에 어떤 말로, 어떻게 전달할지는 매우 중요한 선택이 될 것이다.

직장생활에서의 말 한마디가 갈등의 씨앗이 될 수도 있고, 화합의 발판이 될 수도 있음을 명심해야 한다.

⊘ POINT

1. 실무자 차원에서 확실한 거절을 선택하면 팀장도 그 사실을 알게 해야 한다.
2. 상황에 대한 파악 후 답변을 하기로 했다면 꼭 피드백을 주어야 한다.
3. 상대 팀 입장을 고려하여 결정된 의견을 최대한 자세하게 성심껏 설명하는 것이 중요하다.
4. 명분이 있다면 업무 협조를 거절하는 걸 두려워하지 마라. 매도 먼저 맞는 게 낫다고, 미루고 외면하다가 늦게 의사를 전달하면 상대는 업무적으로가 아니라 감정적으로 기분이 더 상할 수 있다.

따르는 사람, 이끄는 사람

리더가 만들어 낸 집단사고,
악마의 대변인을 내세워라

리더는 하루에도 수십 개의 의사결정을 한다. 사소한 것부터 큰 사안까지 다양한 결정을 수시로 내려야 하는 것이 본연의 역할이지만, 이들이 항상 올바른 의사결정만을 할 수 있는 건 아니다. 최대한 옳은 의사결정을 위해 많은 팔로워들의 의견을 제대로 반영해 결괏값을 내야 하지만 현실에서는 독단으로 결정하는 경우도 있다. 급히 처리해야 하는 문제라 그럴 수도 있지만, 리더의 조직 내 업무 경험, 연륜, 직무 능력 및 관련 정보나 지식 등이 팔로워들보다는 더 경쟁력이 있을 수 있기에 더 맞는 판단이라고 속단하는 것이다. 이런 경우, 리더의 생각과 판단이 자연스럽게 조직 내 구성원들에게 전파되고 이를 오랫동안 빈번히 접한 팔로워들은 합리적인 판단보다는 리더에게 맞추는 데 급급하게 된다.

게다가 실무자들은 리더의 권한과 권위가 높을수록 자기 생각과 의견을 표출하기가 어려워진다. 이런 조직은 겉보기엔 일사불란하게 움직여 질서가 잡힌 조직으로 보일지 모르지만, 리더가 듣고 싶거나 좋아할 만한 내용 중심으로 업무 보고가 이루어지고, 반대로 듣기 거북하거나 불편한 이야기는 보고 자체를 은폐, 축소, 회피하는 '집단사고 Groupthink'가 만연해질 가능성이 크다.

특히, 고위급 경영자가 매우 중요한 경영 관련 의사결정을 할 때 이 집단사고의 위험성은 더 커진다. 수십억, 수백억 원의 투자 결정을 해야 하는 상황을 상상해 보자. 최고 경영진에서 이미 투자를 결정한 사안이 사실 득보다 실이 더 큰 잘못된 판단일 때, 과연 측근 경영진들이 최고 경영진의 투자 결정에 대한 문제를 제기하며 의사결정 철회를 주장할 수 있을까? 보직자들의 권한과 권위가 높은 조직이라면 웬만해선 최고 경영진의 의견에 반反하는 의견을 제시하지 못할 것이다. 말 한 번 잘못했다가 눈 밖에 나면 직장생활이 힘들어지고 승진도 물 건너갈 것이 뻔하기 때문이다.

이러한 오류를 방지하고자 몇몇 기업에서는 '악마의 대변인 Devil's advocate' 제도를 두고 있다. '악마의 대변인'은 로마 교황청에서 특정 인물을 성인으로 인정할 때, 그의 업적과 순교가 과연 성인의 지위에 합당한 것인지 판단하기 위해 해당 성인 후보의 반대편에서 비판하고 검증하는 역할을 맡은 심의관에게 주어지는 칭호이다. 그들은 성인 허용에 반대하는 입장으로, 자신의 속마음과 상관없이 무조건 그 심사 대상자의 성인 자격에 하자가 있고 자질이 부족하다는 증거를 찾고 어떤 이유를 들어서든 반대하는 임무를 수행해야 한다.

이러한 '악마의 대변인'은 성급한 일반화의 오류를 막고, 집단사고가 가져올 수 있는 집단 광기 등의 위험을 예방할 수 있다. 다수 의견에 맞서는 다양한 반론을 유도함으로써 합리적인 결론을 도출하는 데 유용하다.

미국의 잔디 깎는 기계 회사인 토로 TORO에서는 기업의 중요 사안에 대한 프로젝트가 가동되면 이를 철저히 반대하는 관점에서 사안을 분석하는, 그야말로 '반대 전담팀'이 함께 만들어진다.

미국의 시트린 Citrin 그룹에서도 '블로커 Blocker'라는 독특한 직무를 두고 있다. 시트린 그룹의 CEO는 "블로커의 임무는 모든 사안에 반대 의견을 내는 것이다"라고 설명한다. 블로커로 인해 기업의 이슈에 사람들의 주관적인 입장을 철저히 줄인 깊이 있는 토론이 가능해지며 심사숙고한 결정을 내릴 수 있게 된다고 한다.

우리는 집단사고의 위험성을 '나치즘 Nazism'으로 경험한 바 있다. 조직이 동일한 가치관으로 무장해 일사불란하게 움직이는 것이 얼마나 무서운 것인지를 역사의 한 부분에서 깨달은 것이다.

자유로운 반대 의견의 허용은 개인의 독단적인 결정을 방지하여 조직 붕괴 위험을 예방한다. 더 나아가 활발한 찬반 토론은 조직원의 상상력을 극대화하고 창의적인 아이디어를 도출할 수 있게 하므로 기업의 건강한 성장을 위해 꼭 필요한 문화다.

우리나라 기업에서도 '악마의 대변인'과 비슷한 기능을 하는 것이 있다. 바로 '노동조합'이다. 악마의 대변인 역할은 통상 노동조합의 순기능을 거론할 때마다 나오는 논리다. 최고 경영진들은 비즈니스에 대한 중대한 의사결정을 할 때 사용자 중심적 관점에서 판단하는 경향이 높다.

이때 노동조합이 악마의 대변인 역할을 맡아 어떤 이슈에 대해 노동자적 관점, 노조의 관점에서 바라본 내용을 사용자 측에 전달하여 다시 한번 해당 의사결정에 재심의하도록 유도한다. 물론 노조의 의견을 전달하는 과정에서 파업을 동원한 물리적 방식으로 인해 경영 활동에 어려움을 겪기도 하지만 결과적으로 경영진이 반대의 관점을 가지고 한 번 더 생각해 보도록 기회를 만들기도 한다. 때로는 '반대를 위한 반대'의 경우도 있으나 궁극적으로는 일방적 의사결정의 오류를 차단하기 위함이다.

✅POINT

1. 조직 내 의사결정을 팀장 기호에 맞게 결정한 건 아닌지 항상 견제해야 한다.
2. 바텀업이 안 되는 분위기는 집단사고로 가는 지름길임을 인지하고, 리더는 조직 내 팔로워들이 다양한 입장과 의견, 아이디어를 표현할 수 있는 분위기를 조성해야 한다.
3. 노동조합이 경영진의 독단적인 의사결정 오류를 차단하는 순기능이 있음을 이해하고 노사 파트너십 개념에 대해 생각해 봐야 한다.

따르는 사람, 이끄는 사람

원칙관리의 함정!
변화와 혁신이 살길이다

기업이 발전해 규모가 커질수록 지속 성장하기 어려워지는 이유는 외부 환경 변화의 속도를 제대로 따라가지 못하기 때문이다. 일명 '대기업병'에 걸리며 회사 규모가 커진 만큼 내부 제도, 시스템, 등의 순발력과 민첩성이 떨어지는 것이다. 그래서 오늘날 많이 주목받는 단어가 바로 유연, 민첩성을 뜻하는 '애자일'이다.

애자일은 원래 소프트웨어 개발 방식에서 통용되던 말로, 작업 계획을 짧은 단위로 세우고 시제품을 만들어 나가는 사이클을 반복하며 고객의 요구에 유연하고도 신속하게 대응하는 개발 방법론이다. 큰 기업들은 프로젝트마다 관련된 사람들이 많아 장기적인 목표로 계획을 세우고 '애자일' 하게 돌아가기 어려운 구조다. 한때 잘나간 기업이었어도 민첩성과 기민함을 잃은 조직은 점차 움직임이 둔해지고, 변화하는 사회의 다양한 어려움에 대처 능력이 떨어지게 된다. 이런 기업들이 겪게 되는 어려움 중 '원칙관리의 함정'에 대해 논해 보고자 한다.

한 특수섬유를 취급하는 회사에는 약 100명의 직원이 있었는데, 지난 20년간 회사의 초고도 성장으로 현재는 직원이 5,000명이 되었다. 고도 성장 과정에서 해외 법인을 다섯 군데나 설립했고 매출과 이익도 어느덧 약 50:50 수준으로 국내외를 아우르는 기업이 되었으며, 향후 해외 공장 매출 비중을 총매출의 70%까지 늘려 갈 청사진을 갖고 있다. 그런데 최근에 생산직들의 불만이 증가하여 결국에는 노동조합이 설립되었고, 관리 사무직 직원들의 이직률도 높아지고 있다. 도대체 무슨 일이 있었던 것일까?

해당 기업은 공장 및 본사를 중심으로 점차 규모가 커지면서, 인원수가 늘다 보니 과거에 인사, 노무, 법무, 홍보 등 총무팀 하나로 운영하던 경영 지원 전반의 업무를 각각 팀으로 독립 구성하여 총무팀, 인사팀, 노무팀, 법무팀, 홍보팀으로 세분화하게 되었다. 기업 내 각 조직은 직원들에게 서비스를 제공하기 위해 면담을 통해 그들의 니즈에 맞는 새로운 업무와 서비스를 만들어 내고 관련 규정 및 절차를 열심히 만들었다. 이렇게 만들어진 규정과 절차는 당연히 기업의 규모가 증가하는 초창기에는 매우 유용한 관리 기법Tool이 되어 '관리의 효율성'을 극대화했을 것이다.

그런데 문제는 여기서부터 발생한다. 한 번 만들어진 규정과 절차는 웬만해서는 변경되지 않기 때문이다. 더군다나 기업이 급속하게 성장한 시기에 적용되어 온 규정과 절차가 성공 경영의 토대라 생각하여 그 입지가 더욱 공고해진 회사가 잘나갈 때 적용되었던 규정과 절차인데, 이에 문제 제기를 하거나 '해당 규정과 절차가 시대의 흐름에 맞지 않고 오히려 직원들의 사기 저하를 초래하고 있다'고 경영층에 불만을 보고할 수 있을까? 현실적으로 힘든 이야기다.

일부 직원들이 현재의 업무 절차나 제도에 대해서 문제점을 제기하는 등 고충을 처리 Grievance하거나 불만 Complaints을 표하면 기존의 규정과 절차는 '경영 원칙'의 대명사로 탈바꿈하여 직원들이 제기하는 현재 규정의 문제를 '원칙관리'라는 이름으로 기각시키기도 한다. 그리고 담당 팀에서는 이렇게들 답한다.

- 원칙적으로 불가하니 어쩔 수 없습니다.
- 규정 때문에 안 됩니다.
- 만약에 당신의 경우에만 예외를 둔다면 다른 직원들도 해 달라고 할 겁니다.
- 충분히 이해는 하지만, 어쩌겠습니까?
- 현재의 규정과 절차가 이러니 저도 해 드릴 수 있는 게 없습니다.

기업 설립 후 10년, 20년이 지나면 외부 환경이나 직원들의 정서, 니즈는 당연히 변한다. 하지만 기업 내부의 업무 규정, 절차는 이 변화의 흐름을 따라오지 못하고 여전히 과거에 머물러 있는 경우가 많다. 그러다 보니 기존 규정에 직원들이 불편을 느끼거나 더 많은 비용이 발생하는 등의 불합리한 일들이 생기게 된다.

만약 현재의 규정과 절차에 문제를 제기했다가 기각을 당한 직원들의 숫자가 점차 증가하면 어떻게 될까? 아마 변하지 않는 회사 규정과 절차 때문에 조직에 불만이 증가하게 되고 창의성과 적극성이 떨어지면서 직원들의 자율성과 사기가 저하할 것이다. 이런 부정적 분위기가 조직 내에 만연해진다면 조직문화 전체가 어떻게 변화하겠는가? 충분히 상상해 볼 수 있을 것이다.

이런 점에서 볼 때 기업의 평균 수명이 20~30년 전후로 망하고 파산하는 통상의 주기가 설득력이 있다고 생각한다. 직원들이 통상적으로 하는 말인 '원칙 때문에 안 됩니다'라는 말! 그것이 바로 '원칙관리의 함정'이다. 그렇다면 이러한 원칙관리의 함정에 빠지지 않기 위해서는 어떻게 해야 할까?

첫째, 스탭 부서의 리더들이 언제나 다수 직원의 고충과 어려움을 청취하고 인식하려는 노력을 기울여야 한다.

경영 지원 및 주요 스탭 부서 팀장들은 내부 직원들에게 서비스를 직접 제공해야 하기 때문에 이들의 역할은 매우 중요하다. 내부 직원들의 불만이 가중되는 것을 인식하는 것이 변화의 시작이다.

둘째, 직원들의 불만과 고충을 들을 수 있는 제도나 시스템을 갖추어야 한다.

조직 내 구성원들과의 일상적 교류 속에서 그들의 고충을 찾아야 한다. 면담, 건의함, 인트라넷 익명 게시판 등 다양한 제도, 시스템을 구축 및 활용해 문제를 파악하고 동일 사안에 다수 직원이 동의한다면 해당 규정을 적극적으로 재검토해야 한다.

셋째, 타 부문의 리더들을 포함한 직원들이 외치는 불만의 목소리를 진정성 있게 들어야 한다.

리더들은 가만히 입을 다물고 있으면 안 된다. 오히려 현장의 목소리를 정확히 알려 주어야 한다. 스탭 부서의 경영 지원 서비스를 제대로 받고 있지 못하고, 불만이 가중된다면 팀장은 스탭 부서의 팀장과 적극적인 소통을 통해 관련 사정을 설명할 필요가 있다. 동시에 스탭 부서의 팀장도 유사한 내용의 불만콜 Complaint call 을 다른 부서의 팀장들에게 듣게 되면 규정을 꼭 재점검해야 한다. 침묵하면 변화는 없다. 조직을 사랑한다면 표현하라!

⊘POINT ....

1. 변화와 혁신의 시기에는 제도와 규정 역시 변화에 맞춰 바뀌어야 한다.
2. 기업 내 제도와 규정이 왜 필요했었는지에 대한 근본적인 질문을 해 보자.
3. 직원들의 불만과 고충을 다양한 방법으로 들으려는 의식적인 노력이 필요하다.

토론문화의 함정을
주의하라

오늘날 한국 사회에서는 각자의 개성 또는 창의성, 독창성을 인정해 주어야 한다는 말들이 많이 거론된다. 사람은 자신의 경험, 관점, 철학 등에 따라 상황을 바라보고 판단한다. 이러한 차이를 극복하기 위해 기업 내 팀에서는 특정 이슈나 현안을 리더인 팀장과 팔로워인 팀원들이 모여 브레인스토밍 Brainstorming 방식을 활용해 아이디어를 공유하거나 앞으로의 방향을 설정한다. 당연히 이 과정에서 서로의 의견을 피력하고 첨예하게 대립하며 결과를 도출해 낸다.

하지만 과거 양적성장 전략을 통해 고도 성장한 기업들의 경우 조직 내 '토론문화'에 별로 익숙하지가 않다. 고도 성장기에는 상사의 지시나 명령을 신속하고 정확하게 실행하는 것이 중요했기 때문이다. 이 말을 다르게 해석하면 '시키면 시키는 대로 해야지 지시한 내용에 대해서 토를 달거나 이의를 제기하는 등 상사의 지시와 상반되는 생각과 내용의 표현은 금기'라는 것이다. 따라서 조직 내 토론문화가 싹트기 힘든 상황이었음을 이해할 필요가 있다.

'토론문화의 함정'이란 토론을 통해 최적의 아이디어 도출이나 합리적 의사결정을 하고자 구성원들 간의 생각과 의견을 주고받는 과정에서 합리적인 판단이 아닌 리더가 듣고 싶어 하고 원하는 방향으로 토론이 기울어짐으로써 토론 본연의 기능이 상실되는 현상을 말한다. 리더가 자신과 다른 의견을 제시하는 실무자를 점차 껄끄럽고 불편하게 생각하여 결국 토론문화의 함정에 빠지는 사례를 살펴보자.

팀장 주관으로 특정 현안에 대한 대응 방안 회의를 한다. 여러 논의 과정을 거쳐서 A대응안과 B대응안이 첨예하게 대립하고 있다. 약 70%의 팀원들은 A대응안을 지지하고 약 30%는 B대응안을 지지하고 있다. 이때 김 팀장은 주류 의견인 A안을 지지하고 있다. 시간이 갈수록 A안이 우세해지고 있다. 그런데 김 팀장은 B안을 계속 지지하는 박 과장이 자꾸 거슬린다. 심지어 A안에 대한 김 팀장의 보조 발언이 있고서 바로 그 의견에 정면으로 반박하는 논리를 장황하게 설명하는 박 과장이 불편하게 느껴지며 은근히 기분 나빠지기 시작한다. 어쨌든 결론은 주류 의견인 A대응안으로 결정이 났다. 김 팀장은 문득 지난번 현안 대응 회의가 떠올랐다. 그때도 박 과장은 김 팀장과 다른 의견을 내세웠었다. 김 팀장은 자신과 자꾸 의견을 달리하는 박 과장에 대해 조금씩 감정의 앙금이 생긴다.

향후 김 팀장과 박 과장의 관계는 어떻게 되겠는가? 이런 일들은 직장생활에서 수시로 발생할 수 있는 일이다. 서로에게 악감정을 가진 것은 아닌데, 사소한 일로 부딪히다 보니 부정적인 감정이 생긴 것이다. 팔로워에 대한 리더의 부정적인 감정을 어떻게 다스려야 할까?

위의 사례처럼 토론문화의 함정에 빠지지 않기 위해서는 의견이 다른 박 과장이라는 개인을 평가하지 말고, 박 과장의 의견과 생각만을 토대로 '다름'을 인정해야 한다. 물론 토론문화에 익숙하지 않은 우리로서는 쉽지 않은 일이긴 하다.

의견이 다를 뿐인데 마치 그 사람이 내 편이 아닌 것 같다는 생각을 하면서 '우리 팀 맞아?', '나한테 뭐 기분 나쁜 일이 있었나?', '같은 생각을 하면 동지이고 다른 생각을 하면 적'이라는 식의 흑백논리를 펼칠 필요는 없다. 일 잘하고 성실하며 똑똑한 박 과장이라는 존재는 그대로 인정하되, 박 과장이 주장하는 B안의 장단점을 판단해서 논쟁하는 것이 바로 제대로 된 토론문화라 할 수 있다. 하지만 대다수 리더는 본인과 다른 의견을 주장하는 박 과장 같은 사람을 싸잡아서 부정적으로 판단하는 실수를 한다.

리더와 다른 의견을 제시하는 팔로워들이 리더의 성향과 다른 의견을 제시할 경우 눈치를 받거나 인사고과에서 불이익을 받게 될 수도 있다는 생각이 들면 더는 활발한 토론이 불가능해진다. 팔로워들은 리더가 듣고 싶은 말을 해 주고, 하고 싶어 하는 의견 위주로 찬성하게 된다. 그리고 반대하는 의견은 점차 줄이면서 결국 리더의 의견에 동조하게 될 것이다.

조직 내 모든 구성원의 생각이 동일하다는 '집단사고'와 각자의 다양한 의견과 아이디어를 바탕으로 최적의 의사결정과 대응안을 끌어내는 '집단지성'은 명백한 차이가 있다. 결국, 토론문화의 함정을 잘 극복하는 조직은 '집단지성력'이 높아지고, 그런 조직일수록 급변하는 사회에서 생존할 확률이 더 높아질 것이다. 어느 날 갑자기 조직의 리더가 '우리도 오늘부터 집단지성을 올려 봅시다'라고 외친다 해서 해결될 문제가 아니다. 조직 내 '건전하고 생산적인 토론문화'를 양성하는 것에서부터 시작해야 한다.

⊘POINT

1. 여러 안 중에서 의사결정을 해야 하는 토론의 경우 리더가 먼저 본인의 의견을 제시하는 것을 지양해야 한다.
2. 집단사고가 아닌 집단지성을 발휘할 수 있는 토론문화를 형성해야 한다.
3. 이슈, 사람을 판단할 때, 분리해서 생각하는 습관을 가져야 한다. 생각과 의견이 다른 것을 '틀린 것'이 아닌 '다름'으로 인정해야 한다.

'나는 공정하다'는
착각의 리더십

　　모든 팀원이 팀장으로부터 공정한 평가를 받고 싶어 한다. 동시에 팀장도 팀원들을 공정하게 평가해야 한다고 생각하며 팀원의 업무 성과를 인정하고 칭찬해 주는, 나름대로 '훌륭한 리더'가 되려고 노력한다. 하지만 부지불식간에 공정하게 관리하지 못하고 편애하는 사례가 의외로 많다. 이에 대한 예시로 최 팀장이 '공정하지 못한 리더십'을 행한다고 팀원에게 항의를 받은 실제 사례를 살펴보자.

어느 날 최 팀장에게 정 사원이 면담 신청을 했다. 정 사원은 "팀장님은 왜 직원들을 편애하시나요? 팀장님은 좋아하는 직원들하고만 늘 어울리시잖아요"라며 불만을 토로했다. 최 팀장은 나름 하루 중 많은 시간을 팀원들과의 소통에 힘쓰고 있으며, 모든 팀원에게 공정한 평가와 관리의 잣대를 두고 있다고 생각했었다. 그래서 팀원들을 공정히 평가하고 관리하고 있다고 생각했는데, 정 사원은 그렇게 생각하지 않고 있던 것이다. 왜 이런 일이 생긴 걸까?

이는 최 팀장의 흡연과 관련이 있다. 함께 일하는 15명의 팀원 중 흡연하는 팀원이 3명인데, 최 팀장은 흡연실에 갈 때마다 이 팀원들과 동행하고, 이 과정에서 하루에 몇 번씩 흡연실을 오가며 자연스럽게 최 팀장과 업무적, 사적인 이야기를 한다. 그러다 보니 비흡연자인 팀원들 눈에는 흡연자인 팀원들이 팀장과 상대적으로 더 가까워 보일 수밖에 없다. 실제 흡연자인 팀원들은 최 팀장과의 잦은 교류로 인해 팀의 업무 방향과 기대치에 대한 이해가 깊다. 그래서 다른 비흡연자 팀원과 달리 업무 성과가 좋을 가능성이 훨씬 크며, 이는 추후 인사 평가 때 긍정적인 평가로 반영될 수 있다.

최 팀장 입장에서는 같이 담배 피우는 게 인사 평가에 영향을 주지 않는다고 생각할 수 있다. 그러나 비흡연자 팀원들의 생각은 다르다. 흡연자 팀원들만 편애하고 자신들은 안중에 없다고 느낄 수 있다. 이런 시각이 계속된다면 편애 그룹에 들어가지 못한 나머지 그룹의 사기는 저하될 것이다.

또 다른 이유는 코드가 맞는 사람 위주로 자주 보고 어울리는 최 팀장의 성향이다. 최 팀장은 때때로 팀원들과 점심이나 저녁, 티타임을 갖거나 어떤 때는 퇴근 시점에 일명 '번개 회식'을 하는 경우도 있다. 일반적으로 상당수의 팀장은 저녁 식사나 회식을 할 경우 팀원들을 선정해서 가는데, 그 팀원 선정 시 팀장 본인이 편하게 이야기할 만한 팀원을 선택할 것이다. 스트레스 풀려는 식사 자리에 왠지 불편한 관계의 팀원과는 굳이 함께하고 싶지 않은 것이다. 이런 일이 6개월, 1년 누적되다 보면 어떤 현상이 나타날까?

이는 팀장이 시작부터 반칙을 하게 되는 것이다. 팀장은 자신의 관심과 사랑을 팀원들에게 골고루 나누어 줘야 함에도 팀장 자신과 코드가 잘 맞는 사람들 중심으로 일하고 만나게 되면서 이미 한쪽으로 '기울어진 운동장'에서 경기를 하는 것 같은 형국이 되어 버린 것이다. 이런 문제를 발생시키지 않기 위해선 '공정의 리더십'을 발휘해야 한다. 무엇보다도 팀장 본인이 공정한지, 불공정한지 현실 자각을 할 수 있어야 한다.

이 문제로 리더의 자리에 있는 필자 또한 고민이 많았다. 그래서 시작한 것이 '소통 캘린더'였다. 다음은 3월에 직원들과 나눈 다양한 교류를 기록한 것으로, 조직 내 소통 방식을 점심, 저녁, 점심+산책, 면담, 멘토, 눈길로 나누어 해당 직원과의 교류를 얼마나 했는지를 소통 캘린더에 표시했다.

어찌 보면 사소한 소통으로 치부할 수도 있는 '눈길' 주고받음까지 분류에 포함한 이유는 이 소통 캘린더를 사용하고 한 달이 지난 뒤 전반적으로 확인해 보니, 정말 눈길 한번 주지 않은 직원이 있어 크게 놀란 경험에서였다. 월별 소통 캘린더를 작성해서 분기별로 현황을 확인해 보면, 리더와 팔로워 간의 소통 횟수, 소통 방식이 확실히 차이가 나고 한눈에 리더가 얼마나 공정하게 팔로워들과 소통했는지를 알 수 있을 것이다.

연간 소통 캘린더

※ 소통 방식 : 저녁● 점심○ 점심+산책◑ 면담▲ 멘토■ 눈길◎

구분	이름	월	화	수	목	금	토	일	월	화	수	목	금	토	일	월	화	수	목	금	토	일	월	화	수	목	금	토	일	월	화	수
		1	2	3	4	5	6	7	8	9	10	11	12	13	14	15	16	17	18	19	20	21	22	23	24	25	26	27	28	29	30	31
○○팀	이**		●		▲																										○	
	김**																															
	박**			●																												
	윤**										○									●				●								
	정**										○																					
	류**				●												●															
	김**																										●					
	최**					◎						●																				
□□팀	양**															●																■
	노**															●								◎		◎						
	강**															●																
	이**															●																
	윤**																						◎									
	배**			○												●										○						
	송**																									◑						
	이**															●															○	
	박**																															
	이**																															
△△팀	임**																															
	염**																															
	송**																															
	임**																			◎												
	정**					●																	◑									
	권**											◎																		◎		
	황**		●																●													
	박**																															
	조**																															
	정**	○																								▲						
	황**																															

앞서 제시한 예시의 최 팀장처럼 필자도 유난히 자주 밥을 같이 먹고 산책이나 면담을 함께한 직원이 따로 있었다는 것을 깨닫게 되었다. 나름 모든 사람과 잘 소통하고 있다고 생각했는데 나조차 그렇지 못한 부분이 존재했다는 것을 알고 깊이 반성했다. 그 뒤로 이 소통 캘린더는 없어서는 안 될 소중한 데이터가 되었고, 교류가 없거나 적은 직원들을 파악해 챙길 수 있게 되었다.

본인은 조직 내 팔로워들을 공정하게 대하고 있다고 착각하고 있을 리더들에게 이 소통 캘린더를 권하고 싶다. 아마 필자의 비슷한 경험을 하게 될 리더들이 분명 있을 것이라 조심스럽게 확신해 본다. 조금 번거로울 순 있지만, 그 번거로움으로 결국 이득을 볼 사람은 리더 자신이 될 것이다.

◆POINT ··

1. 팀장은 팀원들과 사무실 내에서 티타임이든, 사외 식사나 회식의 자리든 그 횟수를 공정하게 관리해야 한다. 체크리스트를 작성한다면 월별, 분기별, 반기별 누적시켜 어떤 팀원이 소외당하고 있는지 데이터화해 보자.
2. 공정성을 유지하기 위해서는 기억에 의존하기보다 별도의 메모나 체크리스트를 활용하는 것이 좋다. 말 그대로 '눈으로 보는 관리'다.
3. 리더는 공정의 리더십을 위해 어떤 노력을 해야 할지, 그리고 스스로가 공정하고 투명한지를 자각할 수 있는 다양한 방법들을 고민해야 한다.

따르는 사람, 이끄는 사람

리더들이 반드시 조심해야 할
이중 구속의 함정

요즘 많은 기업이 변화와 혁신을 외친다. 이는 무언가를 완전히 바꾸거나 갈아엎어 버리는 것을 의미하는 것이 아닌 지속 가능한 성장을 유도하는 일관적인 명분과 이익을 위해 시도되는 비즈니스 생존 전략이다. 일관된 명분이 있어야 시도될 수 있고 이익을 낼 수 있으므로, 리더가 조건과 상황에 따라 아무런 판단 기준 없이 즉흥적인 리더십을 발휘하는 것은 변화와 혁신에 별로 도움이 되지 않을뿐더러 장기적인 발전을 저해할 수 있다.

꽤 많은 기업이 이 변화와 혁신에 실패해 파산하거나 도태된다. 앞서 언급한 것처럼 기업 평균 수명이 20~30년 전후라는 사실이 이 변화와 혁신이 절대 쉽지 않음을 방증하고 있다. 그러므로 즉흥적이기보다는 명확한 근거와 판단 기준을 세우고 변화와 혁신을 추구하는 것이 바람직하다.

VUCA 시대가 도래하면서 기존의 기업문화, 그리고 그 속에서 발현되는 리더십은 과거의 형태를 유지하기 힘들어졌다. 그로 인해 많은 기업이 기존의 성장 패러다임을 버리고, 새로운 성장 패러다임으로 전환해야 하는 절체절명의 상황에 처했다. 여기서 말하는 '새로운 패러다임의 변화'는 조직 내 주요 보직자들의 리더십 변화를 이르는 말로, 모든 조직의 말단 장長인 팀장의 리더십이 변해야 그 리더가 속한 팀의 문화, 더 나아가 기업문화도 변화할 수 있다.

리더들은 리더십을 발휘하는 데 기존의 방식을 탈피하여 새로운 방식의 변화를 모색해야 하며, 여기에 적극적 리더십과 솔선수범하는 자세가 필요하다는 것은 당연한 사실이다. 하지만 그 과정에서 과거 성공의 방식에 익숙해 있었거나, 성공의 향수에 젖어 변화하는 과정이 생각보다 어렵거나, 기대에 상응하는 변화 효과가 나타나지 않아 다시 옛날 방식으로 되돌아가는 경우들이 있다. 이런 부분 때문에 많은 리더가 새로운 시도를 하고자 했던 기존의 다짐과 다르게 일관성을 지키지 못하고 주변 환경으로 인해 어쩔 수 없다는 식으로 쉽게 생각한다. 이처럼 리더십의 일관성이 깨지는 것을 이중 구속의 함정 Double bind trap에 빠진 리더십이라고 한다.

예를 들어, 한 리더가 "변화의 시대를 맞아 앞으로는 단기보다는 '중장기적 관점'에서 일의 결과보다 '일하는 과정'을 더 눈여겨보겠다"라고 계속 언급해 왔다고 하자. 하지만 마음 한편에는 '그래도 뭔가 성과가 빨리 났으면 좋겠다'라고 생각한다. 이 리더는 장기적인 관점 확립을 목표로 하고 있지만 당장 현실에서는 단기적인 관점으로 일의 결과를 기대하는 마음이 공존하는 상태에 있는 것이다. 만약 이때 계속 성과가 나지 않는다면 리더는 어떤 고민을 하게 될까?

물론 리더는 여러 시도를 해 보겠지만, 이전에 성공했던 경험을 제일 먼저 떠올릴 것이다. 그리고 이 경험을 조금 적용해 본다는 명목으로 새로운 일에 그 경험을 끼워 넣을 것이다. 즉, 단기적인 성과를 바라게 되면서 새로운 방식을 찾는 것이 아닌 다시 이전의 방식으로 되돌아가는 것이다.

이러한 이중 구속의 함정에 빠진 리더십 아래서 일하는 조직 구성원들은 피로도가 높아질 수밖에 없다. 리더십의 일관성이 없기 때문이다. 팀원들은 변화와 혁신의 방향성을 잃게 되면서 표류하게 된다. 동시에 매사에 팀장의 눈치를 봐 가면서 일을 해야 하는 상황이 되면서 전반적으로 조직문화가 다시 경색 국면으로 돌아가게 되어 일의 효율이 떨어지게 된다.

리더가 일관성을 잃은 또 다른 리더십 사례를 보자.

김 팀장은 글로벌 시대를 맞이하여 팀원들에게 글로벌 직무 역량을 강조했다. 특히 자기계발을 강조하면서 사내 근무시간 중에 지원하는 외국어 프로그램을 적극적으로 활용해서라도 영어 능력을 강화할 것을 당부했다. 더 나아가 각자의 언어 능력을 높이는 일 외에도 통찰력 향상과 교양 수준 제고 차원에서 책을 많이 읽으라고 독려해 왔다.

그러던 어느 날, 김 팀장은 현안 이슈와 관련해 담당 실장에게 호되게 지적을 받았다. 김 팀장은 사무실 자리에 오자마자 전 팀원 긴급 소집 미팅을 했다. 하지만 해당 시간에 박 대리는 일주일 한 번 사내에서 진행하는 영어 수업을 듣는 중이라 불참하게 되었고, 이를 다른 팀원이 김 팀장에게 보고했다. 그러자 김 팀장은 매우 화가 난 표정으로 말했다. "아니 이렇게 바쁜 시점에 영어 수업이 웬 말이야? 업무가 우선이지 영어가 우선이야? 빨리 연락해서 복귀하라고 하세요. 정신이 있는 거야, 없는 거야? 눈치도 없고 말이야. 영어 공부는 알아서 퇴근 후에 하든지 해야지. 회사가 자선단체야 뭐야!"라며 폭언을 쏟아 냈다.

김 팀장이 박 대리에게 비난을 퍼붓고 푸념하는 상황을 지켜본 팀원들은 어떤 생각을 하겠는가? 지금까지 회사와 팀을 위한 자기계발을 강조했던 것과는 정반대의 태도와 언행을 보이는 김 팀장을 보고 팀원들은 당황해하는 것은 물론 앞으로 자기계발을 해야 할지 말아야 할지 머뭇거리며 혼란스러워 할 것이다. 이 사건으로 자기계발을 주저하게 된 팀원들에게서 김 팀장은 앞으로 어떤 변화와 혁신을 끌어내고 기대할 수 있을까?

누구나 김 팀장처럼 '이중 구속의 함정'에 빠질 수 있다. 리더도 사람인지라 감정적이 될 수 있고 일관성을 잃을 수도 있다. 다만 순간적으로 '욱'하는 감정으로 이전의 말과 당장의 행동을 달리했다면 그렇게 행동하게 된 사정과 감정의 기복을 팔로워들에게 솔직히 인정하고 재빨리 수정하는 것이 바람직하다. 일관성 없는 말을 한 것이 민망해 오히려 역으로 더 화를 내거나 언급 없이 얼렁뚱땅 넘어가면 팔로워들은 내심 리더의 리더십과 진정성에 대해 강한 의구심을 갖게 될 것이다. 리더가 진정성 있게 실수를 인정하고 설명한다면 팔로워들도 충분히 이해한다. 팔로워들도 리더가 사람이라는 것쯤은 안다.

✔ POINT

1. 리더들은 자신이 추구하는 리더십을 명확히 해야 한다. 그리고 그 리더십을 발휘하기 위해서 팔로워들에게 어떤 태도를 보여야 하는지 생각해 봐야 한다. 일관적인 말과 태도의 시발점이다.

2. 일반적으로 감정이 격해지는 상황, 또는 업무적으로 문제가 생겼을 때 이 '이중 구속의 함정'에 빠지는 경우가 많다. 혹시 당신이 오늘 하루 이런 상황에 놓였던 리더라면, 이 '이중 구속의 함정'에 빠지지는 않았었는지 자각해 보는 시간을 가져 보자.

3. 감정적인 말과 행동으로 일관성이 무너졌을 경우 최대한 빨리 팔로워들에게 당시의 사정과 감정의 기복을 해명하고 수정하는 것이 바람직하다.

스몰토킹(Small talking)으로
업무 생산성과 팀워크를 다져라

여러분들이 일하는 사무실의 분위기는 어떠한가? 절간처럼 조용한가, 아니면 백색소음 White noise이 있는 카페 같은 분위기인가? 사실 사람마다 일하는 스타일은 모두 다르다. 고요한 분위기에서 업무 집중력이 높아지는 사람이 있는 반면, 그 어떤 소음이 있어도 일에 집중할 수 있는 사람이 있다.

대내외 환경이 급변하고 개인주의가 만연해짐에 따라 경영 환경이 어려워진 상황에서 생존할 수 있는 방법으로 '집단지성'이 자주 거론된다. 조직에서 집단지성을 발현시킬 수 있는 전제 조건 중 하나가 바로 조직 구성원 간 자유롭게 대화할 수 있는 분위기다.

또한, 조직 내 구성원들은 각자의 위치에서 조직이 추구하는 목표와 전략에 따라 업무를 잘 조정 Alignment해 가며 일해야 한다. 그런 업무 조정은 당연히 조직 내 리더, 팀원들과의 소통과 협업을 통해서 이루어진다. 하지만 기존의 관료적이고 수직적인 리더십의

따르는 사람, 이끄는 사람

조직문화에 익숙했던 기업들은 고민이 생길 수밖에 없다. 어떻게 하면 집단지성을 극대화하고 조직 내 구성원들이 자유롭게 자기 생각과 의견을 상사나 동료들에게 전달하는 분위기를 만들 수 있을까?

일상생활에서부터 업무에 이르기까지 팔로워들은 리더, 동료들과 자연스럽게 대화하고 소통할 수 있어야 한다. 더 나아가 팀장 같은 상사에게 마음 편하게 말을 걸 수 있는 분위기가 돼야 한다. 이를 위해 리더들은 기업 내부에 '스몰토킹 Small talking'을 장려해야 한다. 그렇다면 스몰토킹의 어떤 점이 조직문화에 도움이 될까?

첫째, 스몰토킹으로 팔로워들끼리 이런저런 이야기를 나누다 보면 서로를 더 깊이 알아가게 됨으로써 '일도 배우고 대인관계도 쌓아 갈 수 있는 곳=직장'이라는 인식을 쌓을 수 있다.

업무적이든 개인적이든 팔로워들 간에 잦은 대화와 소통이 궁극적으로 '즐겁고 일하고 싶은 직장'이 될 수 있는 최소한의 필요조건이기 때문이다. 회사는 무조건 일만 하고 돈만 버는 곳이 아니다. 동료들과 일하면서 서로 협력하고 소통하며 사회적 관계도 맺는, 서로가 성장해 가는 장소다.

둘째, 리더를 비롯해 팀 내 팔로워들끼리 권위적 문화나 서열문화가 자연스럽게 완화될 수 있다.

이는 리더 및 고참 팔로워들의 마음가짐과 노력이 있어야 하는 스몰토킹의 긍정적인 효과다. 직급, 직위, 나이, 경력 등을 초월하는 대화가 가능한 환경 조성이 중요하다. 리더는 팔로워들과 스스럼없이 이야기하고 어울릴 수 있어야 한다. 조직문화와 팀워크에 관한 연구에 따르면 '조직 내 친구 같은 직장동료가 많을수록 해당 조직의 사무 생산성이 월등히 높다'고 한다. 이는 동료와의 스몰토킹 문화가 발달할수록 단순히 관계적으로 친해지는 것뿐만 아니라 일의 능률이 오르고 실질적인 생산성도 높아짐을 말해 준다.

셋째, 대화는 스트레스 해소의 작은 해법이다.

직장생활을 하다 보면 업무적으로 스트레스를 받게 되기 마련이다. 과거에 사무실은 조용한 분위기에서 각자의 일에만 집중하는 공간으로 여겨져 업무적인 대화를 하는 것조차 눈치가 보였다. 하지만 사무실이 조용하다고 일의 효율이 오르는 것은 아니다. 업무 스트레스에 관해 이야기하고 주변 동료에게 조언을 구한다면 해결책을 찾게 될지도 모른다. 서로 잡다한 이야기를 섞어가며 일과 관련된 토론도 하는 자유로운 분위기가 오히려 업무 생산성 향상에 긍정적인 영향을 줄 수 있다.

넷째, 작은 일에 흔들리지 않는, 신뢰 있는 팀을 구축하는 데 도움을 준다.

스스로 팔로워들과 어느 정도의 스몰토킹을 나누는 리더인지 생각해 보자. 혹시 잡담이라고 생각하거나 업무에 방해되어 효율을 떨어뜨린다고 생각해 스몰토킹을 막고 있는 리더는 아닌가? 만약 그렇다면 팔로워들과 당장 스몰토킹을 시작해라. 리더와 팔로워는 입장과 관계가 명백히 다르다. 특히 업무적으로 부딪힐 일이 더 많은 이 관계에서 사적인 신뢰를 쌓기란 쉽지 않다. 업무를 봐

주고 지시하는 리더로서가 아닌 팀원들과 똑같은 동료로서 인간적인 모습을 보여 주며 신뢰를 쌓을 필요가 있다.

기업은 '사람'으로 구성된 집단이기에 구설이 생길 수 있다. 리더가 실제 잘못한 일이 아닌 오해나 실수로 구설에 오르는 경우, '지위가 있는 사람'이라는 편견이 얹어져 더 안 좋은 평가나 상황에 몰릴 수 있다. 이럴 때 같이 일하는 팔로워들조차 리더가 오해를 받고 있다고 생각해 넘어가 줄 수 있는 관계가 형성되어 있지 않다면 앞으로 어떤 일을 추진하게 되더라도 동의를 얻거나 사기를 올리기 어려워질 것이다.

하지만 평소 스몰토킹을 많이 하는 리더였다면 상황은 달라질 수 있다. 리더와 이런저런 이야기를 많이 나눠 본 팔로워들은 자신들이 기본적으로 신뢰하고 있는 선이 있어 나쁜 소문에 쉽게 휩쓸리지 않을 것이며, 오히려 리더를 대변해 주려고 할 것이다.

기존에 스몰토킹을 한 경험으로 리더와 직접 이야기하는 것에 부담이 없는 팔로워라면, 민감한 이슈들을 숨기는 것이 아닌 적절한 타이밍을 보고 해당 리더에게 관련 내용을 알려 주거나 시그널을 줌으로써 리더도 기업 내에 돌고 있는 본인에 대한 구설이나 각종 이슈에 대처할 수 있게 된다. 그렇게 되면 리더는 사전에 불미스러운 일들을 예방할 수 있게 된다. 그렇지 못한 반대의 경우는 일이 곪아 터지도록 방치되어 더 이상 수습이 불가능해지기도 한다. 이런 상황의 책임은 팀장에게 있다는 점을 명심해야 한다.

그렇다면 이렇게 유익한 스몰토킹을 방해하는 요인들은 무엇이 있을까?

첫째, 리더는 원래 팔로워들에게 부담스럽고 두려운 존재로 여겨진다는 점이다.

리더는 팔로워에게 편한 존재가 되기 어렵다. 일반적으로 리더의 일이 팔로워를 관리하고 교육, 평가하는 것이기에 상하 관계가 명확하게 규정된다. 좋은 평가와 관계를 위해 업무적으로 잘 보이는 게 중요하므로 많은 말을 나누다 괜히 실수하는 불상사를 겪고 싶진 않을 것이다.

또한, 리더는 업무를 확인하거나 업무 분담 또는 업무 지시를 하기 위해 팔로워에게 먼저 다가가는 것이 일반적이다. 그래서 많은 팔로워들이 리더가 자신의 주변에 오는 것을 불편해할 수밖에 없다.

그러므로 리더는 평상시에 팔로워의 다양한 부담감을 덜어 주기 위해 먼저 다가가야 한다. 무슨 말부터 꺼내야 할지 모르겠다면 먼저 인사말을 건네라. 사적인 질문이 아닌 오늘 날씨나 요즘 인기 있는 이슈에 대해, 또는 출근길이 힘들진 않았는지 등 자신의 이야기도 섞어 가며 스몰토킹을 시도해라. 어색해 할 수도 있고 순간의 정적이 흐를 수도 있다. 그러나 말을 꺼내는 것 자체가 중요하다. 시간이 지나면 리더나 팔로워나 점점 덜 어색해질 것이고, 정적은 짧아질 것이다. 업무적으로나 개인적으로나 리더와 친해지고 싶게 만들어야 한다.

둘째, 조용한 사무실은 스몰토킹을 하기 꺼려지는 장소다.

'업무에 집중할 수 있는 분위기=조용한 사무실'이라는 공식에는 초중고부터 대학 시절까지 '같이 하는 공간에서는 정숙해야 한다'고 학습된 것이 한몫한다고 생각한다. 당연히 기업에서도 사무실의 조용함을 깨는 것은 금기시해 왔다.

하지만 조직 내 변화와 혁신을 기대한다면 이제는 사무실도 바뀌어야 한다. 업무적인 토론 외에도 다른 주제의 이야기가 들려야 하며 때로는 장난을 칠 수도 있고, 박장대소할 수 있는 장소로 변해야 한다. 물론 시장처럼 마냥 시끄러운 분위기를 말하는 것은 아니다. 카페에서 일하는 것처럼 적당한 음악 BGM과 사람들의 대화 소리 등 소위 말하는 백색소음이 있어야 한다. 한 번쯤 카페에 가서 일하거나 책을 읽을 때 약간의 소음이 있음에도 집중이 잘 되는 경험을 해 본 적이 있을 것이다.

소음이 있다고 업무에 집중할 수 없는 것은 아니다. '소음이 있어도 편안한 환경'으로 만들어야 한다. 팀원들이 카페에서 일하는 것처럼 편안한 백색소음에 노출될 수 있도록, 그래서 업무의 효율과 팀 내 결속력을 다질 수 있는 환경을 조성해 줘야 한다. 그렇게 되면 재생된 음악 소리에 옆자리 동료에게 다가가 이런저런 대화를 나누더라도 다른 이들에게는 잘 들리지 않을 테니 훨씬 편하게 이야기할 수 있어 사무실 내 팀원 간에 자유로운 소통이 가능해질 것이다.

가능하다면, 카페처럼 식물이나 작은 인테리어 소품을 두는 것도 좋은 방법이다. 식물이나 사무실에 비치된 인테리어 소품이 대화를 나눌 수 있는 소재가 되어 줄 수 있다. 꽃과 식물, 음악이 흐르는 카페형 사무실이라면 팀원들의 마음에 한결 평화롭고 신선한, 긍정적인 에너지로 가득 찰 수 있을 것이라고 본다.

✔ POINT

1. 리더는 최소한 하루에 10~30% 이상의 시간을 팔로워들과 함께 소통해야 한다. 아침 인사를 비롯하여 다양한 잡담을 나누는 스몰토킹을 시도해라.
2. 리더는 팔로워들의 표정과 근황을 잘 살피는 관찰력을 가지고 있어야 한다. 무조건 소통하려고 다가가는 것이 아닌 팔로워의 상황과 기분을 봐서 '낄끼빠빠(낄 때 끼고, 빠질 때 빠지는)'를 잘해야 거부감을 줄일 수 있다.
3. 식물, 인테리어 소품, 음악 재생 등으로 사무실 환경을 카페처럼 바꾸어 팀원들이 편안하게 느낄 수 있는 분위기를 조성해라.

갠톡(개인적 Talk)의 미학!
1:1 소통이 정답이다

리더는 위치상 팔로워들에게 업무를 분담하고 전달하면서 명령과 지시를 하는 것에 익숙하다. 하지만 오늘날 리더로서 가장 중요한 덕목 중 하나는 '낮은 자세로 팔로워들의 목소리를 경청하기'다. 팔로워들의 말을 경청하고 공감하며 잠재력을 발휘해 성과를 낼 수 있도록 유도하는 '서번트 리더십 Servant leadership'이 오늘날 더욱 강조되고 있다.

소통에도 과정과 방식이 중요하다. 리더들도 소통 능력이 자신들에게 필요하며 팀을 이끄는 데 중요함을 이미 알고 있다. 하지만 소통은 절대 만만치 않다. 리더가 생각하는 소통과 팔로워인 팀원이 생각하는 소통의 개념, 성격이 다르기 때문이다. '소통'을 서로 다른 시각에서 생각하는 사례를 들어 보겠다.

박 팀장은 모든 리더가 그러하듯이, 전임 보직자 대비 잘해 보고자 열심히 노력하고 있다. 박 팀장은 전임 팀장보다 점심시간 또는 퇴근후 시간을 할애해서 팀원들과 더 많이 소통해 왔다. 업무 진행 과정에 대해 간단히 묻고 조금은 가벼운 사회적 이슈에는 어떤 것들이 있는지, 그 이슈 중 다음 프로젝트에서 적용해 볼 만한 것들은 없는지 나름 포괄적인 대화주제로 두루 이야기를 나눴다. 팀장이 된 지 5개월째 되던 어느 날, 송 사원이 와서는 "팀장님, 왜 저희랑 소통하지 않으세요?"라고 말했다. 박 팀장은 뒤통수를 한 대 맞은 느낌이었다. 팀원들과 소통하기 위해 밤낮으로 밥 먹고 술도 마셨는데 이게 무슨 소리인가 싶었다.

나중에 그렇게 말한 배경을 알게 되는 한편으론 '안도의 한숨'을, 다른 한편으로는 '무지의 소치'임을 깨닫게 되었다. '박 팀장이 생각한 소통'과 '팀원들이 생각하는 소통'의 개념이 완전 달랐던 것이다. 박 팀장은 전임자 대비 팀원들과의 소통 횟수를 늘리고자 식사 자리를 더 많이 했지만 여기서 문제가 발생한다.

여러 팀원이 함께 식사하는 자리이기에 사적인 이야기나 개인 사정을 말하기보다는 회사나 업무 이야기, 모두가 알고 있어 대화가 될 만한 정치, 경제 이슈 외 기타 신변잡기 등의 이야기만 오가게 된다. 그래도 팀원들이 한 마디씩 거들게 된다면 꽤 말이 많았을 테니 박 팀장은 팀원들과 '잘 소통했다'고 생각한 것이다.

그렇다면 그 식사 자리를 함께했던 송 사원의 입장은 어땠을까? 송 사원 또한 함께 식사하고 이야기를 나눴다. 하지만 중간에 김 과장, 최 대리가 있어 자신의 이야기보다는 상사들의 기분을 맞추기 위해 의례적인 발언만 하고 그들의 말에 맞장구치기 바빴을 것이다. 정작 하고 싶은 말이나 건의하고 싶은 것, 업무에 관해 묻고 싶은 것들에 대해서는 '나중에 기회가 되면…'이라고 생각하며 입을 다문다. 송 사원은 리더인 팀장과 개인 간의 소통을 원했던 것이었다.

일상적인 소재, 모두가 알 수 있는 소재로 대화를 나누는 소통이 나쁘다는 것이 아니다. 하지만 리더인 팀장으로서 팀원과 해야 하는 소통이 하나의 유형만은 아니라는 것이다. 평소에 사무실 분위기를 풀기 위해서는 대중적인 주제가 좋지만, 팀원 개개인과의 소통도 잊어서는 안 된다.

팀원들은 모두가 있는 자리에서 회사, 업무, 가정사, 미래에 대한 고민을 이야기하고 싶지 않을 수 있다. 고민을 털어놓고 싶지만 말을 걸기엔 팀장은 항상 바빠 보이고, 다른 사람들 눈에 팀장에게 먼저 다가가 말을 거는 모습이 아부처럼 보일 수도 있어 조심스러울 것이다.

필자에게도 갠톡을 하게 된 결정적 사례가 있다.

5년 전 입사 후 업무 태도는 물론 업무 수행 능력도 매우 탁월하여 좋은 평가를 받는 우수한 여자 직원이 있었다. 다른 남자 직원들과 비교해도 실력이 훨씬 우위에 있어 차세대 여성 임원이 되기에 충분한 자질과 열정을 지닌 사람이라고 모두가 인정할 정도였다.

그러던 어느 날, 그녀로부터 팀장 면담 신청을 받게 되었다. 업무적인 일이거나 일반적인 건의 사항을 이야기하려는 줄 알았는데 퇴사를 하겠다고 했다. 순간 혼란스러웠지만, 그 직원 이야기를 차근차근 듣고 보니 그동안 본인이 여성이라는 전통적인 사회의 시선에서 벗어나고자 스스로 '강한 척, 강한 모습, 능력 있는 모습'을 보여 주려고 몹시 노력해 왔다는 것이었다. 그렇게 4~5년을 했더니 이제 더는 힘들어 그만두고 싶다고 했다.

사회의 편견을 피해 강해지고 싶었던 여성의 좌절감을 이야기하고자 함이 아니다. 리더로서 그 고민을 왜 이제야 알았나 하는 나에 대한 자책과 소통의 문제를 말하고 싶었다.

지금이라도 알았으니, 그리고 능력 있는 직원을 잃고 싶지 않아 퇴사를 보류할 것을 제안해 보았지만, 그 직원은 이미 마음을 굳힌 상태였다. 설득하기에는 많이 늦은 것이다. 그때 내가 할 수 있었던 건 그저 '그동안 고생했다', '잘 가라, 건승을 빈다'라고 말하고 사표를 수리해 주는 일뿐이었다. 왜 난 그녀가 일하는 적지 않은 시간 동안 그 고충을 전혀 인지하지 못했을까?

지난 몇 년간 그 직원과 얼마나 소통을 했는지 되짚어 보았다. 그러고 보니 여러 직원과 함께 이야기를 나눴던 적은 많은데, 그녀와 단둘이 대화한 적이 없었다. 평소에 갠톡 자체가 아예 필요 없을 것처럼 본인 일에 철저했고 흐트러지지 않았던 모습을 보고 팀장인 내가 안주하는 바람에 그 직원과의 소통 부족을 문제라고 생각하지 못했다. 퇴사 후 그녀는 본인이 원래 하고 싶었던 일을 하기 위해 또 다른 학업 활동 중이다. 회사로서, 그리고 리더로서 유능한 인재를 한 명 잃은 꼴이었다. 만약 평상시에 모두 함께 이야기를 나누는 소통 외에 팀원 각자에게도 갠톡을 시도했다면, 손도 못 써 보고 퇴사하게 만드는 상황은 예방할 수 있었을 것이다.

원래 소통의 출발점은 두 명에서 시작한다. 기본에 충실해 둘이서 대화하는 방식의 소통을 시도해 보자. 여러 팔로워들과 함께 이야기를 나누는 것도 좋지만, 팔로워 개인이 좀 더 편하게 이야기를 할 수 있도록 배려해 주자. 요즘은 대면으로 이야기할 필요도 없다. 다른 팔로워들의 눈치를 볼 필요 없이 메신저로 소통하는 방법도 있으니 이를 활용해 소통하려는 노력을 기울인다면 내가 경험한 실수를 당신은 경험하지 않을 수 있다.

◎POINT

1. 리더와 팔로워는 '소통을 한다'는 개념이 서로 다를 수 있음을 인정해야 한다.
2. 팀원 모두가 모여 이야기를 나누는 시간 외에 팀원 개개인과 갠톡(개인적 Talk)을 나눠라. 모두가 있는 자리에서 할 수 없는 말이 있을 수도 있다.
3. 소통은 리더와 팔로워 간 서로의 마음을 알아가고 신뢰를 쌓을 수 있는 최고의 방법임을 잊어선 안 된다.

사례로 본
1:1 소통의 중요성

　　직원의 정서관리, 그 시작은 '대화'며 특히, 1:1 대면 대화 Face-to-face communication 가 가장 효과적이다. 실제 조직에서 구성원들이 가지고 있는 각종 고충과 현안 중 1:1 대화를 통해 해결해 갈 수 있는 것은 생각보다 많다. 하지만 이 사실을 간과한 리더들은 안타깝게 인재를 놓치고 후회하게 되거나 팀원과의 관계를 원활히 풀지 못한다.

　　과거 양적성장 시대에는 리더가 직원의 개인적인 사정과 그들이 직장생활을 잘하느냐 못하느냐는 주된 관심 대상이 아니었다. 알면 알게 되는 것이고 몰라도 크게 상관 없는, 리더가 관여하지 않아도 되는 영역이라고 생각했다. 그런데 왜 지금은 리더들이 조직 내 구성원들의 공식, 비공식적 삶과 일상에 대해 알아야 하는지 의문이 들 것이다.

　　조직 내 리더가 어떻게 하느냐에 따라 그 결과가 완전히 달라진

실제 사례를 살펴보고, 1:1 소통의 중요성을 알아보자.

▶▶▶

뜻밖의 기회를 선사한 1:1 대화

S씨는 고등학교 졸업 후 회사에 바로 취직하여 총무팀에서 일한 지 20여 년이 되었다. 그중 잠시 임원 비서 역할을 한 적도 있었다. 얼마 전 아이를 출산하고 복직했는데, 기존에 하던 업무라 별문제는 없었지만 신선한 동기 부여가 필요하다고 스스로 느끼고 있었다. 그러던 차에 새로 부임한 P팀장과 1:1로 대화를 나누게 되었다. 대화를 나누며 P팀장은 S씨가 비서직을 수행할 당시 야간대학 일어일문학과에 다닌 사실을 알게 되었다. 그런데 S씨의 인사 기록 카드에는 여전히 고졸로 기록이 되어 있어 '왜 대졸 학력을 업데이트하지 않았느냐'고 물으니 그냥 쑥스러워서 안 했다고 했다. 말이 나온 김에 P팀장은 S씨에게 다음날 출근할 때 대학 졸업증명서를 가져와 인사팀에 추가된 학력을 올리도록 조치했다. 그로부터 2개월 후 S씨는 인사팀으로부터 사내 도서관 관장으로 부서를 전환하라는 요청을 받게 되었다.

때마침 일어 능력이 있던 사내 도서관장이 퇴사하게 되어 인사팀에서 사내 인력 풀 Pool을 조사해 보니 S씨의 일어일문학 전공 기록이 눈에 띄었고, 일어 능력과 더불어 사내에서 쌓은 경력 조건이 맞아 떨어진 것이다. 결국, 지금 그녀는 3년째 도서관장으로서 최선을 다해 일에 매진하고 있다. 어떻게 보면 기업의 결정에 따라 기존에 하던 업무에서 도서관장이라는 아예 다른 업무로 전환된 것이지만, S씨 본인도 마침 새로운 동기 부여가 필요했던지라 보직 이동에 만족해하고 있다. 만약 P팀장이 S씨와 면담을 하지 않았고, S씨의 학력을 사내 시스템에 등록해 두지 않았다면 이런 결과가 나올 수 있었을까? S씨와 인사팀이 각각 만족할 수 있는 결과를 얻을 수 있었던 것은 학력 기록을 인사 기록 카드에 등록하게 한 '1:1 소통' 덕분이었다.

▶▶

고용 계약 연장으로 새로운 삶을 얻다

위암 수술을 한 J반장의 병문안을 갔던 P팀장은 병실 입구에서 J반장의 가족으로부터 엄청난 환대와 감사의 말을 듣고 어안이 벙벙해졌다. 무슨 일이 있었던 걸까?

정확히 1개월 전 일이었다. 정년퇴직하고도 능력과 성실을 인정받는 J반장이 있었다. 연말이라 회사에서는 다음 해에도 J반장의 의사를 물어 촉탁직으로 고용 계약을 1년 더 연장하려고 했다. 이에 P팀장은 J반장과 직접 만나 고용 계약을 연장하고 싶다는 의사를 전했다. 이야기를 나누다 P팀장은 "이제는 몸이 예전 같지 않더라"며 건강에 대한 주제의 이야기를 꺼냈고, 그 말에 J반장은 "저는 꽤 오랫동안 건강 검진을 받지 않았지만 여전히 건강하다"고 자랑했다. 이 이야기를 듣고 P팀장은 J반장에게 계약 연장을 위해서는 건강이 제일 중요하니 건강검진을 받으라고 제안했다. J반장은 의아해했지만, 계약 연장을 담당하는 팀장의 말이고 다 자신을 위해 제안해 준 말이라 생각해 바로 병원에서 건강검진을 했다. 그런데 뜻밖에 J반장은 위암 판정을 받게 되었다. 불행 중 다행인 것은 위암 1기였고 바로 위절제술을 받아 위암을 극복하게 되었다.

건강을 자신했던 J반장의 생각을 깨 준 것은 P팀장과의 1:1 소통이었다. 평소에 우리는 업무 이야기를 하느라 자신의 건강이나 기타 잡담으로 여겨질 수 있는 말은 사내에선 잘 하지 않는다. 1:1 소통 환경에서 우연히 나온 이야기가 J반장을 병원으로 이끌었고, 그의 병을 조기에 진단하여 극복할 수 있었던 것이다.

▷▶▶

직장 왕따가 아니라 '다를 뿐입니다'

C직원은 맞벌이를 하며 업무적으로도 인격적으로도 지극히 정상적이고 적극적인 직원이다. 그러던 어느 날 C직원의 생기가 조금씩 사라지는 것 같더니 언젠가부터는 점심시간에 사람들 속에서 혼자서 밥 먹는 모습이 종종 보였다. C직원의 변한 모습과 패턴을 관찰하게 된 P팀장은 걱정이 되었다. '혹시나 팀 내에서 왕따를 당하는 것은 아닌가?', '뭐가 문제일까?' 스스로 질문하고 여러 관점에서 이유를 되

짚어 보며 고민을 하다가 P팀장은 C직원에게 1:1 대화를 시도했다. 개인의 신상 문제이기도 하고, 직장 내 왕따 이슈일 수도 있을 것 같아 매우 조심스럽게 "점심시간에 혼자 밥 먹는 이유가 있느냐?"고 물었다. 그러나 막상 이야기를 나눠 보니 C직원은 별다른 문제가 없었다. P팀장의 질문에 C직원은 별것 아니라는 표정을 짓고는 "원래 저는 어릴 때부터 밥을 매우 천천히, 오래 씹어먹는 습관이 있어서 다른 사람들에 비해 밥 먹는 시간이 두 배는 걸려요. 그래서 처음에 입사해 동료들과 어울려 밥을 먹다 보니 동료들이 먹는 시간에 맞춰서 밥 먹는 게 쉽지 않았고 소화도 잘 안 되어 힘들었어요. 그래서 오히려 혼자 먹는 게 편해요"라고 했다. 본인은 천천히 먹고 싶은데 그럴 수 없는 분위기에 참다가 P팀장이 새로 부임하면서 모든 직원이 다 같이 점심을 먹어야 했던 관행을 없애고 각자 편하고 즐겁게 먹으라는 분위기를 조성해 주면서부터 원래 자기가 좋아했던 스타일대로 남 눈치 안 보고 먹게 되었다는 것이다. 그 이야기를 듣고 P팀장은 안도했다.

1:1 소통을 하지 않았다면 P팀장은 아무 문제 없이 잘 다니고 있는 직원을 문제가 있는 것처럼 오해할 뻔했던 사례다. 집단과 다르다고 해서 틀린 것은 아니다. 1:1 소통으로 P팀장은 집단생활로 잠시 간과했던, 팀원 개인마다 라이프 스타일이 다 다르다는 것을 다시금 깨닫게 되었으며, 이제 C사원이 밥을 혼자 먹고 있어도 여유 있게 인사를 건넬 수 있게 되었다.

퇴사의 이유는 '바로 위 상사'

'사수-부사수' 구성으로 일하는 팀이 있다. A가 선배, B가 후배 사원이다. 언젠가부터 둘 사이에 자꾸 불협화음이 들리곤 했다. 알고 보니 A선배가 자꾸 B후배에 대해 팀 내 다른 동료들에게 부정적인 피드백을 하고 다닌다는 것이었다. A선배는 열심히 가르치고 함께 하려고 하는데, 자꾸 B가 업무 능력이 뒤처지고 신입사원으로서도 직장생활에 잘 적응하지 못한다고 말이다. 이 이야기는 P팀장의 귀에 들어갔고, P팀장 눈에도 A와 B의 불화가 보이기 시작했다. 심지어 이제는 A선배 또래의 고참 직원들까지 B후배의 직장생활을 지적하는 등 그 정도가 심해져 갔다. 이와 반대로 문제는 B후배가 아니라 A선배라고 지적하는 C선배도 있었다. 다양한 의견이 분분한 가운데 팀을 분열시키는 것 같은 이 상황을 더는 두고 볼 수 없었던 P팀장은 본격적으로 1:1 소통을 하게 되었다.

아무래도 자신의 견해들만 이야기하다 보니 큰 문제를 발견하진 못했지만, 이들의 이해관계를 확실히 파악한 P팀장은 A선배를 우선 사수에서 제외시키고, 사수를 C선배로 바꿨다. 업무 파트너를 바꿨음에도 불화가 생긴다면 B후배의 문제일 것이라는 판단에서였다. 업무 파트너를 변경한 후, 팀 내 부정적인 소문의 중심에 있던 B후배에 대한 평가가 확실히 달라졌다. B후배는 C선배와 함께 일하며 업무 적응을 잘하게 되었고, 외적으로도 훨씬 밝아지며 자신감을 찾아갔다.

사실 A선배도 나쁜 의도를 가지고 B후배를 질타했던 것은 아니었다. A선배는 해당 업무에 오래 있으면서 그동안 자신의 직속으로 신입이 들어온 것이 처음이라 B후배에게 지나친 기대를 품고 있었던 것이다. 신입사원이 적응하려면 어느 정도 시간이 필요했지만, 그럴 만한 시간과 여유를 주지 않았고 매일 다그치기 바빴다. 최대한 빨리 가르쳐 해당 업무에 잘 적응도록 하기 위함이었지만, 둘의 업무 궁합이 맞지 않았던 것이다. 만약 계속해서 팀 분위기가 A선배의 이야기를 중심으로 돌아갔다면 어땠을까? 아마 B후배는 능력과 태도에 문제가 있는 직원으로 '낙인' 찍혔을 것이고, 그 뒤 퇴사했을 가능성이 크다. 현재 B후배는 자신의 업무 환경에 만족하며 자신의 능력을 발휘하고 있으며 다음 해에는 더 큰 프로젝트에 참여하는 기회도 얻게 되었다.

사실 P팀장 입장에서는 한 명씩 불러 이야기를 나누는 것보다 모두가 있는 자리에서 이야기했으면 한 번만 대화를 나눠도 되니 더 편했을 것이다. 하지만 그런 상황이 되면 B후배는 할 말도 제대로 못 했을 것이고, 다른 고참 사원들과는 다른 의견을 가진 C선배 또한 마냥 B후배 편을 들어주기 어려웠을지도 모른다. 모두 친하게 지내는 업무 환경이 되면 좋으련만 사실 사람들이 모인 집단은 그런 합의를 끌어내기 쉽지 않다. 모두 살아온 환경이 다르며 성격이 다르고, 업무를 받아들이는 속도와 스타일이 다르다. 리더는 이런 성향을 고려해 팀원들과의 1:1 소통을 게을리하지 말아야 하며, 그들의 성향을 파악하고 조합하여 팀에 긍정적인 영향을 줄 수 있도록 관심을 기울여야 한다.

A선배는 B후배보다 2년 더 일찍 입사했으며, 직장생활의 기본적 태도는 물론이거니와 업무를 가르쳐 준다는 명목으로 B후배에게 이런저런 지도를 많이 하고 있다. 문제는 B후배에 대한 A선배의 태도나 마음가짐이었다. A선배의 방식은 다소 권위적이었다. 사실 A선배는 이전에 함께했던 선배들한테서 배운 방식들을 그대로 답습하면서 B후배를 가르치고 훈계하는 방식을 취했다. A는 선배로서 그 역할을 잘하고 있다고 생각하지만, B후배는 그게 못마땅했다. A가 심하게 질책을 하거나 부당한 일을 B후배에게 시키는 경우도 있었기 때문이다. 그래서 점차 B후배는 입사 당시에 있던 자신감과 열심히 해 보겠다는 의지가 점차 꺾이며 의기소침해졌다.

때마침 P팀장은 팀원들과의 1:1 소통 과정에서 이런 사실들을 간접적으로 알게 되었고, 당사자인 B후배와 이야기를 나누며 내용의 전모를 들을 수 있었다. 상황을 제대로 인지한 P팀장은 B후배를 다독일 수 있었다. B후배도 이 일을 P팀장도 알고 있다는 사실에 안도하며 앞으로 좋은 방향으로 바뀔 수 있다고 희망을 품게 됐다.

그리고 P팀장은 A선배에게는 업무 교육 및 인수인계에 있어 필요한 역량을 강화할 수 있는 교육 프로그램을 추천해 주었다. 선배들에게 배운 권위적인 방법보다 더 효과적으로 의사를 전달할 수 있는 능력이 A선배에게 필요하다는 판단에서였다. 교육을 마친 A선배는 프로그램에서 배운 소양을 토대로 다른 후배 양성을 위해 힘쓰게 되었다.

만약에 이런 일을 팀장이 모르고 오랜 시간 방치를 했더라면 어떤 일이 일어났을까? B후배는 억울함과 불만, 실망 등이 누적되어 결국 어느 시점에선 퇴사 의사를 밝혔을 것이고, 그때 가서 이유를 물어 상황을 바로잡아 보려고 노력해도 소용없었을 것이다.

최근에는 리더십의 중요성이 많이 강조되고 있어 리더들도 변화하기 위해 기존의 권위적이고 관료적인 모습에서 탈피하여 최대한 수평적이고 민주적인 분위기를 만들고자 노력한다. 하지만 아직 이러한 노력이 부족한 것일까? '퇴준생', '퇴사학교' 같은 말들이 생겨나고 많이 들린다. 어렵게 입사한 회사지만 일하는 과정에서 실망과 어려움을 느껴 퇴사를 준비하는 사람들이 많아지고 있다는 것이다.

왜 어렵게 입사한 회사를 그만두려 할까? 물론 퇴사 이유에는 여러 가지가 있겠지만, 위의 사례처럼 많은 이들이 '바로 위 상사 Immediate boss'를 대표적인 이유로 꼽는다. 사실 이들의 관계는 어려울 수밖에 없다. 한 사람은 끊임없이 상대에게 의무적으로 업무 교육을 해 줘야 하고 많은 질문을 받는다. 그리고 다른 한 사람은 일방향적 업무 교육을 받으며 계속 질문을 하게 된다. 어떻게 보면 모호한 상하 관계가 형성되는 것이다. 업무적으로 부딪히던 일들은 시간이 지나 감정으로 부딪히게 되면서 상황이 악화되면 둘 중 하나는 튕겨 나가는데, 대개 그 대상은 '아랫사람'이다.

사람으로 구성된 집단인 기업에서 가장 중요한 것은 '소통'이다. 위의 사례에서도 P팀장이 주관한 1:1 소통이 긍정적인 효과를 냈듯이, 조금 더 마음을 열고 상대의 말에 귀를 기울이며 이야기를 나누면서 작은 실마리를 풀다 보면 갈등을 해결할 수 있다. 대화와 소통을 끌어낸 P팀장이 발휘한 것은 '리더십'이었다. 팔로워인 팀원들이 자연스럽게 리더인 팀장과 이야기를 나눌 수 있는 분위기를 조성하는 것은 결국 리더의 손에 달린 것이다.

단순히 '탈권위' 하라는 것이 아니다. 진심을 가지고 팀 한 사람 한 사람에게 관심을 가지고 1:1 대화를 나눠라. 존경받고 훌륭한 리더가 되는 길은 대화로 소통을 하려는 노력에서 출발한다.

⊘POINT

1. 1:1 소통의 일상화를 통해서 리더와 팔로워 간의 신뢰를 높여라.
2. 대화를 나누기 전까지는 어떤 문제 상황에 대한 편견을 가져서는 안 된다. 막상 이야기를 나눠 보면 다른 이유가 있을 수도 있고 별것 아닌 오해일 수도 있기 때문에 신중히 대화에 임해야 한다.
3. 팀 내 팔로워들과의 1:1 소통의 횟수, 시간, 미팅 과정에서 공정성 이슈가 나오지 않도록 세심하게 잘 관리해야 한다.

리더들을 위한
개별 관리 카드

리더의 핵심 업무 중 하나는 직원관리다. 즉, 직원들의 업무 역량을 향상시킬 수 있는 관리로 그들의 성장을 유도하여 함께 최고의 성과를 내는 것이다. 이를 위해 최소한 리더라면 팔로워 전원에 대한 관리 카드를 구비해 두는 것이 좋다. 기존에 있는 인사 기록만 참고하는 것과는 완전히 다르다.

일상적인 대화 과정에서 취득한 개인 정보는 여러 가지 차원에서 유용하다. 그렇기에 해당 팔로워와의 대화 과정에서 취득한 정보만을 기재하는 것이며, 누구에게 보여 줄 용도로 만드는 것이 아니다. 오로지 팀장이 자신의 팀원과 나눈 이야기를 기억하고 관리해 주기 위한 용도이므로, 대화할 때마다 바로바로 기록하되 이런 기록을 한다는 것을 아무도 모르게 하는 것이 중요하다. 그렇다면 왜 팀장은 몰래라도 팀원들의 개별 관리 카드를 만들어야 하는 걸까?

첫째, 개별 관리 카드는 팀원에게 관심을 갖는 숙제가 되어 준다. 무엇보다 팀원들 개인의 기록을 유지함으로써 해당 직원에 대한 지속적인 관심과 애정, 특히 관찰할 계기가 생긴다. 카드를 쓰기 위해서라도 팀원에 대한 관심을 놓지 않게 만들어 준다.

둘째, 획득한 정보를 바탕으로 스몰토킹이라는 선순환 구조를 만들 수 있다. 스몰토킹을 할 때도 대화의 소재가 중요하다. 매번 했던 이야기를 또 하는 것이 아닌 그 팀원이 관심 있고 자주 꺼내는 이야기가 무엇인지 파악하고 대화를 하면 팀원도 팀장과의 대화에 흥미를 느끼며 자신을 향한 관심을 느낄 수 있을 것이다. 기록 카드의 내용은 소소한 대화거리를 제공해 주는 기능을 하며 팀원과 유대를 쌓을 수 있는 계기를 마련해 준다.

셋째, 사람이기에 지속할 수 없는 기억력의 한계를 보완하기 위함이다. 만약 팀원이 수차례 갠톡으로 본인의 정보를 팀장에게 언급했음에도 팀장이 '언제쯤이었지?', '그랬었나?' 식으로 말한다면 앞으로 이 팀원은 팀장이 자신의 이야기를 진정성 있게 듣는다고 생각할 수 없을 것이다. 사실 팀장의 입장에서는 중요한 업무적인 이야기가 아니라는 생각에 쉽게 잊어버릴 수도 있지만, 그렇다고 이로 인해 팀원에게 불신을 얻고 싶진 않을 것이다. 진정성 있게 기억할 준비가 되어 있지 않은 1:1 갠톡은 오히려 더 나쁜 결과를 초래할 수 있다.

팀장은 팀원과의 관계에서 평상시 말 한마디, 표정, 행동에 늘 관심을 두고 정성을 다해 팀원을 알아 가는 과정을 거쳐야 한다.

팀원의 숫자가 10명 이상, 더 많은 팀원이 있을 경우는 더욱더 개별 기록 관리가 중요하다.

현실적으로 팀장이 팀원 개개인의 업무적, 사적 신상들을 모두 기억하긴 어렵다. 업무를 보던 과정에서 알게 되었거나 조직 내 일상에서 관찰한 팀원들에 대한 정보를 기억하려는 노력과 기록하는 습관이 필요하다. 물론 외울 수 있으면 외워 두는 것이 훨씬 좋다.

✔POINT

1. 진정성 있게 기억할 준비가 되어 있지 않은 소통 시도는 팔로워와의 관계에 오히려 악영향을 미칠 수 있다.

2. 리더는 개별 관리 카드가 팔로워들에게 노출되지 않도록 유의해야 한다. 기록하는 것의 취지가 나쁜 의도는 아니지만 굳이 말할 필요가 없기도 하고, 혹시 일거수일투족을 체크한다는 오해를 받을 수 있다. 직원들 앞에서 이야기를 들으며 메모하지 말고 우선 편하게 이야기를 나눈 뒤 천천히 기억을 되짚으며 면담일과 면담 내용을 간단히 기록하면 된다.

3. 리더는 가능하면 팔로워들의 기본적인 신상 정보 정도는 외우는 것이 좋다. 최소한 해당 팀원과의 별도 미팅 시 사전에 다시 한번 더 해당 직원의 기록 관리 카드를 보고 기억을 되살려서 미팅하는 것을 권장한다.

대화의 품격을 높이는
5why 대화법

        오늘날 대부분 기업과 조직의 핵심 화두는 '소통과 협력'이다. 그래서 기업들은 소통과 협력을 위한 다양한 형태의 노력을 기울이고 있다. 통계청의 2019년 인구 총조사에 따르면, MZ세대에 해당하는 인구는 총 1,797만 4천 명으로 전체 인구의 34.7%를 차지하는 것으로 알려져 있다. 이는 국내 주요 대기업 임직원의 60% 정도로 추산되고 있어, 현재와 더불어 머지않은 미래에는 MZ세대가 기업의 주축으로 떠오를 것이라고 한다. 이런 측면에서만 봐도 기업들은 이제 이들을 제외하고는 기업문화를 구축하긴 어려울 것이다.

    그래서 다양한 채널과 형태의 소통을 하는 MZ세대와의 화합을 위해 기업들도 적극적으로 대응하려 노력하고 있다. 삼성전자는 유연하고 혁신적인 조직문화 구축을 위해 2021년부터 'C랩 Creative Lab'이라는 사내 벤처 프로그램을 도입했다. 현대자동차는 그룹 총수가 직접 MZ세대와 소통하기 위해 단체 미팅까지 진행했다.

　기업 내 소통 방식은 다수와의 소통과 개인과의 소통으로 나눌 수 있다. 다수 구성원을 대상으로 하는 소통에는 경영설명회, 라운드 테이블 미팅, Coffee with CEO, 타운홀 미팅 등이 있다. 반면에 소수의 구성원을 대상으로 하는 소통은 1:1로 대화를 나누는 갠톡이 있다. 특히 1:1 소통은 공감, 경청과 그 맥락을 같이 한다. 상대의 이야기를 주의 깊게 듣고 공감하며 애정 어린 질문을 이어가는 것이 1:1 소통의 백미이다.

　기존의 양적성장과 단합이 우선시되던 기업문화에서는 1:1 소통보다는 1 대 다수로 대화하는 것이 더 익숙했다. 하지만 문화가 점차 질적성장과 개인화되는 양상에서는 리더들도 기존과는 다른 대화 기법이 필요해졌다. 이에 무턱대고 팀원과 1:1로 앉아 대화를 시도한 리더들은 효과를 보기는커녕 오히려 역효과를 보는 경우도 허다했다. 1:1 대화에 필요한 기술이 부족했던 것이 실패 원인이었다. 리더가 대화를 주도하고 다양한 질문으로 대답을 끌어내야 하는데, 익숙하지 않다 보니 뻘쭘하고 겸연쩍은 분위기에 두서없이 이런저런 말을 꺼내게 되고 리더도, 팔로워들도 두 번 다시 경험하고 싶지 않은 자리가 돼 버린 것이다.

　누구든 이런 대화 분위기는 겪고 싶지 않을 것이라 생각한다. 그래서 이런 분위기를 겪지 않도록 효과적인 대화 기법을 소개하고자 한다. 일명 '5why' 대화법으로 '적극적인 공감 경청'을 기반으로 한 대화법이다.

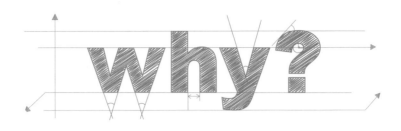

5why와 비슷한 개념으로는 일본 도요타의 성장 비결로 꼽히는 '카이젠 Kaizen'이 있다. 카이젠은 '개선'을 뜻하는 일본어로, 기업들이 지속해서 환경을 개선하기 위해 활용하는 비즈니스 전략이다. 5why도 이와 마찬가지로, 어떤 문제에 부딪혔을 때 개선을 목표로 why라는 질문을 스스로에게 재차 던짐으로써 근본적인 원인을 발견하고, 다양한 문제 유형을 파악하여 해결책을 찾아가는 방법이다. 5why 대화법이 다른 대화와 다르게 어떤 결론을 내는지, 그 결론에 따라 대화 당사자 간의 심리 상태는 어떻게 달라지는지 김 사원과 최 팀장의 면담 사례를 통해 알아보도록 하겠다.

최근 김 사원은 부쩍 출근 시간을 지키지 못하고 지각을 한다. 이 상황을 지켜보던 최 팀장은 김 사원과 면담을 진행하게 된다.

A사례) 최 팀장과 김 사원의 5why 대화법 성공 사례

why ① 최 팀장: 최근 며칠 사이 지각하는 횟수가 잦네요?

김 사원: 죄송합니다. 버스를 놓쳤습니다.

why ② 최 팀장: 한두 번도 아니고 버스를 놓쳤다기엔 지각 횟수가 너무 잦아요. 혹시 다른 문제가 있는 건 아닌가요?

김 사원: 요즘 집에 일이 있어 늦잠을 잤습니다.

why ③ 최 팀장: 집에 무슨 일이 있는 건가요? 심각한 일인가요?

김 사원: 네, 사실 최근 아내 건강이 안 좋아 병원에 입원해서 퇴근 후 병원에 갔다가 늦게 집에 가는데, 이동 동선이 길다 보니 잠자는 시간이 부족해 피곤이 쌓였던 것 같습니다.

why ④ 최 팀장: 아… 그런 일이 있었군요. 마음이 많이 쓰였겠어요…. 진작 말을 하지 그랬어요. 내가 뭐 도울 일이 있으면 언제든 말해 주세요.

김 사원: 미리 말씀드렸어야 했는데… 말씀이라도 고맙습니다.

why ⑤ 최 팀장: 난 그것도 모르고…. 간병하고 집에서 회사를 왔다 갔다 하기 쉽지 않을 텐데, 그러면 일단 금주까지 근무 교대 조를 한번 조정해 보도록 하죠. 아니면 근무 시간 자체를 좀 조정해 보는 방법도 있고… 다른 팀원들 업무 일정 전반적으로 확인해 보고 이야기해 줄게요.

김 사원: (안도하며) 배려해 주셔서 감사합니다. 그래도 앞으로는 늦지 않도록 노력하겠습니다.

B사례) 최 팀장과 김 사원의 5why 대화법 실패 사례

why ① 최 팀장: 최근 며칠 사이 지각하는 횟수가 잦네요?

김 사원: 죄송합니다. 버스를 놓쳤습니다.

why ② 최 팀장: 아니, 하루 이틀 출근하는 것도 아닌데, 버스를 놓치는 게 말이 되나요?

김 사원: 죄송합니다. 제가 늦잠을 잤습니다.

why ③ 최 팀장: 알람을 제대로 맞춰 놓고 자야지. 한두 해 회사 다닌 것도 아닌데 갑자기 늦잠 자느라 지각을 한다는 게 말이 되나요? 정 못 일어나겠으면 알람을 더 맞추든지 아니면 가족에게 깨워 달라고 하든지 해야지. 직장생활이 장난이에요?! 가서 시말서 쓰세요!

김 사원: 네, 알겠습니다. 죄송합니다.

'출근 시간'이라는 똑같은 사안을 두고 묻는 방법, 대화하는 과정에 따라 A와 B사례처럼 다른 대화가 오가게 되었고 확연히 다른 결과가 났다. B사례는 팀장과 사원의 '대화의 질'에 문제가 있었다. 김 사원에게 'why'를 질문하는 과정에서 공감하려는 노력이 없었고, 더이상의 이유를 알아내고 경청하려 하지 않았다. 질문의 질이 떨어지면서 대화의 질 또한 떨어진 것이다. 제대로 된 소통이라고 할 수 있는 A의 사례를 통해 인내를 가지고 계속해서 질문을 던지며 대화의 질을 높이려는 리더의 역할이 얼마나 중요한지를 알 수 있다.

당신이 팀을 이끄는 리더라면 자신의 대화법을 곰곰이 생각해 보자. 팀원과 대화를 한다고 앉혀 놓고는 자신의 이야기만 하고 있진 않은가? 공감하기보다는 자신이 경험했던 다른 해결책을 설명하기에 집중하고 있진 않은가? 물론 조금이라도 팔로워에게 도움을 주고 싶은 리더의 마음은 이해가 간다. 하지만 본질은 '교육'이 아닌 '대화'임을 잊지 말아야 한다. 하고 싶은 말이 있어도 꾹 참고 팔로워가 답할 수 있는 질문을 계속 던져 대화의 질을 높여라. 5why 대화법처럼 다섯 개가 아니어도 좋다. 질문을 던지고 대답을 들을수록 당신은 팔로워를 깊이 이해할 수 있는 훌륭한 리더의 자질을 갖추게 될 것이다.

⊘**POINT** ···

1. 대화의 질을 높이는 5why 대화법을 적극 활용해라.

2. 팔로워의 이야기를 경청하고 공감해라. 집중해서 듣고 질 높은 질문을 한다면 팔로워는 '아, 리더는 나와 정말로 소통하고 싶은 거구나' 하고 느낄 것이다. 진심은 언제나 통한다.

3. 대화를 나누며 리더는 최대한 말을 줄여야 한다. 팔로워와 대화를 나누는 것의 본질은 '소통'을 하기 위함이지 '교육'하려는 것이 아님을 잊어선 안 된다.

칭찬의 미학!
칭찬에도 기술이 필요하다

요즘 많은 기업이 기존 문화를 바꿔 그들만의 기업문화를 만들어 내려 한다. 아무래도 기업은 다양한 세대가 공존하는 공간이라 그 세대들이 어떻게 하면 갈등을 최소화하고 조화를 이뤄 일할 수 있을지, 기업에서 신바람 나게 일하며 동시에 업무 생산성을 높일 수는 없는지 등에 대한 경영진과 리더들의 고민에서 시작된 움직임이 아닐까 싶다. 이러한 기업문화의 변화와 혁신에 대해 방법론적으로 다양한 해법들이 나오고 있다. 그중에서 자주 언급되는 방법은 '칭찬과 격려 문화 정착'이다.

과거 한국의 기업들이 고도 성장을 이루는 과정에서는 리더가 팔로워에게 칭찬과 격려를 하는 것이 익숙지 않았다. 그나마 하는 칭찬은 상여금을 전달하는 정도였다. 상여금이 지급될 만한 수준이 아닌 성과에 대해서 칭찬하게 되면 팔로워인 팀원이 으쓱해져 제 할 일을 소홀히 할까 염려했다. 그만큼 리더들은 칭찬에 인색했다. 하지만 팔로워인 팀원이 주어진 업무를 제대로 처리하지 못했을 경우의 비난과 질타, 꾸중은 폭풍처럼 거셌다. 전반적으로 칭찬, 격려하는 문화가 많이 부족했던 시대였다.

하지만 오늘날은 칭찬 및 격려의 중요성 커지고 있다. 과거에는 직원들을 통제하고 관리하는 대상으로 봤다면 요즘은 신뢰와 자율의 대상으로 여긴다. 그래서 팀장이나 리더들도 가능한 직원들에게 많은 칭찬과 격려를 하려고 한다.

기존의 기업문화를 갑자기 바꾸려다 보니 팀장들은 고민에 빠진다. '성과만 낸다면 무조건 칭찬만 해야 하는 건가?', '어느 정도의 칭찬과 격려를 해야 할까?', '실제 직원들이 원하는 칭찬은 어떤 걸까?' 등 스스로에게 많은 질문을 던지게 된다. 리더라면 적어도 한두 번씩은 이런 고민을 해 보았을 것이다.

칭찬과 격려에도 기술이 필요하다. 진정성 없이 무조건 칭찬과 격려를 하면 직원들도 쉽게 눈치챈다. 그렇다면 어떻게 칭찬하고 격려하는 것이 좋을까?

▶▶

훌륭한 칭찬의 전제조건은 '리더의 관심'이다

'진정성 있는 칭찬'은 리더가 팔로워들이 일하는 과정과 그 결과를 제대로 파악한 상황에서 할 수 있다. 그만큼 리더는 수시로 팔로워들을 관찰하는 습관을 길러야 한다. 평상시 팔로워들에 대한 관심이 부족한 상태에서 어느 날 '칭찬과 격려를 잘하는 리더가 되자'라고 해서 칭찬 잘하는 리더가 되는 것이 아니다. 칭찬도 근거와 이유가 있어야 하지 막무가내로 하는 것이 아니다. 칭찬을 받는 사람도 의아해할 진정성 없는 칭찬이나 격려는 안 하는 것이 낫다.

▶▶▶

칭찬은 구체적이어야 한다

칭찬을 할 때 칭찬할 내용을 구체적으로 언급하면서 의견을 전하는 것이 좋다. 예를 들어, 보고서 작성 및 결재까지 완료했다면 "수고했어요"라고 말하기보단 "보고서 작성하느라 수고했어요. 덕분에 윗분들 결재까지 빨리 받을 수 있었네요. 특히 보고서 결론 부분을 서두에 배치해서 확실히 임팩트가 있었어요. 관련 사례도 적절히 삽입됐고요. 정리가 참 잘된 보고서네요"처럼 한두 가지 포인트를 콕 짚어서 칭찬하고, 구체적으로 무엇을 수고했는지 말하는 것이 훨씬 더 효과적이며 진정성 있는 칭찬일 수 있다.

질책도 마찬가지다. 그냥 무조건 '너는 잘못한 사람'이라는 낙인을 찍고 혼내는 것이 아닌 잘못한 포인트를 명확히 짚고, 어떻게 해결할 것인지에 집중할 수 있도록 해야 한다. 실무자로서 이런 구체적인 칭찬을 받으면 자신의 '업무 능력 향상', '직무 만족도 향상'으로 이어져 스스로 '자존감 제고'를 하게 된다. 제대로 된 질책을 했다면 팔로워도 기분만 나빠하기보다 '앞으로는 주의해야지', '내게 알려 주시려는 거구나' 하며 리더의 의도를 이해하고 긍정적인 방향으로 받아들일 것이다.

▶▶

칭찬은 즉시 해야 한다

현업을 수행하는 과정에서 어느 직원을 칭찬해야 할 일이 생겼을 경우 어떻게 할 것인가? 팀원들 전체가 조용히 일하고 있는데 팀장이 분위기를 깨면서 칭찬을 할 것인지, 나중에 업무 마치고 또는 내일 아침 회의할 때 언급할 것인지 등 칭찬의 타이밍을 고민해 본 적이 있을 것이다. S팀장과 K과장의 사례를 보자.

K과장은 오전 업무 중 탁월한 프레젠테이션을 해 회의 참석자들에게 박수를 받았다. S팀장은 수고한 K과장에게 오후에 잠깐 가서 팀원들과 함께 칭찬하려 했으나, K과장이 오후에 꼭 했어야 할 업체와의 업무 조율을 깜박하는 바람에 내일 가야 할 출장 건에 큰 혼선이 발생하게 되었다. 그래서 S팀장은 칭찬은 미룬 채 질책하며 빨리 일을 수습할 것을 지시했다. 성과를 낸 일에는 별말 없다가 혼낼 일은 바로 질책하는 S팀장이 K과장은 야속하게 느껴졌다.

S팀장도 칭찬을 안 하려던 것은 아니었다. 하지만 오전에 K과장이 낸 업무 성과를 바로 칭찬을 해줬더라면, 오후에 질책을 했어도

지금 K과장이 느끼는 야속함은 훨씬 덜하지 않았을까? 업무를 하다 보면 칭찬과 질책을 번갈아 하기도, 듣기도 한다. 칭찬과 질책의 빈도보다 더 중요한 것은 '타이밍'이다. 칭찬도 질타도 몰아서하지 말고 적절한 타이밍에 바로 해라. 그것이 직원의 사기 진작이나 잘못한 문제를 바로잡는 데 더 효과적이다. 즉시 표현하는 습관과 연습이 필요하다.

▶▶▶

칭찬은 뇌도 춤추게 한다

생각보다 많은 리더가 칭찬을 자주하면 해당 실무자가 건방져질 수 있다고 우려해 칭찬에 인색하다. 큰 사고를 내지 않도록 하는 예방책이라지만, 팔로워의 입장에서는 칭찬보다는 욕을 더 많이 먹는 기분일 것이다.

2005년 미국 하버드대학 스트라우스 박사의 〈신경영상〉지에 발표된 기능 MRI 연구결과에 따르면, 누군가에게 야단을 맞을 때 우리 뇌는 갈등 조정을 담당하는 아래쪽 전두엽, 혐오감을 느낄 때활성화되는 뇌섬엽 Insular lobe, 상호작용을 담당하는 안쪽 전두엽, 기타의 정서 및 기억 중추 등이 총동원되어 더욱 부정적이고 복잡한 뇌 기능 상태가 된다고 한다. 그리고 이러한 상황이 지나치게 반복되면 뇌 기능이 저하되고 정신 건강에도 악영향을 미치게 되는 것이다.

그렇다면 칭찬을 들을 때 우리 뇌는 어떻게 반응할까?

2005년 미국 하버드대학의 홀리 박사 연구팀은 엄마의 칭찬을 녹음하여 자녀에게 들려주었고, 이에 반응하는 자녀의 뇌를 기능 MRI로 촬영했다. 그 결과 작업 기억과 주의 집중 능력을 관장하는, 전두엽의 바깥 위쪽에 있는 배측면 전두엽 피질 DLPFC, Dorsolateral prefrontal cortex 영역이 활성화되었다. 야단맞을 때 보였던 부정적 정서의 뇌 영역은 전혀 활성화되지 않았다. 이 연구 결과들은 야단을 맞을 때와 칭찬을 받을 때는 뇌부터 다르게 반응한다는 것을 보여준다.

기업 내 칭찬문화에도 이 연구 결과를 대입해 볼 수 있다. 야단을 친다고 겸손해지는 것이 아니며, 칭찬받았다고 자만하는 것은 아니다. 문제 발생 시 이성적으로 판단하여 문제를 해결하기 위해서는 DLPFC를 활성화해야 하며, 이에는 '질타'보다 '칭찬'이 필요하다는 것이다. 팔로워인 팀원들의 사고, 판단, 실행 능력과 문제 해결 능력을 높이고 싶은가? 그럼 그들을 칭찬해라!

▶▶

'업무'와 '사람'을 잘 구분해야 한다

누구나 직장생활을 하다 보면 보고서의 수치가 틀리거나 논리가 떨어지는 내용의 보고서를 작성하는 등 다양한 실수와 잘못을 할 수 있고 그것으로 질책을 받을 수 있다. 리더는 이러한 문제가 발생했을 경우 팔로워에게 지적을 하게 되는데, 이때 잘못한 '업무'와 '사람'을 명확히 구분하지 못하고 지적을 하다 불필요한 갈등이 생기는 일이 종종 있다. 예를 들어, 잘못된 보고서를 작성한 직원의 업무 역량을 지적하는 것이 아닌 업무 태도, 기타 개인적 이슈^{고향, 학교, 군대 출신 등}를 언급한다거나, 해당 건과 관련 없는 이전의 다른 잘못, 실수를 엮어서 질책하는 것이다.

칭찬과 마찬가지로 질책할 때에도 잘못을 제대로 짚어 언급할 필요가 있으며, 그 외에 인성, 성품, 학력 등 관련 없는 내용을 끌어다 말하는 것은 선을 넘는 행위다. 칭찬을 하든 질책을 하든 감정을 앞세워서 두서없이 말하기보다는 '업무'에서 잘하거나 잘못한 내용만을 확실하게 짚어서 평가할 줄 알아야 한다.

⊘POINT

1. 칭찬의 전제 조건은 팔로워에 대한 리더의 애정 어린 관심이다.

2. 칭찬은 최대한 구체적으로 해야 한다. 진정성 없는 칭찬으로는 팔로워들을 설득할 수 없다.

3. 인생은 타이밍이란 말이 있듯, 칭찬과 질책 또한 타이밍이 있다.

4. 팔로워들의 사고, 판단, 실행 능력 등 업무 전반과 관련된 효율과 성과를 기대하고 싶다면 제대로 된 칭찬이 선행되어야 한다.

5. 업무와 사람을 구분할 줄 아는 칭찬, 질책 능력을 키워라.

6. 내가 듣고 싶어 하는 말은 남도 듣고 싶어 한다. 질책보다는 칭찬을 듣고 싶은 리더라면 자신의 팔로워들에게도 똑같이 행동하라.

리딩(Reading)하는 리더가
리딩(Leading)하는 시대가 온다

세상에는 배울 것들이 참 많다. 어렸을 때는 기본 교육 과정을, 대학 때는 전공을, 취업해서는 기업문화와 업무 역량을. '배움'이라는 것을 손에서 놓을 수 없는 삶을 사는 게 일반적이다. 제4차 산업혁명 도래 이후, 인터넷의 발달과 기타 과학의 발달, 더 나아가 코로나19의 영향으로 급변하는 사회에서는 더 배울 것이 많아지고 있다. 필자도 이럴 때일수록 더 배워야 한다고 생각하며, 배우기 위해 책을 읽어야 한다고 생각한다.

실제 우리 주변에는 바쁜 직장생활 중에도 책을 손에서 놓지 않고 꾸준히 읽는 분들이 많다. 독서에 관해 이야기하니, 청와대 페이스북에 올라왔던 어느 대통령의 휴가지 독서 목록이 문득 생각이 난다. 대통령처럼 국정운영에 바쁜 리더도 매년 여름 휴가가 되면 책을 읽는다. 그만큼 책 속에는 우리가 알아야 할 것들이 많이 담겨 있으며, 사회적 지위의 고하를 막론하고 책을 가까이해야 함을 그 도서 목록을 통해 다시 한번 깨닫게 됐다.

바쁜 직장생활 속 매일 수많은 보고서를 마주해야 하는 리더의 입장에서는 '하루하루 올라오는 업무 관련 보고서, 기획서를 읽기에도 시간이 부족한데 도대체 책 읽을 시간이 어디 있느냐'라고 생각할 수도 있다. 그 이유로 한 달에 한 권의 책도 읽지 않는 경우가 다반사일 것이다. 독서 여부에 따라 업무 역량, 리더십 능력을 논하고 평가할 순 없겠지만, 일반적으로 책을 가까이하면 삶의 질이나 대화, 생각의 깊이가 달라질 수 있음은 분명하다.

팔로워들은 '책을 가까이하는 리더'를 어떻게 생각할까?

팔로워가 보기에 리더는 회사와 회사 업무와 관련해 지식이 많은 사람이다. 그만큼 고급 정보도 많고 동시에 여러 팔로워를 책임지고 관리하여 팀워크를 끌어내는 등 다소 능력자로 보일 것이다. 이렇게 아는 게 많아 바쁜 팀장인데, 200~300페이지에 달하는 책을 매달 꾸준히 읽을 이유가 있을까 하는 의구심이 들 수 있다.

하지만 리더와 스몰토킹, 1:1 소통을 나눠 보면 그 의문은 쉽게 풀린다. 책을 자주 접하는 리더는 말이 정돈되어 있고 조언도 깊이 있게 느껴진다. 간혹 리더가 자신이 읽은 책과 관련된 이야기를 해줄 때면 팔로워 또한 그 책에 관심이 생기고 읽고 싶어질 것이다. 무언가 지속적으로 연구하고 탐구하는 리더의 모습에서 팔로워들은 자신의 모습을 되돌아보고 좋은 것은 따라 하고자 하는 의지를 가지게 된다. 바쁜 직장생활 중에도 책을 항상 가까이하는 리더를 볼 때 팔로워들은 '저렇게 바쁜 와중에도 책을 곁에 두고 읽는구나', '바빠도 독서로 휴식 또는 재충전하는 여유가 있구나' 하며 그 모습을 배우게 된다. 리더의 책 읽기가 팔로워들에게 긍정적인 영향을 미칠 수 있다.

예부터 전하는 말에 '끊임없이 배우고 연구하는 사람은 절대 늙지 않는다'는 말이 있다. 심지어 오늘날 '꼰대'라고 하는 표현도 단순히 나이가 많다고 해서 꼰대가 아니라 스스로 배움을 중단하고 원래 자신이 알고 있는 지식과 경험에 갇힌 사람들을 일컫는 것이라고 한다. '외모가 아니라 정신이 늙어가는 사람'이 진정한 '꼰대'가 아닐까?

토머스 에디슨이 1878년 설립한 전기조명 회사를 모체로 성장한 세계 최대의 글로벌 인프라 기업인 미국 GE General Electric 그룹의 크로톤빌이라는 그룹 연수원을 방문한 대기업 고위급 임원에게서 들은 사례를 하나 소개하겠다. GE회장을 만나고 산하 약 20여 명의 계열사 CEO를 소개하는 자리였다. 한 사람씩 소개되는데 특이한 것은 '나이'였다. 이들 CEO의 나이가 30대 후반부터 40대, 50대, 60대까지 다양했다. 이에 한국 경영진이 GE회장에게 "한국의 경우 업무 경험, 역량 등을 따져 CEO를 선정하기에 50~60대가 대부분인데, 이곳의 CEO들은 연령대가 다양하더라. 도대체 CEO를 선발하는 근거나 핵심 역량이 무엇인가?" 하고 물었다. 그 질문에 GE회장은 "나는 나이가 많고 적음을 떠나 해당 사업 부문에서 그 분야 비즈니스를 가장 열심히 배우고자 하는, 배움에 대한 강한 열정을 가진 사람을 CEO 후보 1순위로 선정한다"고 답했다. GE

회장의 말은 연공서열^{年功序列} [1]적 사고를 기반으로 한 정형화된 승진 시스템을 여전히 가지고 있는 수많은 한국 기업들에게 화두를 던지기에 충분하다. 그리고 그 배움의 길에 첫걸음은 책으로 떼길 조심스럽게 권해 본다.

필자는 리더들에게 반드시 책 읽는 습관을 들이라고 조언하고 싶다. '바쁠수록 돌아가라'는 말이 있다. 망중한에도 매일 조금씩 책 읽는 습관을 가져라. 정신없이 바쁜 현대 사회에 뭔가 혼란스럽고 답이 보이지 않을 때는 한 발짝 떨어져서 보거나, 한 박자 쉬면서 사안의 본질을 보려고 노력해 보자. 그 여유를 내는 틈에 관심이 가는 분야의 책을 읽으며 기존에 헝클어진 생각을 정리하다 보면 생각지 못한 답을 찾아낼 수 있다.

팀의 업무 생산성과 효율을 올리기 위해 자기계발을 강조하는 리더들이 있다. 그들에게 필자는 리더 본인은 자기계발을 하고 있느냐고 묻고 싶다. 리더가 배우려고 노력하지 않으면 팔로워들을 설득할 수 없다. 리더의 솔선수범이 팀원들에게는 강력한 지원과 동기 부여가 된다. 거창한 자기계발부터 시작하라는 말이 아니다. 오늘부터 팔로워에게 보여 주기 위해서라도 그들 앞에서 책을 펴야 한다.

그리고 기업 차원에서도 리더와 팔로워들이 책을 가까이 할 수

---

1) 학력별로 결정된 초임금을 토대로 해서 근속연수와 나이에 따라 임금이나 승진 등이 결정되는 제도를 뜻하는 말.

있도록 사내 도서관 운영 및 베스트셀러 그 외에도 팀, 부서마다 필요한 도서 목록이 다를 수 있으므로, 자체적으로 다양한 분야의 책들을 비치하거나 필요 도서를 신청받는 데 투자를 아끼지 말아야 한다.

⊘POINT

1. 팀장급 이상의 리더가 책을 읽는 것은 본인뿐만 아니라 팔로워들에게도 긍정적인 영향을 준다.
2. 최소한 월 1~2권은 필수적으로 읽기를 권장한다. 팔로워들에게 생일 축하 선물로 책을 주는 것도 좋은 방법이다. 물론 그 속에 손편지로 메시지를 적으면 금상첨화일 것이다.
3. 팀 내에서 월 1회 정도는 책 읽고 감상 이야기하기, 내용별 토론하기 등의 간단한 문화 프로그램을 운영할 것을 추천한다.
4. 말로만 자기계발을 장려하지 말고 리더부터 솔선수범해라.

콘텐츠의 질을 높이는
글쓰기 능력

2014년 현대캐피탈은 '더 이상 보고서를 만들기 위해 일하지 말라'며 ZeroPPT 캠페인을 시행했다. 말 그대로 보고서를 만드는 데 들이는 시간으로 더 효율적인 업무 성과를 내라는 것이다. 이처럼 최근 한국의 기업들은 기업문화의 변화, 혁신과 관련해 매우 다양한 방식의 시도를 하고 있다.

파워포인트 PPT는 1장 내에 텍스트와 도표, 그림 같은 자료를 함께 첨부할 수 있어 많은 정보를 압축해서 넣기 좋은 소프트웨어다. 꽤 오래전부터 많은 기업이 업무 보고를 '보기 좋게'할 수 있는 수단으로 사용해 왔다. 하지만 여기서 논란이 생긴다. 시간이 지날수록 보고하고자 하는 콘텐츠의 내용보다는 글자 모양과 크기, 도표, 애니메이션 효과, 색채 등 보고 형식을 강조하는 경향이 더 짙어졌다. 현대캐피탈의 ZeroPPT 캠페인 또한 '보고'를 하는 목적이 주객 전도되는 것을 방지하고 형식보다는 본질에 충실하고자 시행된 제도다. 즉, 파워포인트로 보고하는 것이 장점보다는 단점이 더 많다고 판단한 것이다.

결재 시스템도 변화하고 있다. 대면 결재에서 전자 결재를 이용한 비대면 결재 방식이 확산되고 있다. 전자 결재 시스템이 따로 없어도 이메일이나 다양한 메신저로 업무 공유 및 상호 간 소통을 한다. 비대면 결재에서 중요시되는 것은 '결재의 내용 Contents'이다.

사실 비대면으로 보고하고 소통을 하는 것은 대면보다 더 어렵다. 대면으로 하면 상대의 표정과 말투 같은 비언어적인 요소를 쉽게 파악할 수 있으며, 보고, 결재에 대한 상대의 입장을 분명히 알 수 있다. 하지만 비대면의 경우 오로지 글로 보고의 핵심 내용을 드러내야 하기 때문에 설명할 거리가 많아지며, 결재해 주는 사람의 표정을 볼 수 없어 피드백을 예상하기 어렵다. 이처럼 의사를 효과적으로 정확히 전달해야 하는 입장에선 콘텐츠의 질을 높이는 글쓰기 능력이 중요하다.

또한, 글쓰기 능력은 업무 지식 전수 입장에서도 중요하다. 보통 기업에서는 15~20년에 팀장, 20년 이후 임원이 되는 경우가 많다. 그런 20~30년간의 업무 경험을 통해서 본인들이 전공 업무에 대해서 습득한 노하우가 많을 것이다. 대면이 일반적인 기업문화에서는 즉시 말로 가르쳐 주면 그만이었다. 이를 기억하고 기록하는 것은 배우는 자의 몫이었다.

하지만 시대가 달라졌다. 메타버스의 고도화, 코로나19 발병으로 비대면 문화는 예상했던 것보다 더 빨리 우리의 삶 전반을 대체

하고 있다. 비대면 문화로 얼굴을 마주할 일이 적어져 말로 지식을 전달하는 것의 효과가 반감되었다. 사람들을 모아 놓고 말하는 것이 어려우므로 말의 전파력 또한 떨어졌다. 이에 리더들은 업무 노하우를 전수할 다른 방법을 찾아야만 한다.

필자가 제안하고자 하고 싶은 방법은 '노하우의 전산화'다. 리더 본인의 생각과 경험을 차곡히 기록으로 남기면 좋은 인수인계와 교육용 자료가 된다. 기록은 글쓰기 능력을 기반으로 하므로, 앞으로 팔로워를 육성해야 하는 리더들에게 더욱 절실해질 능력이다.

그렇기에 글쓰기 능력의 향상을 위해서는 앞 장에서 언급된 리딩 Reading하는 리더에서처럼 다양한 분야의 책을 많이 읽길 재차 추천하고 싶다. 리더들의 노력으로 완성된 글이 기업 곳곳에서 후배들에게 공유되고 도움을 주어 실질적인 성과로 이어지는 현상들이 활성화되기를 기대해 본다.

⊘ POINT ··

1. 리더들은 지금보다 더 기업 내 비대면적인 소통이 활발해지는 시대가 다가오고 있다는 점을 명심해라.
2. 비대면 보고 시, 대면 보고 이상의 효과를 거두려면 보고자의 입장과 생각을 글로 잘 전달할 수 있는 능력이 필요하다.
3. 리더의 핵심적 역할은 구성원들을 교육하는 것이다. 후배들을 제대로 육성하고자 한다면 비대면 시대에 발맞춰 노하우를 기록으로 남기는 습관을 지니려고 노력해야 한다. 리더들이여! 열심히 타이핑하라!

신뢰 경영,
결국 사람을 믿는다는 것!

　　'신뢰 경영'이라는 말이 있다. 이론상으로는 기업이 직원들을 신뢰하고 일을 맡기면 직원들은 기업 경영진의 신뢰에 상응하는 자율성, 창의성, 적극성, 책임감을 가지고 일해 성과를 내는 것이다. 즉, 직원들을 믿는 것이 중요하다는 말이다. 신뢰를 바탕으로 한 경영이 재무 성과로 나타나는 사례를 살펴보자.

　　어느 날, 기업 내 통신 담당 업무를 하는 A대리가 부임한 지 얼마 안 된 P팀장에게 연간 3천만 원의 비용을 절감하는 내용의 보고서를 가져 왔다. 당시 한창 비상 경영으로 한 푼이라도 절감하자는 캠페인이 사내 부서별, 사업부별로 진행 중이었던 터라 이 원가 절감 보고서는 해당 팀장에게 가뭄에 단비같이 느껴졌다.

　　10여 년 전, 기업과 통신사 간에 체결된 계약 근거에 따라 매년 기업이 통신사에 지급하고 있던 '통신비'가 지난 4~5년 전부터는 통신 환경 변화로 더는 지출할 필요 없다는 내용이었다. 해당 보고서대로라면 매달 약 280만 원, 연 3천여만 원의 통신비를 절감할 수 있다는 것이었다. 수년간 통상 지출된 비용이라 알아차리기 어려운 항목이었는데, 마침 A대리는 그 업무를 오래해 온 직원이라 가능했다.

그런데 P팀장은 의문이 들었다. 수년간 인지하지 못하고 통신비를 지급해 온 상황에서 A대리가 자신이 팀장이 된 뒤 이 보고서를 올린 이유가 무엇인지 궁금했다. 이에 A대리는 "새로 오신 팀장님이라서 보고했습니다. 그간의 팀장님들보다 P팀장님이 팀원들을 더 믿고 신뢰해 주기에 본 보고서를 올려도 충분히 이해하고 깊이 고려해 주실 거라 생각했습니다. 지금부터라도 잘못된 것을 바로잡아 가는 것이 중요하기에 보고서를 올렸습니다. 제대로 받아들여지면 팀장님께도, 회사에도 좋은 일 아닌가요?"라고 답했다.

새로 부임한 P팀장은 팀 운영을 전반적으로 팀원들에게 맡기는 타입이었고, 일부 업무에서 실수하더라도 재발 방지를 위한 멘토링과 코칭을 해 주는 등 기본적인 신뢰 경영에 충실해 왔다.

만약 P팀장이 신뢰 경영을 하지 않았다면 아마 A대리는 이전의 팀장들과 똑같이 해당 보고서를 올리지 않았을 것이다. 군이 보고를 올려 봤자 받아들여지지 않거나, '왜 이런 걸 이제야 발견했냐'며 질책을 받을 테니 '그냥 좋은 게 좋다'는 식으로 넘어가는 것이 A대리 입장에서는 더 편했을 것이다. 그에게도 기존의 관행이었던 과거의 일을 꺼내는 것은 큰 부담이 될 수 있으니 말이다.

과거의 잘못된 관행이나 비합리적인 업무 처리가 있다면 들춰 내어 '비정상의 정상화'를 이루는 것이 중요하다. 이를 위해서는 실무자들에게 들춰낼 용기를 줘야 하는데, 그 용기는 팔로워와의 신뢰관계를 형성하는 것에서 시작된다. P팀장과 A대리의 신뢰관계가 없었으면 기업은 계속해서 이 비용을 지출했을 것이다.

기업 차원에서 신뢰 경영의 방법은 다양해 여기서 모두 언급하는 데 어려움이 있다. 하지만 그 첫걸음은 기업에 소속된 구성원들이 서로를 소중한 파트너로 여기는 자세에서 시작될 수 있음은 짚고 넘어가고자 한다. 제대로 된 파트너십을 토대로 한 조직이라면, 인사 제도와 그 운영 또한 이들을 위한 것으로 구성될 수밖에 없다. 구성원들을 파트너로서 인정하는 포상, 칭찬 등 방안을 마련하고 적극 활용한다면 조직의 성장을 위해 노력하지 않을 리더와 팔로워가 있을까? 아마 더 노력하면 했지 결코 덜 하지 않을 것이다.

⊘ POINT ....

1. 사람이 하는 일에는 '믿음'이 필요하다. 기업도 똑같다. 팔로워를 믿어 주는 리더만이 그들의 믿음과 지지를 받을 수 있다.

2. 신뢰 경영이 단기적으로 성과를 낼 것이라 생각하지 마라. 기업과 리더가 팔로워들을 못 믿어 온 시간만큼 그들에게도 믿을 수 있는 시간이 필요하다.

3. 직원들이 '신뢰 경영'이라고 느낄 수 있는 것들에는 무엇이 있는지 생각해 보고, 리더나 경영진들은 그것을 어떻게 실현할 것인지 고민해야 한다.

4. 기업 내 비정상적인 제도 및 정책을 정상화하기 위해서는 실무자가 목소리를 내서 적극적으로 이를 제안할 수 있는 신뢰와 환경을 제공해야 한다.

'상대평가 → 절대평가'
한국 기업 인사관리의 변화

한국 내 대부분 기업은 지난날 '한강의 기적'을 끌어낸 주역들이었다. 특히 1970년대 이후 국가의 경제개발발전 계획에 따라 기업이 그 역할을 잘 실행했고 오늘날의 한국 경제를 성장시켰다. 소위 고도 성장기에 한국이 선택한 관리 방식은 '성과주의'로, 리더가 구성원의 성과를 객관적으로 측정하고 그 성과에 연동한 임금 체계를 통해 구성원에게 동기를 부여하는 것이다. 좀 더 쉽게 이야기하면, 성과가 높은 사람에게 더 많이 보상하고 낮은 사람은 적게 보상하거나 극단적으로 해고도 불사한다는 것이다. 당시 성장기에 있었던 한국의 주요 대기업들은 '상대평가'라는 인사고과 방식으로 관리를 해 왔다. 그래서 조직 내 구성원들에 대한 인식과 철학이 '신뢰와 자율'보다는 '통제와 관리'하는 방향으로 각종 규제 관리 정책들이 쏟아지게 되었고, 그것이 사회 통념으로 굳어졌다.

하지만 상대평가 방식도 시간이 지나 지금에 이르러서는 기존의 목적과 효용과는 달리 점차 소통과 협력의 발목을 잡는 이유가 되어 가고 있다. 과거에 상대평가를 했던 취지는 팔로워들의 경쟁의식을 높여 조직 경쟁력을 강화하자는 것이었지만, 결국 이는 조직 간 협업 분위기를 망치고 말았다. 즉, 외부의 경쟁자들이 아닌 내부 동료들과 경쟁을 하고 있게 된 것이다. 상대평가로 인해 내부 경쟁이 심화되고, 제 밥그릇 챙기기 급급한 이기주의가 만연해진 기업이나 팀 내 분위기에서 과연 리더는 팔로워들끼리 소통하고 협력하는 걸 기대할 수 있을까?

2012년 7월 미국 월간지 〈베니티 페어 Vanity Fair〉에는 '마이크로소프트의 잃어버린 10년 Microsoft's lost decade'이라는 제목의 기사가 실렸다. 마이크로소프트는 구글, 애플 등 다른 소프트웨어 및 플랫폼들과 비교하면 퇴보의 길을 걷고 있으며, 그 주된 원인 중 하나가 팔로워를 1~5점으로 점수를 매겨 평가하는 스택랭킹 Stack ranking 제도 때문이라 꼬집는 내용의 기사였다. 이 상대평가 방식은 직원에게 점수를 매기는 방식이라 어떻게든 저성과자가 나올 수밖에 없는 구조다. 기업 입장에서는 경쟁의식을 높이려고 시행한 것이었지만, 그 경쟁이 내부 경쟁으로만 몰입되고 오히려 협업 분위기를 망친다는 것이다.

그 논란의 중심에 있던 마이크로소프트는 2013년 11월, 리사 브로멜 Lisa Brummel 인사 담당 부사장이 이메일을 통해 '더 이상 등급은 없다'고 선언하며 상대평가 시스템을 폐지했다. 대신 1년에 적어도 두 번 이상 만나는 대면 미팅 Connect meeting 제도를 도입하여 성과 점검 및 보너스 산정 등을 하기로 했다.

　GE그룹 또한 제프리 이멜트 Jeffrey R. Immelt 가 CEO로 취임하면서 상대평가 시스템을 폐지했다. 이전 CEO였던 잭 웰치 Jack Welch 는 활력 곡선 Vitality curve 을 활용한 상대평가 성과관리 체계를 강력하게 시행했고, 상위 20%, 필수 70%, 하위 10%로 나누어 상위 20% 에게는 보너스와 스톡옵션 Stock option, 승진으로 보상하고 70%는 상위그룹에 들도록 독려하고 나머지 10%는 해고함으로써 당시 뉴욕 월가에서 '중성자탄 잭 Neutron Jack'이라는 별명으로 불렸다. 그의 무자비한 평가 방식을 무차별적으로 모든 것을 파괴하는 위력을 가진 중성자탄에 빗댄 것이다.

　한국 내 주요 기업들도 기존 성과주의를 토대로 한 상대평가 방식을 절대평가로 바꾸려 하고 있다. 동시에 360도 다면평가, 동료 평가 등 다양한 방식을 적용해 절대평가가 가지고 있는 단점도 보완하려고 애쓰고 있다. 절대평가가 트렌드이긴 하지만 아직 시도된 사례가 많지 않고 인사관리 제반이 부족한 상태에서 실행했다가는 오히려 부작용만 초래할 수 있다. 절대평가를 하기 위한 합리적인 규정 마련이 필요하며, 절대평가가 줄 수 있는 부작용을 어느 정도 예상해 보완하는 정책이 함께 수반되어야 한다.

　그렇다면 상대평가에서 절대평가를 추구하게 되는 이 과도기에 놓인 리더들은 팔로워의 성과를 평가하고 관리하기 위해서 당장 어떻게 해야 할까?

첫째, 감정 요소를 최대한 배제하여 사실을 기반으로 한 이성적인 평가를 할 수 있도록 팔로워의 성과를 바로 기록해라.

'조금 더 친해서', '조금 더 자주 이야기해서', '열심히 하는 것 같으니까'가 아니라 객관적으로 팔로워를 평가할 수 있는 지표를 확보해야 한다. 사람은 모든 일을 기억할 수 없다. 한두 사람도 아니고 여러 명의 팔로워를 관리하고 평가하려면 리더는 많은 것을 기억해야 하는데, 이는 분명 한계가 생길 것이다. 팔로워들의 업무 보고 후 업무 평가 기록서를 작성하는 습관을 들여라. 팔로워를 평가해야 하는 시점이 왔을 때 유용한 자료로 사용할 수 있다.

둘째, 팔로워들의 성과와 과실을 바로 피드백해라. 그들도 자신의 성과와 과실이 무엇인지 즉시 알아야 '아, 이게 평가에 반영되겠구나' 하고 알 수 있다. 아무 피드백이 없다면 추후 평가가 나왔을 때 팔로워가 이해하지 못할 가능성이 크다. 리더가 어떤 점을 성과라고 평가하고 어떤 점을 과실로 평가하는지 분명히 보여 줘라.

셋째, 리더는 팔로워들이 자신의 실력과 잠재력을 펼칠 수 있도록 지원해라. 팔로워들이 소통하며 브레인스토밍하는 모습을 유심히 지켜보고, 그들이 낸 아이디어에 귀 기울여 평가에 반영해야 한다. 팔로워 입장에서는 '어? 이게 평가에 들어갔었나? 앞으로도 더 적극적으로 제안해야겠다'라는 마음이 들 것이다. 여러 팔로워의 브레인스토밍 활성화로 나온 아이디어는 언젠가 기업의 실질적인 성과가 될 것이다.

하지만 잠재력을 평가하는 방식은 사실 그 결과를 당장에는 알수 없기에 되도록 긍정적인 시각으로 평가해 주길 당부하고 싶다.

⊘POINT ···

1. 팔로워의 성과를 잊지 않도록 그때그때 기록하여 감정 요소를 최대한 배제한 평가를 할 수 있도록 준비해라.

2. 팔로워의 성과와 과실을 바로 피드백하고 리더가 어떤 것을 평가의 기준으로 삼고 있는지를 명확히 드러내라.

3. 기업 내 소통과 협력을 위해서 상대평가에서 '절대평가'로의 변화는 답이 될수 있지만, 이를 보완할 정책은 함께 구상해야 한다.

4. 당장 눈앞에 놓인 성과만으로 팔로워를 평가하면 장기적인 관점의 발전을기대할 수 없다. 멀리 보는 팔로워의 잠재력을 높이 사고 그들이 내는 아이디어와 이를 제안하는 적극성을 긍정적으로 바라보고 지원해라.

권한 위임의 함정!
권한 위임이 또 다른 장벽이 될 수 있다

대기업들의 경우 일반적으로 조직 내 권위적이고 수직적인 업무 체계가 자리 잡고 있는 편이지만, 그래도 요즘은 팀장, 실장급의 리더에게 집중되어 있던 권한을 조직 내 구성원들에게 대폭 이양하여 그들의 자율성과 창의성을 높이려는 추세에 있다. 일반적인 시각에서는 권한을 위임한다는 것이 소수의 리더에게 집중된 권한을 분산시켜 업무의 효율성 및 생산성을 제고함과 동시에 민주적인 방식이라는 점에서 긍정적으로 생각한다. 하지만 권한 위임에는 분명 장단점이 있으며, 그 방식과 절차를 잘 이해하고 적용하는 것이 중요하다. 과도한 권한 위임은 조직을 더욱 권위주의적이고 경직되게 하는 '의도하지 않은 결과'를 낳을 수 있기 때문이다.

K팀장이 권위주의 타파와 업무 효율성을 높이기 위해 과감히 권한 위임을 시행한 것이 리더와 팔로워 사이에 또 하나의 장

벽 ^{Barrier}을 만든 사례를 살펴보자.

최근 노무 부문에서 능력을 인정받은 부장급 실무자 K가 총무부의 팀장으로 부임했다. 새로 온 K팀장은 당연히 총무팀 업무가 익숙하지 않은 상태에서 팀 관리 업무와 함께 사외에서 진행되는 각종 행사에 참석하며 내·외부적으로 바쁜 업무를 처리하는 나날을 보냈다. 외근 업무가 많은 데다가 다양한 분야의 내근 업무를 제대로 파악하기 벅찼던 K팀장은 모든 업무를 혼자 관리하기에는 한계가 있을 것이라 판단했다. 그래서 팀 내 4개의 업무 파트를 맡은 각 파트장에게 기존보다 더 많은 권한을 위임하고, 당분간 이전보다 더 적극적으로 일상적인 업무 처리 및 다른 직원들의 문의에 잘 대응토록 주문했다. 원래 해당 업무에 대한 파악이 잘 되어 있는 직원들이라 그런지 특별한 막힘없이 전체적으로 잘 흘러가는 듯했다. K팀장도 본인에게 집중되었던 업무를 위임하고 나니 다소 여유를 가질 수 있었고, 과감하긴 했지만 긍정적인 효과를 보는 것 같아 본인의 의사결정에 크게 만족했다.

하지만 일정 시점이 지나 '의도하지 않은 결과'가 나타나기 시작했다. 팀제의 원취지인 '팀장-팀원'에서 '팀장-파트장-팀원'으로 중간 단계가 하나 더 생긴 것이다. 팀원들 입장에서는 팀장과의 소통 거리가 멀어지게 되었다. 이런 장벽으로 팀원 입장에서는 팀장에게 직접 좋은 아이디어를 제안하거나, 개인적인 고충 상담을 하고 싶어도 중간에 있는 파트장을 거치게 되는 불편한 구조가 되어 보고 과정이 복잡해지고 '팀장과 팀원의 직접 소통'이라는 팀제 본연의 의미도 무색해졌다.

과하게 위임한 권한으로 파트장이 은연중에 '갑질 양상'도 보였다. 원래 팀장이 하던 업무를 파트장이 전적으로 하고 있으므로 팀원들 입장에서 파트장은 '예비 팀장' 격으로 여겨진 것이다. 그래서 팀원들도 그에 맞는 대우를 해 주게 되고 이에 익숙해진 파트장들이 팀원들에게 과도한 업무 지시 또는 친분에 따른 업무 분담을 하는 등 불공정한 행위를 하는 것이다.

이때 업무 파악이 덜 되어 있던 K팀장은 전반적인 팀의 분위기를 몰라 애초에 이를 문제시하기 어려웠으며, 무조건 피해를 당했다고 말하는 팀원의 편에 서 줄 수도 없었다. 그러다 보니 팀 내 '실세'는 팀장이 아닌 팀의 분위기도 잘 알고 업무도 더 잘 숙지하고 있는 파트장들이 되었고, 팀원들도 팀장보다 파트장을 더 따르게 된 것이다.

이 상황을 알게 된 K팀장은 다시 팀워크를 다지고자 노력했고 성공했다. 그는 자신이 숙지하지 못했던 신규 업무를 파악하기 위해 팀원들과 1:1 면담을 진행했다. 그 과정에서 팀원들의 고충도 들을 수 있었고, 팀 내 전반적인 분위기도 파악하게 되었다.

팀원들의 고충 중 파트장과 관련된 불만과 권한 위임에 대한 문제점은 최대한 파트장들과 함께 의논하며 해결하려고 노력했다. 그들에게 현재 상황을 공유하고 서로 관리를 개선할 수 있는 포인트를 주고받았다. 파트장이 일부 제 역할을 잘 못했다고 해서 무조

따르는 사람, 이끄는 사람

건 질책하고 권한을 뺏어 오는 것은 오히려 강한 거부감으로 돌아올 뿐이다. 이들을 잘 조율하여 권한을 과하게 사용하지 않도록 범위를 한정하여 이들이 팀원들을 잘 이끌 수 있도록 도왔다.

사실 파트장들도 언젠가는 팀장이 될 수 있는 재목들이다. 파트장들도 팀장에게 중요한 권한을 위임받은 만큼 잘해 보려다 살짝 엇나가게 된 것일지도 모른다. 누구나 실수는 하며 배우는 과정에서의 잘못된 판단은 바로 잡으면 된다. 권한을 위임받았던 파트장들도 작은 보직자로서 업무에 임하며 팀장이 되기 전에 리더십을 미리 경험한 셈이니, 이를 좋은 성장의 계기로 삼게 하면 앞으로 K 팀장이 이끌어 갈 팀의 미래는 더 밝아질 것이다.

✔POINT ....

1. 리더는 팔로워들과의 팀워크를 위해 정기적인 소통 채널을 가동해야 한다.
2. 리더는 조직 구성원들의 다양한 목소리를 들을 수 있어야 한다. 쓴소리도 마다치 않고 들을 준비가 되어 있는 리더의 모습에서 '심리적 안전감'을 구성원들이 느끼게 하는 것이 중요하다. 그래야 팀도, 리더도 발전할 수 있다.
3. 리더의 역할 중 하나는 본인보다 더 뛰어난 재목을 발굴·육성하는 것이다. 아무리 과한 권한 위임으로 잘못된 판단을 한 팔로워일지라도 질책하고 권한을 박탈하기보다는 제대로 된 팀 리드를 할 수 있도록 코칭해야 한다.

팔로워의 역량
끌어올리기

대부분의 신임 팀장은 조직에서 능력을 인정받아 리더 보직을 받은 것이기에 의욕이 충만한 상태일 수밖에 없다. 팔로워인 팀원들을 어떻게든 잘 관리해서 팀 내 업무 성과를 끌어내고자 하며, 그 성과로 본인의 능력을 더 높은 상사, 더 나아가 기업 경영진에게 보여 주고 싶어 한다. 그래서 팀장으로서 팀원들이 능력을 최대한 발휘토록 환경을 조성하려고 노력하는데, 문제는 그 환경 조성의 방식에 있다.

신임 팀장들은 누군가를 리드하는 데 있어 아직 미숙하여 자기 기준에서 팀원들을 채근하거나 독려하려 한다. 아직 팀원들을 믿고 일을 맡길 만한 상황이 아니라고 판단해 자기 모르게 진행되고 있는 팀 업무에 불안감을 느낀다. 그래서 팀원들이 하는 일의 일거수일투족을 참견하고 통제하려고 애쓴다. 단기적인 관점에서는 채근과 독려가 잠깐의 성과는 낼 수 있으나, 장기적으로는 오히려 독이 될 수 있다. 하지만 몇몇 신임 팀장들은 당장 결과가 나타날 수 있는 단기적인 성과로 능력을 인정받을 수 있을 것이라 착각하고 더욱 직원들을 옥죈다.

만약 이런 상황이 계속 반복된다면 이후 팀원들은 어떻게 될까? 아마 팀원들은 서서히 업무적으로, 정신적으로 지치기 시작할 것이고 이후 팀원들은 그간의 압박감으로 의욕이 상실되면서 단기적인 성과조차 내지 못할 것이다. 팀원들이 번아웃Burn-out되는 것이다. 팀장이 너무 과업, 업무 지향적으로 팀원을 관리한 결과다.

사실 이는 많은 신임 팀장이 쉽게 간과하는 과오Mistake다. 열정이 넘치는 것을 탓할 수는 없지만, 누군가를 이끌어야 할 리더가 된 이상 원래 가지고 있던 생각을 바꿀 필요가 있다. 이런 과오를 벗어날 수 있는 몇 가지 팁을 살펴보자.

첫째, 사내외 직무 역량 교육에 팔로워를 참여시킨다.

리더는 팀 업무와 연관된 업무 역량 강화에 도움이 되는 사내외 직무 역량 향상 교육, 세미나, 프로그램 등에 적극적으로 팔로워들을 보내 주어야 한다. 어떤 팀장은 교육 참석으로 팀 내 부재자가 발생할 경우 팀 업무에 지장을 초래할 것을 걱정하여 그 기회를 잘 부여하지 않는다. 하지만 사내외 교육은 사실 팀원들 입장에서는 번아웃을 예방할 좋은 기회이자 동시에 자기계발과 재충전Recharging할 수 있는 계기가 된다.

팔로워들의 직무 역량 향상은 동기 부여와 매우 강한 연관성이 있다. 매일 바쁜 현업에 쫓기다가 며칠간의 사내외 교육을 경험한 팔로워들은 모처럼 여유를 갖고 다른 시각에서 본인들의 업무 바라보거나, 교육에 참석한 타 부문의 직원들과 소통하고 교류하는 과정에서 사기가 진작될 수 있다. 특히 회사가 제공하는 다양한 프로그램에 참석하는 것 자체에 '조직에서 나의 역량을 키우려고 하는구나', '나도 조직에서 쓸모 있는 존재이구나', '리더가 기회를 준만큼 내 직무 역량 향상을 위해 열심히 해야겠구나'라며 스스로 동기 부여하게 된다. 이 모든 것이 축적되다 보면 팔로워들의 역량이 높아질 수 있다.

둘째, 팔로워들의 직무 역량 향상을 위해 2주에 한 번씩 사내 러닝세션Learning session을 시행하는 것이다.

일반적으로 기업에 속한 팔로워들은 매일 비슷한 업무를 반복하게 된다. 그러다 보면 무료해질 수 있고 다양한 사고를 할 기회가 점점 줄어들 수밖에 없다. 그러므로 2주에 한 번, 한 달에 한두 번 정도 조직 내 타 부문 리더나 실무자를 초대해 어떤 업무를 하는지 듣고 학습하므로써 팔로워들에게 '또 다른 자극과 자각'을 줘야 한다. 이 과정에서 지금까지 몰랐던 타 부문의 업무를 깊이 이해하게 되고, 전방위적인 업무를 배우며 교류할 기회를 제공해 주는 것이다.

어차피 팀은 성과를 내야 한다. 성과는 본인 또는 팀이 잘해서 얻는 성과 외에도 타 팀과의 업무 협조와 협의 또는 외부 업체와의 협업으로 내는 경우도 있다. 그런데 만약 다른 이들과 함께 일하는데 있어 타 부문에 대한 업무 이해력이 낮거나 소통하는 것이 원활하지 않다면 어떨까? 아마 성과는커녕 업무 일정을 서로 맞추는 것조차 어려울 것이다. 다른 팀, 다른 분야를 잘 이해하기 위해서, 그리고 소통과 협력을 잘 형성하기 위해서 사내 러닝세션은 꼭 필요하다.

셋째, 팔로워들의 업무 성공 사례와 실패 사례 공유한다.

업무를 처리하는 과정에서 경영층, 높은 직급의 리더로부터 극찬을 받거나 반대로 질책을 받는 경우가 있기 마련이다. 하지만 이는 단순히 칭찬받았다고 좋아하고 질책받았다고 실망하며 넘길 일만은 아니다. 성공과 실패, 단기적이든 장기적이든 업무에 공을 들인 기간, 정성과는 상관 없이 팀 내 업무의 결과가 나온 상황에서는 이를 분석적이고 냉철하게 짚고 넘어갈 필요가 있다.

이때 리더의 역할은 중요하다. 감정적으로 결과를 대하기보다는 팔로워들에게 잘한 점은 잘한 대로, 못한 점은 못한 대로 종합 정리하여 팀 내에서 공론화해야 한다. 누군가를 칭찬하려는 자리도, 질책하려는 자리도 아니다. 앞으로 어떻게 업무를 하는 게 좋을지 서로 되짚으며 배우는 긍정적인 자리가 되도록 해야 한다. 이런 자리가 공개적으로 활성화될수록 팔로워들은 자신의 실책을 덮거나 감추려고 하기보다는 어떤 부분이 잘못됐는지, 어떻게 보완할지를 스스로 정리하며 배우게 될 것이고, 모두에게 공개함으로써 다시 한번 자신을 성장시킬 기회를 얻게 된다.

과업을 지향하게 되면 당장의 업무만 처리하기 급급해져 지난 일을 되새길 여유는 없어진다. 어차피 사람이 할 수 있는 업무량은 한정되어 있으며, 장기적으로 함께할 팔로워라면 그 역량을 고려해 일을 분담할 필요가 있다. 당장 믿음이 가지 않더라도 리더는 한 발짝 물러나 팀과 팀을 구성하는 팔로워들을 바라볼 필요가 있다. 일단 눈 딱 감고 기회를 줘라.

☑ **POINT**

1. 단기적인 성과에 연연하면 장기적으로 함께할 팀원을 잃을 수 있다. 직장생활은 장기전이다!

2. 사내외 직무 역량 교육을 활용해 팔로워들에게 동기를 부여해라.

3. 사내 러닝세션을 통해 타 부문에 대한 이해력을 높이고 소통과 협력할 수 있는 능력을 팔로워들에게 선사하라.

4. 팔로워들의 우수 사례와 실패 사례에 대해 공개적으로 토론해라. 리더는 그 사례들에 대해 감정을 배제하고 분석적이고 통합적인 시각을 팔로워들에게 제공해 배움으로 받아들일 수 있도록 이끌어야 한다.

리더가 추구해야 할
인재상

2016년 3월, 이세돌과 알파고의 대국에서 AI 인공지능이 압도적인 승리를 거뒀다. 이 이슈는 미래 세대에게 새로운 기술에 대한 부가가치 창출의 희망과 더불어 인공지능이 인간을 대체할 수도 있다는 암울함을 던져 주었다. 자동차 산업에서 내연기관이 종식되고 전기차로의 전동화가 이루어지면 부품의 단순화 및 축소에 따른 인력 감소가 약 30% 될 것으로 예상하는 것처럼, 앞으로 인공지능이 발달한 시대에는 그만큼 인간의 일자리가 줄어들 것이다. 일반적인 업무 외에도 의사, 변호사, 회계사 등 전문직이 하던 일들도 인공지능으로 대체 가능해질 시대가 머지않았을지도 모른다. 상황이 이렇다 보니, 조직에 도움이 되고 필요한 리더의 역량에도 재논의가 필요하다. 복잡하고 전문화된 사회가 되어갈수록 의사결정권을 가지고 있는 리더의 역할은 그만큼 어려워지고 있다.

각자 주어진 기능적 업무를 잘 수행하는 것이 가장 효율적인 운영 방식이라 여기고, '평생직장, 장인 정신, ○○분야의 ○○년 외길인생' 등의 말이 흔히 쓰이던 시대에는 그 분야에서 최고의 전문가가 되어야 한다는 'I자형 인재'가 주목받았다. 그렇지만 이후에 리더 재목의 기준은 달라졌다. 속한 분야에서 최고의 전문가 Specialist로 인정받아 리더가 되었으니, 이제는 팀원들을 이끌기 위해 폭넓은 지식과 이해를 갖춘 능력자 Generalist가 되어야 한다는 점을 내세워 T자형 인재상이 자기계발의 대명사 격으로 강조되었다. I자형 인재에서 T자형 인재로의 변화는 어느 정도 보완된 리더의 조건이었으나, 하나의 전문적인 지식만으로는 기업 내 업무가 너무 다양한 이해관계를 풀어내기는 힘들 수도 있다는 지적들이 나오면서 기업들은 현시대에 적합한 인재는 어떤 것인지에 대해 다시 고민에 빠져 있다.

이런 지적에 대한 방증일까? 오늘날 대학생들은 주전공 외에 졸업을 미루면서까지 복수전공을 하나둘 늘린다고 한다. 주전공 하나만으로 이 험난한 세상과 취업 시장에서 구직하기 어렵고, 사회 경험이 없는 대신 학업으로라도 자신의 능력을 증명하고자 하는 듯하다. 실제 필자가 아는 몇몇 기업 공채 면접관들도 주전공 한 분야로 졸업한 사람보다는 복수전공을 한 사람을 더 선호한다고 이야기할 정도다.

이런 추세를 반영하기라도 하듯 최근엔 전문가 영역을 확대한 형태의 '파이형 π 인재', 더 나아가 '폴리매스형 Polymath 인재'로까지 인재 조건으로 언급되고 있다.

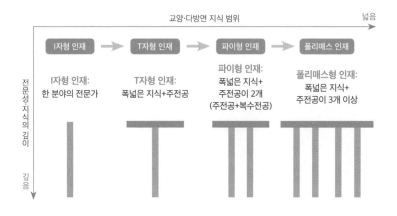

기존의 T자형 인재가 전공과목에 교양과목을 이수한 것이라면, 파이형 인재와 폴리매스형 인재는 전공과목과 교양과목은 물론 부전공도 거의 전공 수준으로 습득하여 두 개 영역 이상에서 전문가가 되는 것이다. 그리고 T자형 인재들은 모여서 '집단지성'으로 문제를 해결하는 데 반해, 파이형 또는 폴리매스형 인재는 한 명만으로 서로 다른 전문분야의 특수성을 참작하고 이를 결합하는 '연결지성'을 발휘할 수 있으므로, 이들이 모이면 T자형 인재들과는 전혀 다른 방식의 해법을 내놓을 수도 있다는 것이다. '한우물만 파야 한다'가 아니라 '여러 우물을 깊게 파야 더 많은 물을 얻을 수 있다'는 논리다.

대표적인 폴리매스형 인재로는 레오나르도 다빈치가 있다. 회화, 조각, 건축, 무대 설계, 음악, 군사 공학, 토목 공학, 수학, 통계

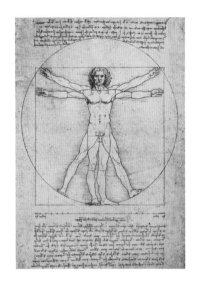

학, 식물학, 동물학, 역학, 광학, 해부학, 지리학 등 다수의 분야에 박식가로 알려져 있다. 그는 그 지식들로 사물과 현상에 대한 관계나 유사점, 공통점, 연관성, 적절성 등을 읽어 내는 능력을 보통 사람들보다 월등하게 뛰어났으며, 이를 토대로 수많은 업적을 남긴 전형적인 폴리매스형 인재다.

'백의의 천사'로 잘 알려진 플로렌스 나이팅게일 또한 폴리매스형 인재다. 많은 사람이 나이팅게일을 간호사로만 알고 있으나 사실 그녀는 일찍이 수학과 통계학에 전문가 수준이었다고 한다. 전쟁터 야전병원에서 일하던 시절에는 비위생적인 병원 환경과 의료 지원의 부족 등으로 사망하는 군인의 숫자가 전투 중 사망하는 것보다 2~3배 많다는 것을 인지하고, 이를 자신의 수학적, 통계학적 지식을 활용해 적극적으로 알려 야전병원 환경과 치료 시스템을 개선하는 공을 세웠다. 이는 폴리매스형 인재인 나이팅게일이 전쟁터 상황에 대한 폭넓은 이해와 함께 의학, 수학, 통계학이라는 깊이 있는 전문지식들이 합쳐져 획기적인 결과를 만들어 낸 것이라 할 수 있다.

따르는 사람, 이끄는 사람

현재에는 기업 내부적으로도 구인에서부터 폴리매스형 인재를 원하고 그렇게 성장시키려는 사례가 늘어나고 있다. 애플은 전 세계적으로 잘 알려진 하드웨어 및 소프트웨어 전문 회사로, 주력 분야 기준으로 공학, 전자공학, 화학 등 엔지니어 출신만 뽑을 것 같지만 의외로 그렇지 않다. 미술, 음악, 역사, 철학, 문학, 고고학, 인류학 등 다양한 전공한 사람들 그리고 2~3개 이상의 전공을 갖춘 사람들을 주로 채용한다. 즉, 깊이 있는 관련 분야 지식과 더불어 다방면의 지식을 갖추고 기업 내에서 '집단지성'과 '연결지성'을 발휘해 줄 수 있는 다재다능한 인재를 선호하는 것이다.

또한, 2021년 삼성에서 시행 발표한 사내 FA Free Agent 제도도 같은 맥락에서 파생된 것이라 볼 수 있다. FA제도는 프로 스포츠 선수들처럼, 동일한 직무 분야에서 3~5년 정도 근무 후 다른 부서로 이동하는 직무전환 프로그램이다. 조직 내에서의 상호 교환 근무를 통해 원래 맡던 분야를 넘어 다른 직무를 맡아 경험하고 배우며 자연스럽게 자기계발을 유도해 미래의 리더가 될 팔로워들을 폴리매스형 리더로 키우려는 시도인 것이다.

그 외에도 몇몇 기업에서 시행하고 있는 사내 경력관리 프로그램 CDP, Career Develop Program 활성화, 사내구인제도, 부문 간 또는 공장과 본사 간 인력교류 제도 등 결국은 개인의 장기간 동일 반복적 업무에서 탈피, 업무적 무료함을 해소하면서 지속적인 자기계발을 기반으로 조직 역량을 향상하고 '파이형 인재', '폴리매스형 인재'로 육성하고자 하는 것이라고 볼 수 있다.

우리는 이미 4차 산업혁명시대에 진입해 있으며, 사물인터넷 ^{IoT}, 클라우드, 빅데이터 등이 인공지능, 로봇 기술과 활발히 결합하는 세상에 와 있다. 하지만 아직 AI가 침범하기 쉽지 않은 영역으로 여겨지는 것이 하나 있다. 바로 종합적 인지와 예측을 뛰어넘는 다차원적 판단 능력이 도출해내는 인간만의 다재다능함 ^{Versatility}이다. 이 다재다능함을 살리는 것만이 앞으로를 살아가야 할 인류가 가지고 있는 경쟁력이며, 키워야 하는 경쟁력인 것이다. 우리가 다 이해할 수 없는 복잡한 기술 개발과 변화가 가속화된 세상에서 살아남기 위해서는 기존의 배웠던 지식, 성공의 방정식에서 벗어나 인간만의 다재다능함을 체득해야 한다.

물론 일반적인 직장인이 2~3개 영역 이상의 전문가, 즉 파이형 및 폴리매스형 인재가 되기란 절대 쉽지 않다. 하지만 시대가 다각적인 사고의 다재다능한 인재를 필요로 하는 만큼 리더와 팔로워 모두 이에 둔감해서는 안 된다. 완벽한 천재가 되라는 것이 아니다. 변화하고 발전하고자 하는 최소한의 방향성 설정조차 하지 않는다면 그 개인, 그런 조직의 미래는 불투명하지 않을까? 아마 오늘날 기업들이 '핵심 인재 확보'라는 전쟁을 치열하게 하는 이유도 장기적으로 조직을 유지하기 위함일 것이다.

그렇다면, 현실적인 관점에서 폴리매스형 인재가 되기 위해서는 어떻게 해야 할까?

첫째, 조직 내 실무자 단위에서는 우선 T자형 인재를 목표로 열심히 실력을 쌓아 가야 한다.

폭넓은 지식과 함께 최소한 자기 분야에서만큼은 깊이 있는 전문가인 T자형 인재가 되도록 노력하는 것이 좋다. 자신의 능력치에서 여러 사람과 함께 일하다 보면 '집단지성' 경험을 가지게 되고, 본인의 자질과 역량을 여러 대상과 비교해 볼 수 있게 된다. 그 과정에서 본인이 무엇을 잘 알고 모르는지 그리고 해당 조직에서 무엇을 더 배울 수 있고 그 배움과 업무 연관성이 얼마나 있는지, 다른 직무를 추가로 경험하면 어떤 혜택이 있을지 등을 냉철하게 판단해 가며 점차 파이형, 폴리매스형 인재로의 발전을 추구해야 한다.

둘째, 기업은 파이형 인재 또는 폴리매스형 인재를 육성하는 데 투자해야 한다.

리더들은 급변하는 환경에서 경영과 관련해 중요한 의사결정을 해야 하는 존재들로 갈수록 고도의 의사결정 능력을 요구받고 있다. 예를 들어, 현대차의 경우 과거 50년 동안은 자동차의 생산, 판매가 비즈니스 핵심 모델이었다. 하지만 앞으로는 자동차 생산-판매 사업(50%), 도심 이동형 항공 UAM Urban Air Mobility 사업(30%), 로봇산업 관련 로보틱스 사업(20%) 등 비즈니스 포트폴리오 자체가 완전히 바뀌는 계획을 이미 공표한 바 있다. 그렇다면 자동차, 로봇, 항공 등 서로 다른 이종 산업을 추진하기 위해 비즈니스 포트폴리오 전략을 기획하고 운영, 관리의 의사결정은 누가 할 것인가? 각 분야 전문가들의 집단지성뿐만 아니라 동시에 내부적으로 이런 세 가지 분야를 아우르는 통합적 지식과 능력이 탁월한 폴리매스형 인재가 필요할 것이다.

그러므로 기업 내 팔로워가 리더 그룹에 진입한 순간부터는 T자형 수준을 넘어 파이형, 폴리매스형 인간으로 거듭날 수 있도록 기업 차원의 적극적 투자와 환경 조성이 필수적이다. 대학, 대학원 학비 및 시간(기간) 지원, 내부뿐만 아니라 외부 기관·기업과의 교류를 통한 직무 체험 확대, 자기계발 관련 강의 개최 등 다양한 지원을 검토해야 한다.

셋째, 리더로 존재하는 이상 개인적으로도 끊임없이 공부하고 학습해야 한다.

안데르스 에릭슨 K.Anders Ericsson은 자신의 논문에서 어떤 분야의 전문가가 되려면 최소한 1만 시간 정도의 훈련과 노력이 필요하다고 주장하며, 이를 '1만 시간의 법칙'으로 정의했다. '1일×8시간×5일×50주×5년'이라는 계산으로 1만 시간, 즉 5년이면 해당 직무에 전문가로서 역할을 할 수 있다는 것이다.

필자는 리더들이 이 법칙을 기반으로, 한 분야를 정해 뭉뚱그린 계획이 아닌 구체적인 계획을 짜서 공부하길 권하고 싶다. '1만 시간' 정도를 들여 전문가가 되는 것을 목표로 하는 것이다. 공부하고 학습을 놓은 리더는 생존하기 힘듦을 잊지 말고, 공부하고 학습하는 습관을 기르고, 나에게 맞는 학습 환경은 어떤 것인지 고민해보길 바란다.

리더는 연륜과 경험이 쌓이면서 쌓아 온 지식과 판단력을 동시에 학습과 탐구를 통한 새로운 지식과 통찰력으로 융합시키거나 대체시켜가면서 '경영 의사결정의 정합성'을 높여가는 숙명을 가진 사람이다. 리더 스스로가 폴리매스형 인재가 되거나, 집단지성을 최대한 잘 활용하여 연결지성에 버금가는 조직 분위기와 업무 환경을 만들거나, 폴리매스형 인재가 넘치는 조직에서 같이 일하거나 어느 하나라도 선택해야 한다. 결정은 리더인 당신의 몫이다.

✔POINT ···

1. 리더는 급변하는 시대에 대응하고 자신의 팀에 필요한 인재상은 어떤 것인지 생각해 봐야 한다.

2. 리더뿐만 아니라 팔로워도 통합적인 사고를 할 수 있어야 한다. 자신이 배워서 조직에 도움이 될 수 있는 것이 있는지 의식적으로 찾는 습관을 길러야 한다.

3. 폴리매스형 인재상을 목표로, 기업 내에 활용 가능한 제도가 있는지, 혹시 자기계발을 지원받을 방법이 있는지 알아보고 건의할 수 있는 부분은 적극적으로 요청하자.

4. 장기적인 '1만 시간' 공부 계획을 세워 전문분야를 하나씩 늘려가는 노력을 기울여야 한다.

리더는 멘토이자
멘티다

오늘날 국내의 웬만한 기업들에는 멘토링 제도가 일반화되어 있다. 멘토링 제도는 조직 내 선배 사원을 멘토로 선정하고 신입사원과 매칭을 시켜 줌으로써 신입사원들이 성공적으로 조직 내에 안착할 수 있도록 돕는 제도다.

그동안 멘토링 제도의 운영 결과들이 긍정적으로 나옴에 따라 많은 조직이 이 제도를 운영하고 있다. 실제 선배 사원을 멘토로 선정할 때도 후배들인 멘티에게 본보기가 될 만한 직원으로 구성하고 있다. 일부 조직에서는 선배 멘토에게 멘티들과의 다양한 사내외 활동을 하도록 유도하는 차원에서 멘토 활동비를 지원하여 멘토링 제도를 강화하는 곳도 많아지고 있다. 이는 그만큼 어렵사리 뽑은 신입사원들의 퇴사율을 낮추는 것이 기업들의 또 하나의 과제임을 시사한다.

하지만 이런 멘토링 제도에는 '선배인 멘토의 의견과 말과 행동이 항상 옳으니 신입사원들은 그런 멘토를 보며 조직에 잘 적응하라'는 전제가 깔려 있기도 하다. 이 경우 멘티 입장에서는 멘토가 무엇인가 제안하거나 틀린 내용이 있어도 '저게 맞겠지' 하며 동조해 버릴 수 있다는 단점이 있다. 또한, 실력은 좋지만 누군가를 육성하기에 자질이 부족한 멘토가 선정될 경우 오히려 신입사원은 직장생활의 난관에 부딪힐 수 있다. 장단점이 있지만 그래도 멘토링 제도는 선배가 후배들을 육성하기 좋은 프로그램으로 여전히 인식되고 있어 완전히 없애기보다는 보완해야 할 점들을 점차 바꿔 나가는 노력이 필요하다.

'리버스 멘토링 Reverse mentoring'은 나이와 경력이 많은 사람만 멘토가 될 수 있다는 편견을 깨는 개념으로, 멘토링 제도에서 파생된 '의도하지 않은 결과물'이다.

리버스 멘토링은 1990년대 후반, 전 GE회장인 잭 웰치가 영국 출장 중 자신의 회사 말단 직원으로부터 인터넷의 중요성에 대해 듣고 500명의 고위급 임원들에게 "인터넷 사용법을 후배들에게 배워라" 하고 지시한 것이 시초로 꼽힌다. 기업 내 혁신적인 조치를 위해 멘토링 제도를 적극적으로 활용한 것이다. 국내에서도 삼성전자의 '밀레니얼 커미티 Millennial committee'를 비롯해 LG유플러스, 현대오일뱅크 등 여러 대기업에서 이 리버스 멘토링 제도를 시행 중이다.

젊은 세대들은 선배 세대보다 스마트폰, 태블릿 사용 등에 대한 그 활용도가 매우 높다. 앱 사용 관련 지식도 그 차원이 다를 정도다. 기기 사용법, 앱 사용법을 가르쳐 주거나, 후배 세대들의 고민과 생각들을 선배들에게 알려 주며 자연스럽게 친밀감을 쌓고 업무 효율성도 높일 수 있다.

멘토링 제도와 리버스 멘토링, 이 둘은 조직에서 다방면으로 긍정적인 효과를 내고 있다. 리더는 이 멘토링 제도를 활용해 기업 내 어떤 시너지 효과를 낼 수 있을까?

첫째, 리더인 팀장과 팔로워인 팀원들이 멘토링을 주제로 공식적인 미팅을 자주 하게 되면서 자연스럽게 '세대 차이'를 줄일 수 있다. 기업은 다양한 세대들이 공존하는 공간이며, 업무 진행을 위해서는 그 차이를 극복하고 소통하기 위해 노력해야 한다. 하지만 억지로 이를 극복하기란 쉽지 않기에 멘토링 제도로 멘토, 멘티의 관계가 되어 의견을 나누는 빈도를 높이다 보면 서로를 이해하게 되는 계기가 마련될 것이다. 세대의 격차를 줄이고 그 힘을 팀의 업무에 쏟는다면 이는 곧 성과로 나타날 것이다.

둘째, 팔로워들에게 '진짜 트렌드'를 배울 수 있다.

리더들은 팀을 이끌고 기업에 도움이 될 새로운 아이디어를 찾기 위해 노력한다. 나름 여러 채널을 활용해 콘텐츠를 찾는다지만 한계가 있다. 하지만 젊은 세대들은 다르다. TV 뉴스, 신문이 아닌 유튜브, 페이스북, 인스타그램, 틱톡 등 다양한 SNS를 통해 정보 수집과 트렌드 파악을 한다. 이를 사용하지 않는 세대들이 '진짜 트렌드'를 알긴 쉽지 않으며, 알고 싶어서 앱을 깐다고 하더라도 사용법을 습득하기 위해서는 오랜 시간이 필요하다.

리더는 팀 내 진행되는 프로젝트에 참여하거나 혹은 결재를 해야 하는 사람이다. 젊은 세대인 팔로워들이 이런저런 아이디어를 내고 공유하는데 그 트렌디함을 이해하지 못한다면 난감한 상황이 될 것이다. 이럴 때 리더는 리버스 멘토링을 통해 비교적 젊은 세대인 사원급 팔로워들에게 조언을 구할 필요가 있다. 부끄러워할 필요도, 머뭇거릴 필요도 없다. 팀을 잘 이끌고 리더로서 능력을 펼치기 위해서는 아는 것이 힘이다.

셋째, 상호 간 존중의 문화가 생긴다.

누군가에게 무언가를 배울 때 우리의 태도를 한번 생각해 보라. 일단 어투, 행동을 '공손하게' 한다. 나에게 없던 지식과 능력을 전수해 주는 사람에게 무시하는 태도를 보이는 사람은 거의 없을 것이며, 나이가 많든 적든 배움에는 모두가 공손해야 한다. 멘티는 자신의 노하우를 알려 주는 멘토에게 고마워하며 존중해야 하고, 멘토는 배우려는 마음가짐으로 자신에게 다가와 준 멘티를 존중해야 한다. 평소에는 직급 차, 나이 차 때문에 의무적으로 존대했다면, 멘토링 제도는 그런 차이 때문이 아닌 사람 그 자체와 그 사람의 능력을 존중하며 서로 화합하는 분위기를 만드는 것이다. 이는 리더가 팀워크를 다지기 위한 수단으로도 용이하게 사용될 수 있다.

현재 많은 기업이 리버스 멘토링을 콘셉트로 소통 강화를 위해 채널과 제도를 마련하고 있다. 그중에 몇 가지를 추천하고자 한다. 당장 '멘토링'을 떠올렸을 때 막막한 리더라면 아래에 언급되는 채널 및 제도를 활용해 보길 바란다.

첫째, 소수의 고위급 임원 리더들과 다수의 후배 팔로워들이 함께한 미팅에서 팔로워들이 자신들의 의견과 생각을 전달하며 논의하는 '주니어 보드' 제도가 있다. 주니어 보드의 구성원은 아무나 될 수 없다. 조직 내에서 차세대 리더로 성장할 가능성이 있는 능력과 자격을 갖춘 팔로워여야 한다. 그래서 현재의 고위급 임원 리더와 미래의 임원이 될 만한 팔로워가 주니어 보드를 통해 조직의 과거와 현재, 그리고 미래를 같이 논하는 것이다.

둘째, 리더에게 팔로워들의 생각과 아이디어를 전달하고 싶지만 신상 노출 공개를 꺼리는 점을 고려하여 SNS를 활용한 무기명 대화방을 개설하는 것이다. 이 대화방을 리더와 팔로워가 하고 싶은 이야기를 스스럼없이 하는 공간을 만들어 원활한 소통을 유도하는 것이다.

셋째, 조직 내 임원들과 함께하는 '계층별 미팅'을 진행하는 것이다. 조직 내 임원들은 사내에서 영향력을 행사할 수 있는 리더다. 그들은 최대한 많은 사람의 의견을 듣고 이를 기업에 유리한 방향으로 끌어갈 의무가 있다. 여러 계층이 모두 모여 말하는 것도 좋지만, 그렇게 되면 더 권한이 큰 사람의 발언권이 세지고 아직 낮은 직급의 직원들은 눈치를 보게 된다. 그래서 팀장급, 중간관리 자급, 신입사원 이렇게 계층별로 묶어서 각각 조직 내 임원들과 간담회, 미팅의 시간을 따로 갖는 것이다.

넷째, '타운홀 미팅'이다. '주니어 보드'가 나름의 소수 미팅이라면 타운홀 미팅은 소수의 리더와 수십, 수백 명의 팔로워가 함께하면서 주로 주관하는 리더가 본인의 철학과 생각을 전달하고 때로는 팔로워와 질의 응답을 가지면서 소통하는 방식이다.

마지막은 '롤플레이'로, 조직 내 입장을 역지사지해 팀원들과 리더가 리버스 역할극Reverse role play을 하는 것이다. 팀원이 리더가 되고, 리더가 팀원이 되어 보는 것이다. 각자의 입장에서는 알 수 없었던 것들을 알게 되고 간극을 좁혀 나갈 수 있는 계기가 될 것이다.

✔POINT

1. 멘토링 제도는 리더가 팀원을 육성하는 좋은 교육 방법임과 동시에 소통 창구다. 소통으로 팀워크를 다지고 싶은 리더라면 멘토링 제도를 적극적으로 활용해라.

2. 리더는 조직의 멘토이자 멘티다. 멘토로서는 지식과 노하우 전수를, 멘티로서는 배우려는 자세와 열정을 팀원들에게 보여라. 리더가 하는데 따라 하지 않을 팀원은 없다.

3. 기업 내 세대 차이를 줄이고 진짜 트렌드를 배울 수 있으며, 상호 간 존중의 문화를 만들 수 있는 멘토링 제도의 시너지 효과를 반드시 기억해라.

소통을 잘한다는
착각

기업에서의 '소통'은 단순히 이야기를 나누는 것을 목적으로 하지 않는다. 소통은 과정일 뿐이고 최종 목적은 바로 '협력'이다. 협력은 집단지성으로 나타나기도 하고 시의적절한 의사결정에 도움을 주며 경영 성과를 끌어내기도 한다. 의미 있는 결과를 도출해 내는 과정에 소통이 중요한 역할을 하는 만큼 아무리 강조해도 지나치지 않다. 하지만 마냥 긍정적일 것만 같은 소통에도 함정은 있다.

소통의 함정 Communication trap은 책, 세미나, 미디어 등을 통해 소통 관련 지식에 노출된 리더가 별다른 노력을 하지 않았음에도 자신이 소통을 잘하는 사람처럼 착각하는 것을 말한다. 소통 역량을 키우고자 했던 본질적인 목적과는 다르게 노출됐던 정보들에 파묻혀 역효과가 나타나는 상황에 놓일 수 있다.

또한, 리더의 실력은 효과적인 소통 능력에 있다 해도 과언이 아니다. 앞에서 언급했듯이, 기업 내 소통이 단순히 이야기를 나누는 것이 아니듯 리더의 소통도 그렇다. 리더 또한 소통으로 팀워크를 형성해 업무 성과를 달성하는 것을 목적으로 한다. 기업 내에서 실질적인 평가를 받을 수 있는 '성과'에 영향을 주는 만큼 그 토대가 되는 소통은 중요한 요소이므로, '리더'가 소통의 함정에 빠진다는 것은 팀에 매우 큰 악영향을 미칠 수 있다.

특히 소통의 함정 중 가장 많이 빠지는 유형은 강요를 마치 소통하는 것이라 착각하는 리더다. 간단한 예를 들어 보겠다.

회의 시간, 리더가 먼저 말을 시작한다. 어떤 유형의 업무인지, 어떻게 진행하면 좋을지 등 처음부터 모든 것이 정해져 있는 듯 줄줄이 말한다. 그 과정에서 팀원들은 이해도 안 되고 받아들이지도 못하지만 어쨌든 듣고 있다. 그리고는 리더가 "이 업무는 누가 맡아서 해 볼래요?"라고 묻는다. 이 일을 누가 할 것인지 팀원들의 의사를 물어 소통하자고 판을 깔아 준 듯하지만 사실 그렇지 않다. 리더 자신이 업무 담당자를 직접 지정하지 않았다고 해서 팀원들과 소통해 결정했다고 생각하는 것은 착각이다.

팀원 중 누군가는 해야 하는데, 만약 이 업무가 아무도 하고 싶어 하지 않는 일이라면 결국 누가 하게 될까? 팀원들은 서로의 눈치만 살피게 될 것이다. 그러다 팀 내에 가장 입지가 좁은 팀원이 하는 수 없이 손을 들게 될 것이다. 자, 다시 묻겠다. 위 예시의 리더가 한 말이 지금도 '소통'처럼 느껴지는가?

사실 리더의 질문뿐만 아니라 회의의 시작부터 잘못되었다. 진짜 소통을 원하는 리더는 회의에서 자신이 업무에 대해 모두 브리핑하지 않고, 자신의 의견까지 넣어서 말하지 않는다. 그 과정 또한 팀원들의 몫이라고 생각한다. 그날 진행할 회의를 미리 공지하고 팀원들에게 주제를 던져 회의 시작과 동시에 그들에게서 업무 브리핑과 의견을 듣는 것이 진정한 소통이다. 혼자 업무 파악을 하고 자신의 생각까지 다 밝힌 후 누가 할지 어떻게 할지를 묻는 것은 강요에 가깝다.

강요를 소통이라고 착각하는 '소통의 함정'에 빠진 리더에게 줄 수 있는 답은 '겸손'이다. 일단 자신이 소통을 잘한다는 생각부터 내려놓아야 한다. 그리고 책, 미디어에서 접한 '소통을 잘한 예시'는 모두 잊어버리고 팔로워와 소통을 위해 우선 그들의 이야기를 듣는 것부터 시작해라. 그리고 리더 본인은 어떤 태도가 필요한지 진지하게 고민해라.

✔POINT

1. 진짜 자신이 소통을 잘하는 리더였는지 떠올려 봐라. 그렇다면 그게 어떤 소통이었는지 타인에게 공유하고 그 사람도 그렇게 들리는지 의견을 물어라.
2. 소통의 함정에 빠진 리더들은 '겸손'해야 한다. 원래 알고 있던 소통 관련 지식은 잠시 내려놓고 팔로워의 이야기를 들어라. 그리고 리더 본인이 이끌고 있는 팀에는 어떤 소통이 맞는지를 기존에 가지고 있던 지식에서 찾아 적용해라.
3. 리더는 자신이 팔로워들에게 하고 있는 말이 '강요'인지 '소통'인지 분명히 구분할 수 있는 능력을 갖춰야 하며, 항상 소통의 함정에 빠지지 않도록 경계해야 한다.

회식의 경제학,
리더십에 달려 있다

    '회식 또는 회식문화'라는 한마디에 대다수 한국의 직장인들은 어떤 이미지를 떠올릴까? 열에 아홉은 퇴근 후 모든 팀원이 한자리에 모여서 건배하며 폭탄주를 마시는 모습을 떠올릴 것이다. OECD 국가 중 한국처럼 퇴근 시간 이후 주중 회식을 많이 하는 나라도 없을 것이다. 그만큼 한국의 직장생활에서 회식을 따로 떼어 생각하기는 어렵다.

    지난날 대한민국 경제의 고도 성장을 일컫는 '한강의 기적'이라는 외형적 성공 뒷면에는 한국만의 회식문화가 있었다. 왜 유독 한국 직장인들이 술을 많이 자주 마실까? 이 모든 것은 근대화 및 산업화의 과정과 매우 밀접한 관계가 있다.

    1960~1970년 근대화 과정을 거치고 1980년대 산업화 과정을 거치면서 어느덧 선진국 대열에 들어선 대한민국의 경제 발전은 전 세계적으로도 보기 드문 성공 사례다. 베이비붐 세대에게는 저

임금 장시간 노동, 수직적이고 관료적인 조직문화는 당연한 것이었다. 그만큼 직장생활이 고달프고 힘들었다. 그래서 직장생활 중 받은 스트레스를 풀어야 할 필요가 있었고 그 해법이 '퇴근 후 한 잔'이었다. 회포를 풀며 하루의 고단한 삶을 위로하기도 하고 상사의 일장 훈시와 더불어 칭찬과 격려, 질타를 받아 가며 월, 분기, 반기를 마감하는 것이 회식이었다. 그때의 회식은 대다수 직장인의 공통적인 스트레스 해소 행위였으며 대화의 장이기도 했다.

이처럼 회식 자체는 경영진이나 리더들의 조직 운영과 관리 측면에서도 효율적이며, 아울러 경제학적으로 보더라도 비용 대비 최대의 효과를 낸다고 해서 '회식의 경제학'이라고 일컬었다. 알코올의 힘을 빌려 취기가 오르면서 용기를 갖고 상사에게 평상시 품고 있었던 하고 싶은 이야기를 꺼내거나 지난날 업무적 실수에 대한 반성, 더불어 새롭게 열심히 해 보겠다는 다짐 등을 주고받으며 서로의 공적·사적인 틈을 좁혀 주는 계기가 되었다.

한국의 경우 다른 여느 국가에 비교해 보더라도 '초고속 성장'을 한 국가였던 만큼 '압축 성장'을 해 왔다. 그 압축된 이상의 사회적, 조직적, 개인적 스트레스와 어려움, 불만, 저항 등이 있는 것은 매우 정상적인 것이며, 그 '농축된 스트레스를 일상생활에서 소소하게 해소해 가는 것'이 바로 '회식'이었다. 이런 점에서 과거 한국 직장인들의 회식문화는 압축적 고도 성장의 결과물로서 '성공 요인'이자 '성장통'이었다.

회식문화는 리더들에게도 장점이 많은 문화다. 기업 내 업무가 점차 세분화되면서 과거에 비해 팀 내, 부서 간 업무 협조를 통해 일을 처리해야 할 일이 잦아졌다. 이런저런 협의하고 조율할 사항들이 많아 길고 깊게 이야기를 나눠야 하는데, 업무적으로만 대하다 보니 일방적으로 일을 지시하는 것이 어렵고 어색하게 느껴지는 경우들이 있다. 그래서 과거에는 분위기를 풀기 위해 술 한잔 마시고 밥 한 끼를 같이 먹으며 친밀감을 쌓았다. 이는 실제 업무를 처리할 때도 원활한 소통의 도움이 됐으며 사기 진작을 도모할 수 있었다.

하지만 이제 시대가 변화해 가고 있다. 기업 내 세대가 점차 다양해지고 그 세대에 따른 특징이 다 다르다 보니 사내 문화의 방향도 다양하고 복잡해졌다.

술을 강권하고 술잔 돌리는 상사
건배사 또는 장기자랑 자꾸 시키는 상사
직원들 이야기는 대충 듣고 본인 말 많이 하는 상사
회식 장소를 상사의 집 근처로 하는 상사

위는 지금 세대들이 가장 싫어하는 상사 유형들이다. 이 이야기를 하니, 지난해 우연히 접한 〈유퀴즈 온 더 블록〉이라는 방송 프로그램에 한 주류 회사의 팀장이 출연해 인터뷰한 장면이 떠오른다. '회식문화'에 대한 그 팀장의 말은 흥미로웠다. 2년 전 팀원이었을 당시엔 자기 팀장이 술을 마시자고 하면 그게 그렇게 싫었다고 한다. 그 이유는 '좋은 얘기를 할 것도 아니고', '재미가 있는 것도 아니고', '도움이 되는 것도 아니고', '자기가 먹고 싶은 거 먹을 거'였다. 그리고 뒤이어 단체 회식 자리 이야기도 나왔는데, 그 팀장은 자신보다 높은 분이 계실 땐 일찍 가고 후배들이 많을 때는 자리에 끝까지 남아 회식을 즐긴다고 말했다.

그 팀장의 말에서 기업 내 세대 차이와 팀장과 팀원의 견해차가 직접적으로 느껴졌다. 개인주의적이고 시간의 효율적인 사용을 중시하는 젊은 세대는 팀장과의 식사 자리가, 사내 회식 자리가 그저 '내 시간을 빼앗는 일'이라고만 생각하는 듯하다. 과거부터 필자가 경험하고 생각했던 회식의 의미가 요즘은 많이 퇴색된 것 같아 '앞으로의 회식문화는 어떻게 바뀌어야 하는가'에 대한 고민은 깊어질 수 밖에 없다.

거기에 코로나19의 영향으로 재택근무와 비대면이 확산되며 더더욱 회식문화는 변화가 불가피해졌다. 재택근무하고 있는 직원을 회식해야 한다는 명목으로 불러낼 수 없고, 할 이야기는 업무 시간 내에 메일이나 메신저로 하자는 것이 더 일반화 되었다. 그래서 나온 대안 중 하나는 '랜선 회식'이다. 집에서 화상 통화를 하며 이야기를 나누고 식사도 하는 것이다. 코로나19 감염의 염려에서 벗어날 수 있고 집에 늦게 들어갈 걱정하지 않으면서 내가 먹고 싶은 걸 먹을 수 있으니 여러모로 좋다는 것이다.

이러한 사회적인 변화에 발맞추기 위해서라도 리더들의 회식문화에 대한 변화는 필요하며 그 변화의 방향성을 명확히 해야 한다.

따르는 사람, 이끄는 사람

이를 위해 몇 가지 생각해 봐야 할 것들이 있다.

첫째, 회식에서 '술을 꼭 마셔야 하는가'다.

'회식=술'이라는 생각은 꽤 오랫동안 일반화되어 왔다. 하지만 요즘 젊은 세대들은 소주나 폭탄주를 즐겨 마시는 않으며, 동시에 술을 권하는 문화, 원샷 하는 문화를 부정적으로 인식하고 있다.

이제 리더들도 회식 자리를 술을 마시는 자리처럼 생각하지 말아야 한다. 회식의 본질적인 목적에 집중해야 한다. 소통, 협력, 사기 진작을 위한 자리지 술 마시고 싶어 모인 자리가 아니기 때문이다. 또한, 요즘은 건강을 위해서 술 자체를 안 마시는 사람들도 많다. 그러니 술은 각자 편한 대로 마시고 원샷 하지 않고 꺾어 마신다고 탓하지 말자. 소주를 마시든, 물을 마시든, 폭탄주를 마시든 의사를 존중해 줘야 한다.

둘째, 술을 많이 마시는 것, 이제는 자랑이 아니다.

한때는 술 잘 마시고, 술자리 분위기를 잘 맞추는 직원들은 은연중에 칭찬을 받는 경우가 많았다. 반대로 술이 약해 눈치 보며 마시지 않거나 잘 어울리지 않는 직원에게는 술을 잘 마셔야 직장생활을 잘하는 거라며 핀잔을 주기도 했다. 하지만 이제는 술을 잘 마시고 못 마시고는 어떠한 판단 기준으로도 들어가지 않게 되었다. 오히려 회식에서 과음하고 다음 날 출근해 업무에 악영향을 주면 '자기 주량도 모르고… 사람이 절제도 할 줄 알아야지'라며 지적을 받게 된다.

회식은 업무 생산성을 늘리고 성과를 내기 위해 소통, 협력을 다지는 자리임을 잊지 말아야 한다. 술을 많이 마시는 것이 결코 자랑이 되는 시대가 아니다. 술은 자기가 원하는 만큼, 자기 주량을 판단해 적당히 마시게 분위기를 조성하자. 리더도 이러한 문화를 받아들이고 자연스럽게 팀 문화로 정착될 수 있도록 노력해야 한다.

셋째, 회식을 하면 '왜 술집에서 모이는 것인가'다.

예전부터 '회식'의 장소는 대부분 술집이었다. 술집이 아닌 곳에서 회식은 불가능한 것일까? 연말 송년회를 생각해 보자. 대규모 연회장에서 술 없이 음료수를 마시고도 가능하지 않는가? 또한, 먹고 마시는 형태를 벗어나 볼링, 다트, 당구 같은 운동을 즐기거나 단체로 영화, 뮤지컬, 음악회 관람을 하는 등 여러 문화 활동으로도 회식을 도모할 수 있다.

업무를 할 때도 열린 사고를 하라고 말하지 않는가? 이제 리더도, 팔로워도 회식에 대해 열린 사고를 가지고 회식을 단순한 모임이 아닌 자기계발의 수단으로써 활용하는 방안을 고민해 보길 바란다.

넷째, 회식을 꼭 '밤에 할 필요가 있을까'다.

요즘은 '일 Work과 생활 Life의 균형 Balance을 맞춘다'는 '워라밸'을 중시한다. 그래서 퇴근 후에는 동호회에 참석하거나 운동, 취미생활을 하는 등 개인 시간을 보내려는 이들이 많다. 이런 사람들에게 퇴근 후 회식을 강요하는 건 오히려 자신을 존중해 주지 않는다고 오해를 살 수 있고, 협력하고 사기를 올리려고 만든 회식 자리가 되려 사기를 떨어뜨릴 수도 있다.

그래서 필자는 리더들에게 평일 업무 시간 중에 분과별, 팀별, 사업부별 사내 업무 공유 워크숍, 세미나 등의 형태로 점심시간이나 이른 오후에 회식하는 것을 권하고 싶다. 그리고 피치 못할 사정으로 퇴근 후에 회식을 하더라도 가능한 1차만 하고 2차는 생략하는 것이 좋다.

국내 손꼽히는 대기업인 삼성전자는 2012년에는 사내 절주 캠페인으로 '119' 슬로건을 내걸었으나, 4년 뒤인 2016년에는 '112'로 바꿨다. 119는 '한 가지 주종酒種으로 1차까지만 하고 9시 이전에 끝내는 회식문화'를 권장한 것인데, 이후 자율출퇴근제를 확대 시행하면서 현실성이 떨어지는 캠페인이라며 '한 가지 술로 1차에서 끝내고 음주 시간은 2시간 이내로 한다'는 112로 변경한 것이다. 함께 일하는 사람들과 좋은 시간을 보내고 싶은 리더들의 마음은 충분히 이해하지만, 변화하는 회식에 대한 인식과 이를 적극 받아들이려는 대기업들의 캠페인이 무엇을 의미하고 앞으로 어떤 관점으로 회식을 생각해야 할지 깊이 고민해 봐야 할 일이다.

다섯째, 회식 자리에서 '왜 리더가 제일 말이 많은가'다.

젊은 세대들은 회식의 진행 방식에도 불만이 많다. 자리 배치도를 시작으로 건배사 강요 등 편하게 밥 한 끼 먹고 술 한잔 마시는데 각종 요식 행위가 많이 포함되는 것을 별로 선호하지 않는다. 게다가 평상시 업무처럼 상사나 팀장이 주도하는 것도 피하고 싶어 한다. 이런 분위기에서 리더는 가능한 한 말은 아끼고 팀원, 구성원들의 이야기를 많이 들으려고 노력하는 것이 좋다.

회식은 사실상 조직 내 구성원 간의 소통을 원활하게 하는 수단 그 자체일 뿐이다. '회식=모여서 먹으면서 소통하는 것'이라는 개념을 재정립해 보자. 회식 장소, 시간, 음식, 주류, 진행 방식 등에 관해 이전과는 다른 새로운 개념의 회식문화를 정착시켜, 언젠가는 다시 예전처럼 최소의 비용으로 최대의 성과를 끌어내는 '회식의 경제학'으로 거듭나길 기대해 본다.

✅ POINT

1. 회식의 시작과 끝을 MZ세대에게 맡겨 보는 것은 어떨까? 예를 들어, 한번은 고참급 X세대가 주도하고, 그다음은 MZ세대가 기획하고 준비하는 등 번갈아 가며 회식을 주도하는 문화를 만들어 보길 추천한다.

2. 회식을 하더라도 1차만 하고 해산하는 것을 권장하지만, 혹시 2차를 하게 되면 젊은 세대들이 선호하는 카페에서 차 한잔으로 마무리해라.

3. <유퀴즈 온 더 블록>에 나온 주류 회사 팀장의 말을 꼭 기억하자. '좋은 얘기를 할 것도 아니고', '재미가 있는 것도 아니고', '도움이 되는 것도 아니고', '자기가 먹고 싶은 거 먹을 거고'와는 반대로 행동하자.

힘 있는 하마(HIPPO) 리더,
조직을 망친다

기업 내 모든 팀, 조직에서는 올바른 의사결정을 하려는 노력을 끊임없이 한다. 그것이 생존의 유일한 방법이기에 팀은 의사결정이 잘못되거나 실패할지라도 그것마저도 반전시킬 전략과 기획을 함께 세워야 한다.

실제 다양한 조직들에서는 의사결정의 품질과 정합성을 높이기 위해 단순히 의식적인 노력만을 강조하는 것이 아니라 제도적인 장치들을 의도적으로 고안하려고 노력한다.

하지만 오늘날 조직 내에서 일어나는 올바른 의사결정과 바람직한 업무 방식들을 왜곡시키는 사례가 있는데, 이는 대부분 상사의 입김이 지나치게 지배적인 영향을 미친 경우다. 이때 강한 영향력을 행사할 수 있는 사람을 하마 HIPPO, Highest Paid Person's Opinion라고 일컫는다. 일반적으로 기업 내 각 조직의 최고위 리더들이 해당된다고 보면 된다. 팀장이나 실장, 사업부장도 본인들이 소속된 팀,

실, 사업부에서는 하마 HIPPO 리더다.

Highest Paid Person's Opinion

『구글은 어떻게 일하는가 How Google Works』의 공저자인 전 구글 부사장 조너선 로젠버그 Jonathan Rosenberg는 이 '하마' 리더에 대한 이야기를 언급하면서 아프리카 및 동남아에 사는 야생 하마의 특성도 비슷하다고 설명한다. 그곳의 하마들은 때로 강가의 보트를 뒤집거나 사람을 공격한다고 한다. 그는 "하마 리더라 불리는 이들은 회의실에서도 위험하다"[2] 말하며 "하마 HIPPO가 아닌 데이터에 기반한 의사결정이 이뤄지도록 하라"[3]고 충고했다.

---

2) Hippos are among the most dangerous animals in Africa. Conference rooms too. -Eric Schmidt, Jonathan Rosenberg, 『How Google Works』 Grand Central Publishing, 2017.
3) Let data drive decisions, not the Highest Paid Person's Opinion. -Eric Schmidt, Jonathan Rosenberg, 『How Google Works』 Grand Central Publishing, 2017.

하마 리더는 의사결정을 뒤집는 것 외에도 '집단사고'를 초래하기도 한다. 회의 서두에 본인의 의견이나 본사의 기조 등을 언급하며 이미 결정된 듯한 일에 팔로워들의 의견, 토론을 억지로 요구하는, 소위 '답정너'식 회의를 주관하는 것이다. 즉, 결론은 이미 정해져 있으니 너희는 알고 있으라는 식으로 강요하며, 회의를 다양한 의견 교류의 장으로 생각하는 것이 아닌 자신의 의견을 관철하고 정당성을 확보하기 위한 구색 갖추기로 이용하는 것이다. 팀원들은 이렇게 진행되는 과정에 불만을 느끼지만 결국 리더나 경영진이 생각하는 의도에 맞추게 되고 결국 팀원 모두가 하나의 생각과 의견에 매몰되는 집단사고에 빠지게 된다.

더 나아가, 하마 리더들이 자신의 지시나 명령에 의문을 제기하거나 지적했을 때 이에 대한 질책 또는 비난을 일삼는다면 이 집단사고의 문제는 더 심각해진다. 오늘날의 경영 환경 속에서 기업 내 모든 구성원이 자신의 경험, 직관, 지식을 총동원해서 의사결정을 해도 부족할 판에 리더들이 하고 싶고, 듣고 싶어 하는 내용으로 모든 게 결정된다면 기업은 점점 변화와 혁신을 이루지 못하고 도태하게 된다.

어느 기업의 회의실, 팔로워들이 모여 옵션 A와 B에 대해 열띤 토론 중이었고, 토론이 고조되면서 '옵션 B는 더 이상 아니다'라는 판단을 내렸다. 그런 뒤 팔로워들은 옵션 A에 대한 정보와 팩트를 바탕으로 심도 있는 논의를 진행 중이었다. 그런데 갑자기 리더가 회의실에 들어와서는 팀원들의 데이터에 의한 결정 과정 또는 그

간의 토론 과정을 무시하고 '본사에서 결정했다', 또는 '예전에 옵션 A를 해 본 적 있는데 잘 안 됐다'는 식의 근거나 논리 없는 발언을 하면서 일방적으로 옵션 B으로 결정을 내 버렸다.

팔로워들은 갑작스러운 리더의 결정을 어떻게 생각할까? 분명 긍정적이진 않을 것이다. 직원들은 점점 의욕 및 사기가 저하되면서 앞으로는 상사의 명령과 오더만 기다리게 될 것이다. 어차피 자신들의 의견을 제시한들 상사가 수용하지 않을 것이며, 아무 소용이 없다는 사실을 이미 알기 때문이다.

이런 상황이 조직 내 만연하면 팀원들이 적극적인 의견 교환이나 합리적인 의사결정을 기업 내에서 경험하기 어렵다고 인지하여 진정성 있는 토론이 힘들어진다. 어차피 열심히 이야기를 나눠도 팀장이나 그 이상 상사들이 결정할 것이기에 토론할 필요 없다고 생각하는 것이다. 그래서 팀원들은 좋은 아이디어가 있어도 공유하지 않게 되면서 집단지성의 발현이 제한된다. 이는 더 나아가 직원들의 회사 경영층에 대한 불신으로 번지게 되며 그들에 대한 존경심 또한 사라질 수 있다.

그렇다면 하마 리더가 되지 않기 위해서는 어떻게 해야 할까?

첫째, 회의 시 회의 진행자 Facilitator를 둔다.

통상적으로 회의 진행은 해당 조직의 리더가 담당한다. 하마 리더들이 회의를 주관하다 보면 그들의 결정대로 결과가 날 가능성이 크다. 그래서 진행자를 따로 둘 필요가 있다. 또한, 팀장도 다른 팀원들과 동등한 가치나 지위에서의 의견을 제시하는 수준으로 회의 운영을 하게 되면 그 분위기가 많이 달라진다.

둘째, 중요한 의사결정을 할 때, 팀원들에 앞서 리더의 생각과 관점을 전달해서는 안 된다.

회의 시 리더가 본인 의견을 먼저 오픈하는 것은 바람직하지 않다. 그렇게 되면 팀원들은 리더의 의견에 주요 관심을 두고 리더의 눈치를 보게 될 것이다.

쉬운 예로, 리더가 점심을 사 준다고 팀원들과 중식당에 갔는데 "맛있는 것들 마음껏 시켜"라고 말하고는 "여기 짜장면 하나요!"라며 먼저 주문해 버리면 팀원들은 그 금액 이상의 음식을 시키기 눈치가 보이고 부담될 것이다. 무심코 상사가 메뉴를 먼저 고르는 바람에 어떻게 보면 팀원들은 음식을 고를 기회를 빼앗긴 것이다. 사소한 음식 주문에서도 눈치를 보는 것이 팔로워다. 이런 성향을 고려하여 리더는 때로 본인의 선택은 조금 뒤로 미루고 가장 마지막에 선택하거나 의견을 제시하려는 의도적인 노력이 필요하다.

셋째, 회의에 참석한 전원에게 최소 1회 이상의 발언권을 줘야 한다.

리더는 회의에 참석한 직원들이 질문, 의견 제시 등 최소한의 회의 활동에 개입할 수 있도록 유도하고 분위기를 조성해야 한다. 반대로 1~2시간의 정책 토론, 의사결정을 하는 회의 시간에 아무런 질의나 답변이 없는 것은 기업 입장에선 위험한 상황이다. 팔로워들의 질의응답이 없다는 것은 회사에 관심이 없다는 것과 다르지 않다. 만약 그런 상황에 놓인 리더라면 위기를 감지하고 자신이 하마 리더가 아닌지 되돌아보라.

결론적으로 조직 내 하마 리더를 방지하기 위해선 리더들이 자기 생각과 행동을 스스로 경계해야 한다. 그리고 직원이 지적 또는 제안할 때는 토론을 통해 그 의견에 대해 깊이 묻고 듣는 자세가 필요하다. 또한, 최대한 감정적인 영역은 배제하고 철저하게 데이터를 기반으로 한 의사결정을 내릴 수 있도록 해야 한다.

⊘POINT ··

1. 리더들이 너무 앞서지 말자. 팔로워들과 함께하는 일은 물러서서 기다릴 줄도 알아야 한다.

2. 집단사고가 초래할 부정적 결과를 항상 명심해야 한다. 혹시 집단사고가 발생했다면 이후 긍정적, 부정적 결과를 파악하여 집단사고의 위험성과 문제점을 분석하고 공유하는 방법이 필요하다.

3. 리더는 꼭 회의 진행자를 두고 회의를 하되 가능한 회의 시에 참석한 전원이 최소 1회 이상의 발언권을 가질 수 있도록 해야 한다.

따르는 사람, 이끄는 사람

링커십과
리드 타임

이전에는 자기 일을 잘 해내는 독보적인 능력의 리더와 팔로워가 주목을 받았다면, 요즘은 이들을 연결하는 중간관리자인 링커 Linker에 대한 관심이 높아지고 있다. 링커들은 단순한 '전달자'가 아닌 관계와 관계를 잇기 위해 경청하고 소통하며 긍정적인 영향력을 끌어내는 존재들이다. 중간관리자이자 팀 내 리더인 팀장의 역할도 그렇다. 고위급 임원들의 각종 지시나 보고 요구를 팀원들에게 분담하고 재지시하고, 아래로는 팀원들의 아이디어와 의견을 잘 모아 고위급 임원들을 설득하고 그 내용을 실현하는 것이 링커의 역할과 닮아 있다.

이 링커십을 잘 갖춘 리더들은 팔로워들을 위한 보고 준비 시간, 즉 리드 타임 Lead time을 확보하기 용이하다. 리드 타임을 얼마나 벌어 줄 수 있느냐에 따라 일하는 방식과 보고하는 결과물의 질이 달라질 수 있으므로 리더의 링커십 정립과 리드 타임 확보는 매우 중요하다.

이 장에서는 이러한 상관관계에 기반하여, 리더의 링커십과 리드 타임 확보가 업무 분위기에 미치는 영향과 그 중요성을 사례를 통해 확인해 보도록 하자.

A팀에서는 매주 수요일 주간 리더십 칼럼을 직접 작성하여 사내 리더 그룹에게 발송하는 업무를 진행했다. 팀원 10명이 차례로 당번을 정해 2.5개월에 한 번씩 칼럼을 작성한다. 보통은 주말까지 초안을 작성했다가 차주 월요일이나 화요일 중에 최종 수정하여 수요일 아침에 발송한다.

하지만 어느 순간 팀장과 팀원들과의 업무 추진 과정에서 서로 말 못 할 갈등과 짜증이 증가했다. 팀장은 매번 칼럼 최종 점검 시 뭔가 개운치 못하고 팀원들은 점차 칼럼 작성이 업무적, 심리적 부담으로 다가왔다.

팀장은 칼럼 수준이 낮아 성에 차지 않으면 수차례 수정해서라도 수준을 끌어올린다는 입장을 취하고 있었기 때문이다. 그래서 월요일이나 화요일에 칼럼을 검토, 수정하는 단계에서 팀장의 마음에 들지 않거나 논제를 벗어난 경우 수정이 불가피한 경우가 잦았다. 수정을 하게 되면 칼럼 작성 당번인 팀원은 화요일 저녁 늦게까지 야근을 해야 했다. 그런 상황이 자꾸 반복되니 팀장과 팀원 모두에게 '주간 칼럼 작성'이 업무적으로 큰 부담이 된 것이다.

칼럼 작성 업무로 리더와 팔로워 모두 난감한 상황이 되었다. 서로 확인하고 확인받는 과정에서 어떻게 하면 팀의 분열을 조장하지 않고 효율적인 업무 보고와 성과를 낼 수 있을까? 리드 타임에 대한 리더와 팔로워의 입장을 살펴보겠다.

• 팀장-팀원 간 Lose-Lose 관계

3월 2주 차 수요일은 김대리가 칼럼을 준비하는 순서였다. 평상시 업무에 바빴던 김대리는 전주에 본인의 칼럼 작성 순서가 다가옴을 인식하고 3월 1주 차에 이르러서야 칼럼 주제와 내용 구상을 하게 되었다. 1주 차에는 대충 콘텐츠 구상만 해 두고 2주 차 월요일 출근하자마자 부리나케 문서화 작업을 했다. 팀장은 '월요일이라 최소한 김대리가 초안 정도는 보여 줘야 하는데 왜 보고하지 않을까?' 하며 걱정했다. 이튿날 화요일 김대리의 초안이 보고되었다. 하지만 칼럼을 검토한 팀장은 그 수준이 만족스럽지 못했다. 이 같은 경우 팀장의 감정 흐름은 어떨까?

- 발행이 수요일인데 화요일 들고 와서 확인해 달라고 하면 어쩌란 거지? 그러려면 수정이 없을 정도로 완벽하게 해 오던지….
- 지금 수정해서 어느 세월에 수준을 끌어올리지?
- 수정 작업 요청하면 야근을 시키게 될 텐데, 업무 부담감을 너무 주게 되나?
- 이번엔 이 정도로 대충하고 넘어가야 하나? 한 번 대충했다가는 앞

으로도 계속 그럴 수 있는데 시간은 없고…. 왜 우리 팀원들은 글쓰기 실력이 늘질 않을까? 스트레스받는다!

팀장은 김대리에게 대폭 수정 작업을 요청해야 하나 말아야 하나 고민하며 짜증이 밀려왔다.

반면에 김대리 입장에서 감정 흐름은 어땠을까?

- 원래 내 업무와 동시에 하려다 보니 부랴부랴 작성하게 되어 버렸네. 주간 칼럼만 없으면 원래 내가 하던 업무에 더 집중할 수 있을 텐데….
- 내일이 당장 발송일인데 임박해서 보고한 것이 마음에 걸리네. 팀장님께도 죄송하고….
- 매주 한 명씩 깨지네. 나도 나름대로 최선을 다해서 작성했는데….
- 이렇게 힘들게 발행하는데 누가 보긴 보는 거야? 아무도 안 보는데 매주 작성하는 게 의미가 있나?

좋은 의도에서 시작한 칼럼 작성 업무였지만, 확인하고 확인받는 과정에서 매번 부정적 감정의 흐름이 반복되며 모두가 스트레스를 받는 상황에 치닫게 되었다. 팀장 또한 이런 상황이 반복돼서는 안되며 건강하지 못한 분위기라고 생각했고, 이에 특단의 대책이 필요하다고 느꼈다. 그리고 문득 칼럼 작성 및 보고 기간, 전체 준비 시간을 기존 1주에서 2주 단위로 해 보자는 생각을 하게 되

따르는 사람, 이끄는 사람

었다. 즉, 1주 단위로 확인하던 것을 발행 2주 전에 하는 방향으로 업무 프로세스를 조정해 칼럼 소재를 탐색 및 발굴하고 글을 쓸 수 있는 리드 타임을 충분히 확보해 주기로 한 것이다. 물론 팀원들에게 해당 아이디어를 공유하였고 팀원들도 흔쾌히 동의했다.

• 팀장-팀원 간 Win-Win 관계

보고 준비 시간을 기존 1주 단위에서 2주 선행 보고로 바꿨더니 같은 일을 함에도 매우 긍정적인 상황으로 업무를 진행할 수 있었다. 팀원 각자에게 주어진 2.5개월의 시간을 잘 활용하여, 1~2개월의 본인 구상 기간을 거치고 2주 전부터 초안을 작성해 최대 2주~최소 1주일을 앞두고 팀장에게 보고한 후 마무리하는 것이다.

이 경우, 팀장의 생각과 감정 흐름은 다음과 같다.

- 초안 작성 전에 팀원에게 작성할 칼럼의 콘셉트에 관해 물어보고, 작성 방향성이나 참고할 만한 정보와 관련해 의견을 공유할 수 있어서 좋네.
- 확인할 시간이 충분해서인지 수정할 부분에 대해서 코칭해 줄 수 있어 좋네. 코칭 과정 몇 번 거쳐 수정하다 보니 어느덧 팀원들 실력이 올라가네. 다들 노력하니 나도 꼼꼼히 확인해 주고 조언하려고 노력해야겠다.
- 칼럼을 수정하고 토론하는 과정에서 생각 차이를 알게 되고 그 틈을 좁혀 가며 좋은 칼럼이 나오는 걸 나만 느끼는 게 아니라 팀원들

도 알아주고 수정을 요구하는 내 입장도 이해해 줬으면….

팀장은 이전의 부정적인 감정과 달리 시간의 여유와 함께 긍정적이고 발전적인 생각을 하게 되었다. 팀원들과 의견을 공유하고 조언하는 시간이 늘어 서로의 생각 차이를 좁혀 가는 시간도 생겼고, 수정 시간이 여유 있다 보니 더 수준 높은 칼럼을 기대할 수 있게 되었다.

그렇다면 김대리의 감정 흐름도 살펴보자.

- 2주라는 시간적 여유가 있으니 칼럼 초안 프레임을 한번 잡아 보면서 관련 정보를 담은 책, 잡지, 기사 검색도 해 볼 여유가 생겼네?
- 지적받는 게 너무 싫고 힘들었는데, 확실히 자료를 찾아볼 시간도 많고 고민해 볼 시간도 충분하니 칼럼이 잘 써져서 수정이 많이 줄었네? 확실히 시간적 여유와 정보가 있으면 글의 깊이가 달라지는구나. 앞으로 다른 일을 할 때도 조금 여유를 두고 이것저것 많이 찾아보는 습관을 들여야겠다.
- 마감 시간이 여유가 있으니 큰 업무 부담 없이 차근차근 시간 내서 준비할 수 있게 됐네. 중간에 팀장님께 콘셉트를 보고하고 조언도 얻어서 쓰니 뭔가 배우면서 일하는 기분이 든다.

리드 타임을 2주로 바꾼 후, 주간 칼럼을 만들어 가는 과정에서 김대리는 점차 업무 역량이 높아졌다. 기계적으로 받은 일을 끝내려는 것이 아니라 칼럼 주제를 찾고 내용을 써 나가는 그 시간 동안 자료를 수집하고 팀장을 포함한 타인에게 의견도 구하면서 스스로 생각하고 배워 나갔기 때문이다. 이는 리드 타임을 늘림으로써 시간적 여유를 가지게 된 것의 긍정적 결과물이며, 이 사례뿐만 아니라 다른 모든 업무에서도 리드 타임의 여유를 잘 활용하면 일을 보다 효율적이고 즐겁게 할 수 있는 환경을 만들 수 있다고 본다.

이번엔 리더가 더 높은 상사의 지시를 받았을 때 링커십 발휘 여부에 따라 팔로워들의 업무 성과 수준과 조직문화가 어떻게 달라지는지를 알아보자.

A팀장과 B팀장은 어느 날 실장에게서 ○○프로젝트 결과 건을 내일까지 보고하라는 지시를 받게 된다. 이에 A팀장과 B팀장은 서로 다른 입장을 취한다.

상사의 업무 지시를 바로 이행하는 A팀장

A팀장은 과업 지향적인 사람이라, 개인보다는 조직을 우선시하는 성향이 있다. 과거 양적성장 시대에 걸맞은, 지시를 받으면 어떤 과정을 거치든 결과물을 최대한 빠르게 윗선에 보고하려는 타입이다. '팀원들은 팀장을 위해 보좌하는 존재'라는 인식이 있으며, 팀장은 팀원들을 통제, 관리하면서 본인이 주도적으로 팀을 이끌어야 한다는 철학을 갖고 있다.

그래서 A팀장은 실장으로부터 지시를 받고는 바로 팀원들에게 업무를 전달했다. 임원으로부터 보고 지시를 받는 순간부터 내일까지 꼭이 일을 해내겠다고 마음먹었다. 팀장으로서 스스로 가장 경험이 많고 능력이 있다고 생각하기에 보고서의 초안 프레임, 목차, 방향성 등을 잡아 주고 팀원들에게 구체적인 보고서 작성을 지시했다. 때때로 보고서를 작성 중인 팀원의 어깨너머에 서서 모니터를 보며 재촉하기도 했다. 팀장의 재촉에 팀원들은 초과 근무를 불사하고 녹초가되도록 보고서를 작성했다. 팀원들의 희생으로 A팀장은 보고서를 완성해 다음 날 아침 실장에게 전달했다.

상사의 업무 지시를 확인하는 B팀장

B팀장도 A팀장과 비슷하게 과업 지향적인 사람이지만, 합리적이고 팀원들을 우선시하는 성향이 있다. 리더로서 팀원들의 사기 진작과 직무 역량을 육성하는 것을 중요하게 생각하고, 팀원들이 자율성을 가지고 업무에 임할 수 있도록 지원한다.

B팀장은 실장으로부터 보고 지시를 받는 순간, 그 지시를 따르기 위해 먼저 구체적으로 상황을 점검했다. 사안의 중요성, 보고의 긴박성, 보고 내용의 특수성 등을 참작해 판단한 뒤 실장의 지시에 모호했던 부분을 정확히 확인하기 위해 다시 한번 실장을 찾아가 보고서에 대한 실장의 의중을 묻고, '내일까지'라는 것은 정확히 언제를 말하는 것인지 보고 타이밍까지 꼼꼼히 확인했다.

그리고 팀원들을 불러서 일련의 의사소통 내용을 상세히 설명해 주고 보고서를 작성하게끔 했다. 때로는 보고서의 질을 높이기 위해 실장을 다시 찾아가 중간보고를 하며 의견을 나누고 보고서를 작성 중인 팀원들에게 공유해 주었고, 필요하면 실장과 직접 협의해 보고해야 하는 타이밍을 조절해 주기도 했다.

A팀장과 B팀장의 사례에서 어떤 차이가 느껴지는가? 그리고 당신은 어떤 팀장이 되고 싶은가?

A팀장의 업무 진행 방식에는 아쉬움이 많다. 보고 타이밍에만 집중해 보고서의 질적인 면이나 팀원들의 의사는 외면했다. 팀원들을 쥐어짜며 급박하게 완성한 보고서가 질적으로 좋을 리 없다. 조직을 위해서 한 일이지만 어설픈 보고서가 조직에 어떤 도움을 줄 수 있을지 의문이 든다.

단기적으로 보면, A팀장과 B팀장의 보고서 자체는 그다지 차이가 없고, 오히려 빠르게 보고한 A팀장이 상사로부터 더 많은 칭찬과 신뢰를 받을 수 있을지도 모른다. 하지만 장기적으로 보면, 부정적인 결과를 초래할 수 있다. 좋은 평가를 위해 매번 민첩하게 모든 일을 처리하다 보니 A팀장은 인정받을지 모르지만, 실무자인 팀원들은 버티지 못하고 번아웃될 가능성이 크며, 그 이후 조직에서 하나둘씩 이탈하게 되면 조직 와해의 위험까지 발생할 수 있다.

리더십에 대해 과거의 보편적인 인식을 가진 임원들 입장에서 B팀장은 다소 귀찮을 수 있다. 무언가 보고하라고 시키면 알아서 하는 것이 아닌 이런저런 질문을 하고, 보고 내용이나 시간에 대해 협의를 하려고 들기 때문이다. 하지만 팀의 리더인 팀장은 그보다 위인 상사의 지시에 의한 보고를 할 경우 중간관리자의 역할에 충실해 그 보고서의 구체적 방향, 보고를 준비할 시간, 최종 보고 타이밍까지 제대로 파악하고 팀원들에게 그 내용을 전달해야 한다. 링커십을 발휘하여 세세한 질문과 확인을 통해 상사와 협의 및 협상하는 것은 오히려 보고해야 할 상사에게도 업무 과정에 대한 신뢰를 줄 수 있다. 이것저것 물었기에 상사도 자신이 대답한 범위에 한해 업무를 처리할 것이라는 어느 정도의 확신할 수 있기에 안심할 수 있게 된다. 또한, 팔로워들에게는 상사의 지시 내용을 더 구체적으로 전달할 수 있으며 그 지시를 준비할 시간을 벌어 줄 수 있다. 이렇게 링커십의 발휘함으로써 보고할 타이밍, 보고서 준비 시간 등 리드 타임을 충분히 확보하는 것만으로도 보고서의 질을 높일 수 있으며 리더와 팔로워의 업무적 스트레스를 대폭 줄일 수 있다.

물론 리더의 입장에선 '더 물어봤자 크게 득이 되는 게 없을지도 모른다', '밤을 새워서라도 작업해서 다음 날 상사가 출근하자마자 빨리 보고해 버리고 싶다'는 마음이 클 수도 있다. 하지만 상사와 이야기를 나누고 협의를 해야 하는 불편한 상황을 외면하고 빨리 보고하고자 하는 마음을 참을 줄도 알아야 한다. 보고서의 '질 Quality'을 중요하게 생각하고 더 나아가 팀의 실적과 조직문화에 긍정적인 영향을 미치고 싶은 리더라면 링커십 활용과 리드 타임 확보에 주력해야 한다.

1. 리드 타임을 잘 파악하고 효율적으로 조정하는 것이 리더의 능력이다.

2. 리더는 리드 타임 외에 일상 업무에서 기존의 프로세스를 조금만 변경해도 다른 긍정적 결과를 도출할 수 있는 것들이 없는지 항상 살펴야 한다. 작은 변화가 큰 성과로 이어질 수 있다.

3. 리드 타임을 충분히 주는 것은 업무의 질을 높이는 길이다. 팔로워들이 만족스러운 결과물을 내놓지 못한다고 탓하기보다는 시간을 더 주고 스스로 생각해서 답을 찾을 수 있도록 여유를 줘라.

4. 보고서 작성 시 리더의 명확한 지시가 중요하다. 특히 보고 타이밍을 잘 조정해 주면 그만큼 실무자인 팔로워들의 자기 주도성을 더 높일 수 있다.

5. 보고서 작성과 최종 보고의 과정을 단순히 업무 처리가 아닌 경험 많은 리더와 경험이 부족한 팔로워와의 대화의 시간, 상호 생각의 교류 및 서로 발전하는 과정이라 생각하면 일이 즐거울 수 있다.

워라밸과 재충전,
리더가 먼저 실천하자

최근 몇 년간 기업과 노동시장에서는 '워라밸'이 최대 화두였다. 일과 삶의 균형을 맞춰야 한다는 것인데, 기업에서 지켜 줘야 하는 직원의 워라밸 항목은 다음과 같다.

- 연장근무 없는 정시퇴근(선택적 근로시간제 포함)
- 주말 휴식 보장
- 연·월차/정기휴가 사용 보장
- 퇴근 후 업무 연계성 없는 삶

사실 이 항목은 대부분 근로기준법에 보장된 내용이다. 법으로 보장된 것들인데 왜 워라밸이 사회적으로 이슈가 된 걸까?

그 이유는 과거 한국 경제가 고도 성장기에 일해 왔던 관행과 관습이 여전히 많은 기업에서 유지되고 있기 때문이다. 예전에는 내

생활은 포기해도 회사 일은 최선을 다해 뼈를 묻을 각오와 열정으로 하는 것을 당연하게 여겼다. 퇴근 시간이 넘어도 남아서 잔업을 하거나 상사 눈치를 보면서 상사가 퇴근한 후 그다음 차례로 퇴근하는 문화가 일반적이었다. 상사가 퇴근하기 전에 부하 직원이 먼저 퇴근을 한다는 것은 금기시되었으며, 출근도 가능한 상사보다 먼저 하는 것이 권장됐다. 자유로운 연·월차 휴가 사용이 사실상 권장되는 분위기도 아니었다. 주말에 출근하는 경우도 심심찮게 있었다. 심지어 스마트폰, 노트북 사용의 증가와 카톡이나 SNS의 발달로 집에서도 근무할 수 있게 되면서 퇴근 이후에 급하다 싶으면 상사에게 문자나 메일이 오는 경우도 많아 퇴근을 무색게 하는 상황도 많이 발생했다.

또한, 과거에는 연·월차 휴가 사용에 대한 시선도 매우 인색했다. 그래서 팀원들은 팀장 또는 다른 상사들의 휴가 사용 내역과 실적을 보고 눈치껏 써야 했다. 쉬는 건 당시에도 당연한 권리였지만 눈치 잘 보고 융통성 있게 행사하는 권리만이 인정받던 때였다.

하지만 이제 시대가 변했다. 과거 50여 년간 이어져 온 기업문화, 일하는 방식은 계속 유지되는 관성의 법칙이 있다. 그렇게 유지되어 온 기존의 관행과 새로운 법체계가 부딪히는 일이 종종 발생하고 있다. 주 52시간 근무제에 따라 사무실에 더 있고 싶어도 있을 수 없게 되었다. 따라서 이제는 하루 법정 근로시간인 8시간 안에 당일에 많은 업무를 다 해야 한다. 기존 10~14시간 하던 일을 이제는 8시간 이내에 처리해야 하는 것이다.

| 기존 | 법정근로
주 40시간 | + | 연장근로
12시간 | + | 휴일근로
16시간 | 68시간 |

| 개정
'18.7.1. | 법정근로
주 40시간 | + | 연장·휴일근로
12시간 | 52시간 |

그래서 불필요한 잔업을 최대한 줄이고 업무 몰입도를 높여 정시 퇴근 후 자기계발이나 휴식을 취하는 것이 당연한 일상이 되는 분위기로 변화하고 있다. 아무리 급하게 처리해야 할 일이 있다 하더라도 퇴근 후, 주말에는 업무를 지시하거나 강요할 수 없다.

연·월차 휴가 사용도 적극적으로 권장하고 있다. 휴가를 통해 일할 때 받은 스트레스를 충분히 풀어 주고 다시 업무에 복귀하는 것이 사무 생산성이나 성과 면에서 훨씬 효과적이라는 인식이 어느 정도 자리 잡고 있다. 쉼 없이 업무에만 매진하는 것은 생각이나 마음도 거기에 얽매어 좋은 아이디어가 나오기 힘들고, 피로가 쌓이며 업무 효율이 떨어진다는 것이다.

물론 아직 워라밸에 대한 부정적인 시선도 대기업과 중소기업을 막론하고 꽤 많다. 특히 법정 근로시간이 52시간으로 제한된 탓에 업무 집중도를 높이는 것으로는 기존의 생산성을 낼 수 없는 분야들도 있기 때문이다. 국가에서 당장 "52시간만 일하세요"라고 말한다고 해서 원래 하던 업무량이 뚝딱 줄어들지 않기도 하거니와 팔로워들의 업무 역량이 갑자기 높아져 해야 할 일을 빨리 처리할 수 있게 되는 것도 아니지만, 일단 법을 어길 순 없으니 어떻게든 '시간만 맞추자'는 식으로 방법을 고안하는 곳들도 있다. 관행이 된 68시간의 근무시간과 그에 맞춰진 업무 방식을 52시간으로 어떻게 바꿔 일할지가 관건인데, 현재는 선택적 근로시간제, 재량근로제, 유연근무제 등 다양한 시도가 이뤄지고 있으나 아직 일부 기업들의 이야기다.

긍정적인 방향의 제도적 변화도 있지만, 편법으로 법망을 피하려는 기업들도 있다. 제도 적용을 늦추려는 목적으로 300인 미만, 100인 미만 사업자로 회사를 쪼개거나 계열사로 직원을 전입시키는 경우, 사무실 강제 소등과 퇴근 버스 출발 시각을 앞당기는 등의 강제적인 꼼수를 동원하는 경우도 적지 않다. 팔로워들도 사무 생산성이 좋지 않으면 인사 평가에 반영되는 것에는 변함이 없기에 할 일이 남은 경우 집에 가져가서 잔업을 할 수밖에 없는 상황으로 내몰리기도 한다.

법적인 강제가 아니더라도 일한 사람에게는 휴식이 필요하며, 오늘날은 개인의 사생활과 퇴근 이후의 삶을 존중해 주어야 한다는 것에는 많은 이들이 동의한다. 기업 차원에서는 법은 법대로, 시간은 시간대로 모두 지키면서 어떻게 업무 효율성과 사무 생산성을 높일 수 있을지를 실무자들과의 논의를 통해 찾아내야 한다. 그리고 리더들도 사회적 변화를 인식해 정시퇴근을 가장 먼저 하고, 휴가도 꾸준히 쓰는 등 솔선수범해서 워라밸을 보여 줘야 한다. 평일 저녁 6시 이후, 주말, 휴가 중에는 특별한 사안이 아니고서는 팀원들에게 연락하지 않는 것이 중요하다. 혹여 급한 일이 있어 갑자기 팀원에게 연락할 순 있지만 이런 상황이 수시로 발생하는 것을 경계해야 한다. 그리고 말로만 연·월차를 쓰라고 말하는 것이 아닌 3개월에 한 번씩은 확인하면서 적극적으로 사용을 권장해야 한다.

✅POINT

1. 리더가 먼저 퇴근하자. 먼저 퇴근한다고 해서 일 안 하는 리더라고 오해하지 않는다.

2. 퇴근 후, 주말에는 문자나 카톡을 통한 업무 지시 등은 되도록 삼가라.

3. 금요일 저녁 회식은 금물이다.

4. 휴일을 포함한 행사나 워크숍을 지양하고, 가능한 주 중에 실시해라.

5. 불가피하게 주말에 근무를 지시할 경우 대체휴가를 챙겨줘라.

6. 연차 사용은 연초부터 팀별, 개인별 목표를 설정해 사전에 계획을 미리 잡을 수 있도록 하고 휴식을 적극적으로 권장해라.

따르는 사람, 이끄는 사람

휴가의 경제학!
잘 놀 줄 아는 사람이 일도 잘한다

'휴가'에 대한 이야기를 할 때 자주 거론되는 표현들이 있는데, 그 표현들에 공통적으로 내재되어 있는 의미는 '일을 할 때'는 일에만 집중하고 '놀 때'는 노는 것에 집중하자는 것이다.

'열심히 일한 당신, 떠나라!'
'일할 때는 확실히 하고 놀 때는 화끈하게 놀자'
휴가는 '쉼'이 아니다.

과거에는 위에 말들을 방증하듯 '휴가를 낸다'는 것은 '직장에 나가 일을 하지 않고 집에 있으면 그것이 노는 것이자 쉬는 것'으로 인식되었다. 즉, 집에서 쉬면서 피곤함에 절어 힘들었던 자신을 재충전 Refresh 한다는 해석이 전부였다.

또한, 한국의 휴가는 1년 내의 어느 때라도 즐길 수 있는 휴식의 개념이 아니었다. 그동안 한국의 경제 성장의 저변에는 '제조업'이 주류를 이루다 보니 날씨가 더워 일하기 힘들어지는 여름에 1~2주 정도 휴가를 가서 쉬고 오는 매우 소극적이고 수동적인 형태의 휴가가 대부분이었다. 그래서 기업 내에서 휴가는 '여름 휴가'와 같은 용어로 여겨졌으며, '더운 여름이 지나고 일하기 위해 쉰다'는 인식이 만연했다.

하지만 프랑스, 미국, 독일 등 일부 선진국들은 다르다. 장기간의 휴가와 휴가를 알차게 보내는 문화가 발달한 선진국들은 1년 중 주어지는 약 1개월간의 휴가를 즐기기 위해 나머지 11개월을 일한다. 휴가 1개월을 즐기고 행복해지기 위해 나머지 11개월간 열심히 돈을 번다는 생각으로 업무에 전념하는 것이다. '휴가'를 바라보는 관점이 다름을 알 수 있다.

한국처럼 '일하기 위해' 잠시 쉬는 소극적 휴가가 아니라 '쉬기 위해' 11개월을 열심히 일하고 휴가를 떠나는 것. 휴가의 본질을 분명히 하고 실천하는 다른 국가의 직장인들 모습은 우리 기업, 리더 그리고 팔로워가 앞으로 휴가를 어떻게 생각하고 다뤄야 하는지를 보여 준다.

그래도 다행인 것은, 요즈음 대한민국에서도 휴가에 대한 인식과 문화가 많이 바뀌어 가고 있다. 물론 사람마다 휴가를 보는 시각은 다르다. 새로운 인식이나 활동보다는 여전히 일상의 바쁨과 복잡함에 잠시 탈피하여 조용히 쉬며 '느린 일상'을 경험하는 것을 즐기는 사람도 있고, 재충전은 기본이고 직장생활로 '경험하지 못한 것, 본인이 하고 싶은 것'들을 찾아 자기계발을 위한 적극적인 활동도 마다치 않는 사람들도 있다. 평상시 일상적인 업무의 반복적 생활방식에서 며칠간 벗어나 기존에 느껴 보지 못했거나, 생각지 못한 것들을 경험하는 과정에서 '낯설고 새로운 그 무엇'을 갖게 되는 것이다. 이를 방증하듯, 여가활동들도 과거보다 매우 다양해지고 있다. 특히 주 52시간제로 남은 시간에 휴가를 즐기려는 사람들을 주 고객으로 타겟팅하는 서비스업이 활성화되고 있다.

기업도 변하고 있긴 마찬가지다. 옛날의 관점이라면, 휴가를 자주 즐기는 것이 일하는 시간을 줄게 해 생산성이 떨어지고 기업의 이윤에도 좋지 않으리라고 생각하는 게 일반적이었지만, 최근 많은 기업은 기업 내에서 직원들의 휴가를 많이 권장하며 다양한 활동과 낯설고 새로운 그 무엇을 휴가를 통해 얻는 것을 지켜보고 있다.

아마 그 이유는 '휴가의 경제학'과 관련이 있을 것이다. 휴가를 보내 줌으로써 손해를 본다는 편견을 벗어던지고 우리보다 앞선 선진국의 휴가 사례를 통해 휴가는 '시간 낭비'가 아닌 '더 나은 생산성과 이익을 위해 꼭 필요한 시간'이라는 것을 배웠기 때문이다. 휴가에도 경제성의 원리를 적용해 '실속'을 따지게 된 것이다.

그렇다면 기업과 리더들은 팔로워들의 휴가 사용으로 어떤 긍정적인 효과를 기대할 수 있을까?

첫째, 팔로워들의 직무 만족도를 높일 수 있다.

업무의 자율성은 기업에 대한 직원의 직무 만족도 평가를 받을 때 중요한 요소로 손꼽힌다. 스스로 업무 일정을 조절, 관리하고 전반적인 진행에 직접 의견을 피력하며 일하는 것이 개인의 성취도와 일의 몰입도를 높이고 이는 직무 만족도로 이어진다는 것이다.

그럼 이 '업무의 자율성'을 '휴가'에 대입해 보자. 직장인들은 스트레스를 받더라도 '업무의 자율성'이 보장된다면 자신의 직무와 직장에 만족도를 느낀다는데, 하물며 휴가의 자율성을 보장해 준다면 어떻겠는가? 원하는 때에 눈치 보지 않고 휴가를 쓸 수 있다면? 아마 위에서 언급했던 선진국의 사례처럼 팔로워들은 '쉼'을 위해 일하게 될 것이다. 쉬기 위해서 휴가를 가기 전, 다녀온 후에도 자기 일에 영향이 가지 않도록 자율성을 발휘해 업무에 임할 것이다.

이러한 팔로워들의 사고思考 변화는 팔로워들이 기업 내에서 일과 휴가의 자율성이 모두 자신에게 있다는 확신을 가지게 해 주고, 이것이 눈치 주지 않고 휴가를 보내 주는 기업문화와 결합했을 때 직무 만족도를 높이는 데 시너지를 낼 수 있다. 기업이 '휴가는 중요하다'라고 말하고 억지로 휴가를 쓰게 하는 것보다 팔로워들 스스로 깨닫게 하여 휴가 사용의 긍정적인 효과를 더 크게 얻을 수 있다.

둘째, 휴가를 통해 팔로워들이 기존 업무 스트레스로 발생된 번아웃을 극복하고 재충전함으로써 의욕을 되찾게 된다.

2019년도 블라인드 앱은 직장인들을 대상으로 연차별 직장생활 만족도를 조사했다. 그중 2~5년 사이 연차를 가진 팔로워들이 스트레스를 가장 많이 받으며, 지난 1년 내 번아웃 증후군을 경험한 적이 있다고 밝혔다.

또한, 코로나19로 재택근무를 하는 기업이 늘어나면서 일과 생활의 경계가 모호해져 예전보다 일을 더 많이 하게 돼 정신적 스트레스를 받는 팔로워들이 더욱 늘어났다고 한다.

직장에서 받은 스트레스를 풀고 번아웃을 극복하기 위해서 가장 좋은 방법은 일을 내려놓고 잠시 여유를 가지는 것이다. 기업과 리더들도 '스트레스 받고, 번아웃이 왔는데 억지로 일한다고 해서 성과가 나는 것은 아니다'라고 생각을 바꿔야 한다. 팔로워는 단기간 일하는 사이가 아니라 장기적으로 기업의 미래를 같이 꾸려갈 사람들이기에 그들을 지속해서 관리해 줘야 한다는 사실을 잊어서는 안 된다. 팔로워들이 휴가로 번아웃을 극복한다면 전보다 더 업무 생산성과 성과의 질을 높일 가능성이 커질 수 있다.

사무실 안에서 자기 생각에만 갇혀 아무리 짜도 안 나오던 아이디어가 휴가에서 많은 것을 보고 경험하며 문득 힌트를 얻어 더 좋은 결과물을 낼지 누가 알겠는가.

셋째, 업무 공백을 최소화할 수 있다.

업무를 맡은 사람이 휴가를 가게 되면 그 자리에는 공백이 생기기 마련이다. 그래서 기업 내 팀들은 서로의 공백을 메꾸기 위해 임시로나마 팔로워들 서로에게 업무를 인수인계한다. 평소에는 자기 일만 하다가 다른 사람의 업무를 잠시나마 체험할 수 있게 되는 것이다. 이런 과정이 여러 팔로워들에게 반복 노출되면 상호 간에 업무 연계성이 높아지게 된다. 업무 연계성이 높아지면 '전임자-후임자' 구성의 버디 시스템 Buddy system이 형성되어 자연스럽게 후임을 육성할 수 있다. 따로 시간을 내 교육할 필요 없이 평소에 업무 공유가 많이 되어 있기 때문에 휴가 또는 퇴사로 업무 공백 발생 시 팀 스케줄에 타격이 작거나 없게 할 수 있다. 더 나아가 잦은 업무 공유로 인해 소통의 빈도도 높아져 협력 관계를 만들 수 있게 된다. 이는 곧 업무 및 인력 공백이 더는 기업의 생산성에 영향을 주지 않게 됨을 의미하므로, 기업이나 리더 입장에서는 팔로워가 휴가를 자유롭게 쓰지 못하게 할 이유도, 그럴 필요도 없어진다.

넷째, 연·월차 수당에 대한 기업의 부담을 줄일 수 있다.

연·월차는 근로기준법에서 정하는 유급휴가다. 그렇기에 사용하지 않은 연차에 대해서 팔로워는 수당청구권을 보장받을 수 있는데 이를 '연차수당'이라고 한다. 연차수당은 통상임금을 기준으로 계산되는데, 이 통상임금은 기본급 외 지급되는 각종 수당, 성과급, 상여금을 포함하는 개념이기에 기업 입장에서는 팔로워가 연·월차를 사용하지 않을 시 발생하는 비용 부담이 적지 않다. 앞서 언급했던 것에 따라 만약 팔로워가 휴가를 가는 게 더 긍정적인 효과가 있다면 오히려 기업은 이 연차수당을 줄이려는 목적에서라도 휴가를 권장하는 것이 더 현명한 판단이 될 수 있다.

우리는 무엇 때문에 열심히 일하는가?

궁극적으로는 '개인의 행복한 삶'을 위한 것이다. 많은 이들이 흔히 '지금 열심히 일하면 나중에 더 여유를 갖고 행복할 수 있을 것이다'라고 생각하며 자신을 불태워 일한다. 여기서 '나중에'가 언제일까? 직위가 올라가고, 월급도 올라가고, 돈을 모아 집을 샀을 때가 '나중'인가? 만약 이런 생각에서 '나중'을 논하는 것이라면 필자는 이를 과감히 버리고 '현재'에 집중한 삶을 살라고 감히 조언하고 싶다. 지금 일을 열심히 하고 있는 이들에게 일을 그만두고 놀라는 것이 아니다. '휴가'를 잘 활용하고 자신의 삶에 의미 있게 활용하라는 말이다.

기업, 리더도 생각을 바꿔야 한다. 적어도 법적으로 정해진 '휴가'는 최소한 지켜 줘야 한다. 팔로워가 휴가 가는 것이 아깝다고 생각하고 공백이 날 것을 걱정할 시간에 차라리 팔로워가 휴가를 다녀와서 업무에 더 집중하고 성과를 낼 수 있도록 환경을 조성해 주는 데 힘써라.

'노세 노세 젊어서 놀아, 늙어지면은 못 노나니'라는 노래 가사가 있다. 이 노래의 가사만 보면 젊은 사람들에게 노는 것을 종용한다고 할지 모르지만, 이제는 그 생각을 달리해야 할 때가 왔다. 놀아도 젊어서 놀아 봐야 이것저것 많은 경험과 가능성을 찾을 수 있다. 그 경험과 가능성이 기업과 더 나아가 사회에 큰 보탬이 될 것이다.

1. 리더 스스로가 휴가에 대한 인식을 바꿔야 한다. 휴가는 1타 4피 이상의 효과가 있음을 인지하고 휴가를 권장해야 한다. 휴가까지 참견하는 것처럼 보일까 걱정되는가? 그럼 리더부터 휴가에 솔선수범해라(예를 들어 '휴가 사진전'을 여는 것이다. 휴가지에서의 최고 장면, 최고 사랑, 최고의 아빠 엄마, 최고 가족이라는 콘셉트로 사무실 내에서 일종의 경연을 여는 것이다. 소정의 상품이 있다면 직원들의 흥미도 유발하고, 이를 소재로 대화도 나누게 되니 팀의 화합도 유도할 수 있다).

2. 가능한 범위 내에서 자신의 연차를 조금 더 계획적으로 소진할 수 있도록 연중 휴가 계획을 제출하게 해 팀원들과 공유하여 해당 일정에 팔로워가 쉴 수 있도록 분위기를 조성해 줘라.

3. 안식년(안식월) 휴가 개념을 확산해라. 근속 5년, 10년, 15년, 20년 또는 결혼 5년, 10년 등 입사나 결혼 등 일상생활의 이벤트에 걸맞은 휴가 사용을 권장해라. 이벤트성으로 안식 휴가를 제공한다는 점에서 다른 구성원들의 장기 근속을 유도할 수 있다.

직원관리의 함정,
리더십과 동기 부여의 관계

오늘날 대부분 기업들은 내부적으로 소통과 협력, 집단지성, 수평적 조직문화, 일하는 방식의 변화와 혁신 등 많은 것들에 중점을 두고 있다. 그중 팀 내 구성원들의 '동기 부여'는 매우 중요한 요소다. 한국 기업들의 성장사를 근거해 볼 때 제조업 기반의 양적성장기에는 다른 기업보다 제조 생산성을 쫓아가는 빠른 추격자 전략이 주를 이뤘었다. 최대한 빠른 속도로 경쟁사를 모방하고 따라잡기 위해서는 경영진의 지시나 사업 전략에 따라 조직 전체가 일사불란하게 실행하는 것이 절대 과제이자 동기 부여였다.

따라서 어떻게 직원들을 잘 통제하고 관리해 최대의 생산 효율성을 끌어낼 것인가가 직원관리의 핵심이었다. 그 대표적인 관리 방식이 '당근과 채찍'으로 비유되는 '성과주의 인사관리 방식'이다. 성과를 내면 더 많은 보상을 주고 그렇지 않은 경우는 더 강한 패널티를 주는 것으로 기업 입장에서는 대단히 보편적이고 합리적인 관리 방식으로 보였을 것이다. 실제로 과거 경제 성장기에 대다수의 한국 기업들은 이 같은 방식을 채택해 왔다.

하지만 점차 경영 환경이 변화하면서 그 부작용들이 나타났다. 성과가 더 나면 당근을 더 많이 주어야 한다는 점, 매번 증가했던 당근양을 조금 줄이면 급속하게 사기가 저하된다는 점이다. 반대로 실적이 부진하거나 성과가 나쁜 경우 패널티인 징계 해고, 대기발령, 권고사직, 희망퇴직, 정리해고 등을 사회적, 법적으로 웬만해선 사용할 수 없게 되어 그 수가 많이 줄어들 수밖에 없었다. 노동법에 의한 노동자 보호, 인권법에 의한 인권 신장 등의 사회적인 각종 법규, 제도, 정책 등에 의해서 사용자가 제재를 가할 수 없게 된 것이다. 이러한 한계들은 당근과 채찍을 통한 성과주의 인사관리의 효용성에 강한 의구심을 제기하게 하였다.

오늘날 4차 산업혁명의 도래, 지식 근로자 수의 급속한 증가 등 여러 국면에서 변화가 생겼지만, 일부 기존의 성과주의 인사관리 방식이 아직 남아 또 다른 폐해가 발생하고 있다. 그 대표적인 것 중 하나가 바로 인사고과 방식인 상대평가 제도다. 고성과자에게 더 많은 보상을 주고, 저성과자에게는 낮은 보상을 하거나 인사고과를 이유로 해고나 퇴직을 종용하는 것이다.

성과주의 관리 방식은 외재적 보상(임금, 성과금 등)을 직원에게 제공 Out-in 하는 만큼 일하고 성과를 내라는 의미다. 반면에 동기부여 관리 방식은 내재적 보상(칭찬, 인정감, 존중감, 성장감 등)으로 직원 스스로 내부에 존재하고 있는 동기를 바깥으로 끌어냄 In-out 으로써 적극적으로 움직이게 하는 것이다. 즉, 동기 부여는 직원이 뭔가를 적극적으로 자주적으로 해 보겠다는 의지이자 힘인데, 그것이 외부적 요인으로 발현된 것이냐 아니면 내부적인 자극으로 발현된 것이냐에 따라 그 결과가 달라진다. 기업 성과와 미래 방향성을 결정지을 수도 있는 중요한 사안인 만큼 기업과 리더는 '어떻게 직원들을 동기 부여할 것인가?'가 관건일 것이다.

동기 부여와 관련된 조직 심리학 이론에는 매슬로우 욕구 5단계설, 존재-관계-성장의 ERG이론, 공정성 이론, 성취동기이론, 기대이론 등 많은 이론들이 있는데, 그중 회사가 직원들을 관리함에 주목해야 할 이론은 바로 허츠버그의 '2요인 이론 Two factor theory, 위생이론'이다. 이 이론은 미국 심리학자 프레더릭 허츠버그 Frederick Herzberg가 기업 내 직원들과의 면담을 통해 직무 만족에 영향을 주는 요소를 정리한 이론으로 사람들이 직업에서 원하는 것은 무엇인지 알기 위해 시작된 연구이며, 보상 관련 금전적 보상 또는 비금전적 보상으로 구분할 때도 잘 인용되는 이론이기도 하다.

허츠버그는 인간에게 동기를 주는 욕구를 직무에 불만족을 느끼게 하는 요인인 '위생 요인'과 직무에 만족을 느끼게 하는 '동기 요인'으로 나눴다. 직원들의 보상에 있어 명백히 불만족 요인과 만족 요인이 따로 있다고 구분한 것이다.

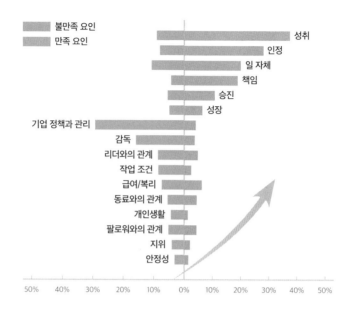

불만족 요인
만족 요인

성취
인정
일 자체
책임
승진
성장
기업 정책과 관리
감독
리더와의 관계
작업 조건
급여/복리
동료와의 관계
개인생활
팔로워와의 관계
지위
안정성

50% 40% 30% 20% 10% 0% 10% 20% 30% 40% 50%

직무에 불만족을 느끼게 하는 '위생요인'은 임금, 작업 환경, 보상, 지위, 정책 등 환경적인 요인에 해당되는 것으로, 충족 시에 불만은 줄어들지만 그렇다고 직무 만족감이 생기진 않는다. 그러나 이 요인들이 충족되지 않으면 강한 불만으로 발생된다.

직무에 만족을 주는 '동기 요인'은 인정, 존중, 성취감, 책임, 열정 등 감정적 요인으로, 충족하면 직무 만족을 느끼지만 불충족했다고 해서 직무에 대한 불만이 생기진 않는다. 어떻게 보면 위생요인보다 정신적으로 더 높은 수준의 욕구라고 할 수 있으며, 제대로 충족되면 높은 직무 성과를 기대할 수 있다.

리더들이 흔히 착각하는 것이 팔로워들의 불만족 요인을 많이 없애면 직무에 만족할 것이라는 생각이다. 팔로워들의 성과 보상과 관련해 지나치게 불만족 요인에 치중해 온 것이다. 즉 불만족 요인인 급여와 복지, 작업 환경 등을 개선해 주면 팔로워들이 좋아할 것이고, 이에 만족하면 기업에 대한 신뢰도 상승과 자부심, 자긍심이 높아져 관리하는 데 어려움이 줄어들 것이라 보는 것이다. '불만족 요인을 충분히 제공해 주면 팔로워들의 직무 만족도는 높아진다'고 착각하는 것이다. 작업 환경이나 급여, 복지 등 불만족 요인을 아무리 채워 줘도 팔로워들의 불만족 수준이 낮아질 뿐이지, 그것이 만족으로 전환하진 않는다. '불만족의 반대'는 만족이 아니라 '불만족 수준의 높고 낮음'만 있을 뿐이다.

실제로 베이비붐 세대나 X세대의 경영진들은 주로 외형적으로 보이는 금전적 보상에 매우 익숙해 왔고 사실상 그것이 보상의 전부라고 알아 왔다. 실제 산업화 초기에는 그런 것들이 정설로 받아들여져 왔다. 하지만 기업 발전의 역사가 깊어지면서 기업들의 10년, 30년, 50년 나아가 그 이상의 기업 역사를 가지는 과정에서 이제 더 이상 불만족 요인을 충족하는 것만으로는 직원들의 직무 만족도를 제고할 수 없다는 사실을 깨닫게 되었다. 즉 팔로워들의 직무 만족을 위해 칭찬과 인정감, 성장감 같은 동기 요인을 별도로 제공할 필요성을 느낀 것이다.

기존의 불만족 요인 중심의 관리에서 만족 요인을 통한 보상과 그와 관련된 정책, 프로그램들의 운영이 점차 중요해진 상황에 온 것이다.

최근에는 민주노총과 한국 노총 등에 가입된 규모가 큰 기업들의 노사분규가 이슈가 되고 있다. 일명 대기업 노조 이기주의로 대변되는 연봉이 7천만~1억 원 정도 하는 고임금 노동자들의 연이은 파업에 대해 이를 바라보는 시선들이 곱지 않다.

8천만 원, 9천만 원의 높은 임금에도 왜 매년 임금 인상을 요구한 것일까? 돈이 모자라 생활하기 힘들어서 돈을 더 달라고 하는 걸까? 복지가 모자라서 복지 수준을 더 올려 달라고 하는 것일까? 정말 고용위기에 내몰려서 고용안정을 요구하는 것일까?

필자는 고연봉의 생산직 직원들이 파업하는 이유는 바로 '심리적 배고픔', '심리적 불안감' 때문이 아닐까 싶다. 물질적으로는 풍족하지만 정서적, 정신적으로는 뭔가 배고픈 상황, 충족되지 않는 상황이 지속되고, 그것을 보상받기 위한 대체재로 물리적 보상 또는 외재적 보상을 요구한다는 것이다. 인정감, 성취감, 성장감, 일의 값진 의미 등 만족 요인이 채워 주어야 할 보상이 부족하다 보니 불만족 요인인 돈과 복리로 둔갑해서 보상을 요구하는 것이라

볼 수 있다. 사람은 어느 정도 불만족 요인이 해소가 되고 나면, 그 다음부터는 직장을 다니면서 성과를 내고 인정받아 성장하고 승진 하는 그런 느낌을 받고 싶어 한다.

그런데 불행하게도 대부분의 기업이나 조직에는 상기와 같은 만족 요인의 강화에 관한 프로그램, 정책, 제도 등 매우 부족하다. 왜 부족할까? 무엇이 문제인가?

첫째, 기존 경험에 갇힌 한계와 왜곡된 인식 때문이다.

그동안 경영진이나 관리자들은 불만족 요인의 중요성만 인식해 왔다. 기존의 경영진들은 물리적 보상이 본인들이 과거에 경험한 방식인 급여, 복지 정도가 전부라는 인식이 있어 그 익숙한 보상 체계 이외에 만족 요인 충족에 대한 관심이 적거나 없는 경우가 많 다. 예를 들어 '회사=노동력을 팔아 돈 버는 곳,' 원래 육체적·정신 적 스트레스를 받는 곳이고 그 대신 급여나 복지를 얻어 낸다고 생 각하는 것이다.

둘째, 조직 심리학에 대한 이해의 부족과 내부 직원에 대한 관심 이 부족했다.

한국의 기업들은 과거 경제 성장기에 미국식 인사관리 방식의 주류였던 성과주의 인사관리 방식을 채택해 왔다. 그러다 보니 당 근과 채찍론에 매우 익숙해졌다. 당근이 바로 임금과 복지로 대변 되었던 것이다. 즉, '보상=돈, 임금'이라는 인식이 만연할 수밖에 없었다. 게다가 불만족 요인, 만족 요인 등 동기위생이론은 물론이 거니와 직원들의 동기 부여에 대한 인사 부문에서 실질적 학습이나 그에 따른 연구들이 부족했다.

예를 들어 '고객만족', '고객은 왕이다'라는 말처럼 상품을 구매해 주는 실제적인 고객, 외부 고객들에 대해서는 엄청난 연구와 많은 예산 투자를 해 STP Segmentation-Targeting-Promotion 로 대변되는 고객, 지역, 시장 분석 마케팅 전략을 도입하는 등의 엄청난 노력을 해 왔다. 실질적으로 양적, 질적 연구조사들과 해당 분야 전문가들이 끊임없이 양성되고 있다.

반면에 대다수의 조직 구성원인 팔로워들에게 우리는 얼마나 투자해 왔는가를 자문해야 한다. 외부 고객에 대한 분석으로 마케팅 전략을 세우듯, 내부 직원들에 대한 분석과 대안을 제시하고 있는가라는 측면에서 볼 때 '내부 고객=직원'이라는 인식이 부각된 시점이 얼마되지 않았다는 점이 시사하는 바가 크다고 본다.

셋째, 만족 요인 대부분은 벤치마킹이 어렵다.

성취감, 인정감, 일의 의미, 성장감 등 만족 요인은 정성을 들여야 하는 일이라 장기적인 관점의 노력이 필요하다. 더군다나 잘 눈에 안 띄지 않는 요소라 벤치마킹이나 연구하기가 힘들다. 그렇다 보니 당연히 만족 요인에 대한 관리 방식이나 정책, 프로그램 개발 등이 부족했다.

반면에 불만족 요인은 쉽게 벤치마킹이 가능하다. 급여 얼마, 보너스 얼마, 식대 얼마, 유니폼비 얼마 등 실질적인 수치화가 명확한 항목들이라 그 수준에 맞게끔 적당히 챙겨 주면 별일 없이 잘 관리가 되어 왔다. 그러다 보니 파악하고 해결하기 난해한 만족 요인보다는 불만족 요인을 충족시키는 데 사내 정책, 제도, 프로그램 등이 동원되었다. 그간 한국 기업들 대부분이 불만족 요인을 통한 보상에는 익숙했지만 만족 요인을 통한 보상에는 그 인식과 개선 노력은 뒤처졌다.

넷째, 모호함의 함정에 빠져나오기가 어렵다는 점이다.

내재적 보상 위주의 만족 요인의 경우 조직문화, 리더십과 매우 관련성이 크다. 하지만 대부분 조직에서 만족 요인에 대한 연구가 부족한 편이다. 게다가 그 내용은 조직문화가 직원들의 만족도에 미치는 영향, 조직문화와 리더십의 관계, 리더십이 직원들 정서와 만족도에 미치는 영향, 직원 정서가 조직문화에 미치는 영향과 같이 매우 복잡해 보인다. 한마디로 대충은 알겠는데 정확하게 설명하기는 모호한 상태라는 것이다.

이처럼 사안이 모호하면 어떤 의사결정을 하기가 매우 어려워지게 된다. 또한, 중요는 하지만 긴급한 이슈가 아니다 보니 모호성과 더불어 조직문화, 리더십 등이 직원 정서, 만족도에 미치는 영향을 분석하기를 어려워하고 포기하는 경우가 많다.

다행스럽게도 만족 요인은 큰 비용 없이 대부분 리더가 쉽게 채워 줄 수 있다는 것이다. 불만족 요인에 대한 욕구가 일정 수준에서 채워지고 나면 만족 요인은 리더십과 조직문화로 해결된다. 예를 들어 직원들이 일을 잘하면 잘했다고 칭찬과 인정을 해 주고, 결과물이 좋다면 성취감을 느끼게 해 줘야 한다. 그리고 사내외 멘토링 교육도 제공해 직원들이 발전하고 있다고 스스로 느끼게 해 주며 조직 내 승진으로 심리적, 물리적 보상을 주어 만족감을 높여주는 것이다.

결국 직원관리의 패러다임을 전환한다는 것은 바로 불만족 요인 중심의 외재적 보상관리에서 점차 만족 요인 중심의 내재적 보상관리로 전환함을 의미한다. 불만족 요인의 경우 스텝 부서에서 그 기능을 전담하는 경우가 많지만, 만족 요인의 경우 해당 조직 리더들의 역할이 크다. 결론적으로 조직이나 리더는 어느 한쪽 요인만이 아니라 두 개의 요인 모두가 적절한 수준을 잘 유지할 수 있도록 하는 것이 관건이다. 분명한 트렌드는 이제 만족 요인에 대한 연구와 투자가 더욱 확대되어야 한다는 것이다.

⊘POINT ···

1. 불만족 요인 중심에서 만족 요인 중심으로 '보상관리'를 할 경우 팀장의 책임과 역할이 매우 중요하다. 특히 불만족 요인의 경우 사실상 리더 개인이 할 수 있는 것보다는 회사 전체적으로 인사관리 차원에서 급여, 복지 수준을 책정하거나 작업 환경을 개선하는 것이라 볼 수 있다.

2. 다행히 성취감, 인정, 일의 의미, 비전 제시 등의 만족 요인은 대부분 리더들이 쉽게 할 수 있는 일이다. 아무리 좋은 급여와 복지 수준을 보상받더라도 리더가 괴팍하거나 같이 근무하기 힘든 조건이라면 웬만한 팔로워들도 퇴사를 생각하게 될 것이다. 그러므로 리더들은 만족 요인들이 팀원에 미치는 영향을 감안하여 그에 맞는 리더십을 갖춰야 한다.

3. 대부분 기업에서 팀장 리더십을 본인 스스로 하는 것이라는 생각하는데, 이들에 대한 '리더십과 직원 정서, 조직문화' 등과 같은 주제의 교육 기회가 많이 제공되어야 한다.

따르는 사람, 이끄는 사람

리더의
자기조직 완결형 사람관리

경기도 판교 테크노밸리에는 소프트웨어를 개발하는 K기업이 있다. 종업원 약 370여 명, 5개 실, 13팀으로 구성되어 있고, 팀원이 평균 30여 명에 4개 실 대부분 소프트웨어 개발업무 중심이다. 경영지원실 내에는 인사팀, 재경팀, 총무팀이 있다. 구성원들의 80% 이상이 공대, 전산학과 대졸 엔지니어 출신이며, 팀장들도 모두 이과계열 엔지니어다. 그런데 어느 날부터 노동조합이 설립되었고 점차 조합원 가입자 수가 늘어났다. 노조 설립 직후, 경영층에서도 노사관계에 대한 걱정과 함께 노무관리의 중요성을 깨달으며 인사팀에 노무관리 파트를 만들고 우선 3명의 직원을 배정하여 노조대응을 하도록 했다. 동시에 사내 보직자(대부분 팀장, 실장)들에게 예하 직원들의 고충 처리나 정서관리에 힘쓸 것을 강조했다.

하지만 기업의 지시에 팀장들 대부분은 강한 거부감을 표출했다. '나는 엔지니어 출신이니 소프트웨어 개발 업무에 집중하게 해 달라, 노무관리를 어떻게 해야 하는지 모른다. 나의 일은 직원들의 소프트웨어 개발 성과를 챙기는 건데 왜 자꾸 직원들 정서관리를 하라고 하는가, 그런 일은 인사팀이나 노무 전담팀에서 해야 하는 것 아닌가, 내 일은 소프트웨어 개발 및 실적 달성 아닌가'라는 식의 불만들이 쏟아져 나왔다. 본인들은 소프트웨어 개발 업무를 해야 하니 그 외 인사, 노무 관리 등은 별도 담당 팀이 있어야 하는 것 아니냐는 것이다. 팀장 다수의 원성과 불만으로 결국 노무를 관리하는 직원이 실당 1~2명이 배치되었다. 이렇게 실별로 노무만 전담하는 직원 배치 후 노사관계의 결과는 어떻게 됐을까?

우선 결론을 말하자면, 5년이 지난 시점의 노사관계 상황은 더욱 악화되었다. 처음에는 실별 노무 담당 직원들이 각종 고충 처리, 현안 이슈 등을 잘 해결해 노사 모두가 만족도가 높은 것처럼 보였다. 또한, 이들은 기업에 항의하는 노조원, 노조간부나 활동가들과 대화와 협의, 설득 과정을 거쳐 각종 현안 문제를 풀어가는 전형적인 노무관리 방식을 취했다.

큰 문제가 없는 듯 보였지만, 수년이 지나는 과정에서 '의도하지 않은 결과'가 나타나기 시작했다. 노무 담당 직원이 주로 대의원이나 노조 간부들을 전담하는 과정에서 실제로 조직 구성원들과 가장 맞닿아 일하는 팀장들, 실장들이 오히려 본인 조직 내 직원관리에 더 소홀해졌고, 업무 성과만 관리하는 식의 리더십이 남발되었다. 즉 웬만한 노무 이슈나 골치 아픈 노사 현안이 발생하면 스스로 관심을 두고 해결해 보려고 하기보다는 노무 전담 직원에게 바로 넘겨 처리하도록 요청하는 관행이 안착해 버린 것이다.

예를 들어, 일상적인 업무 활동에서 팀장 실장 등 리더들이 내뱉은 말이나 거친 언행으로 빚어진 오해를 서로 푸는 것이 아닌 매번 노무 담당 직원의 중재로 해결하기엔 어려움이 있었다. 인사, 노무에 관여하지 않는, 업무 외에는 자신의 팀원을 들여다보지 않는 현업 팀장, 보직자 리더들의 '서투르고 세련되지 못한 성과 중심의 리더십'이 노사관계를 더욱 멀어지게 했다.

이 외에도 직원들의 니즈를 충족시키지 못하는 기업 내부의 제도와 정책, 업무 프로세스에 대한 불만, 실마다 각기 다른 다양한 문제 등도 노무 담당하는 직원이 모두 처리해야 하다 보니 시간이 갈수록 한계에 부딪힐 수밖에 없었다.

갈수록 쌓여 가는 이슈에 인사팀에서는 실별 노무관리 직원을 질타하는 일도 잦아지며 사기가 저하되는 현상까지 일어나게 되었다. 그 결과 실제 노무 직원들이 속속 교체되고 업무에 익숙지 않은 신규 직원들로 교체되기에 이르렀다.

이 문제의 해결을 위해 K기업은 당시 유능한 컨설턴트로부터 리더십, 조직문화, 직원 정서와 노사관계를 포괄하는 진단을 받았고, 조언받은 것을 바탕으로 기존의 일하는 방식과 노무관리 조직 체계를 단계적으로 바꾸어 나갔다.

• 1단계: 반성과 공감대 형성

우선 리더들을 대상으로 기존 노무관리 방식의 문제점에 대해 제대로 인식하는 시간을 가졌다. 더불어 향후 노무관리 전략을 CEO부터 최소한 팀장까지 공유하며 공감대를 형성했다. 변화의 출발점은 '현실 자각'이었다. 가장 먼저 노사관계 및 노무관리에 대한 '업의 본질'을 다시 생각해 보며 그 정의를 재정립했다. 노사관계를 정의를 기존의 사용자와 노동조합(노동자)과의 관계 수준에서 벗어나 '조직 내 다수의 구성원이 기업의 총체적 경영, 관리 활동에 대한 신뢰와 불신의 정도를 보여 주는 관계로 신뢰가 높으면 합리적 노사관계, 불신이 높으면 대립적 노사관계가 된다'고 정의했다.

노무관리 프로세스 또한 팀 내 사정을 잘 모르는 노무 직원이 이슈에 직접 관여하는 것이 아닌 조직 내 리더들이 소속 팔로워들과 직접 소통하여 서로의 입장을 깊이 이해하고 빠르게 처리될 수 있도록 하여 신뢰를 쌓는 것으로 바뀌었다. 팔로워들이 기업을 신뢰하고 행복하게 일하며 성과를 창출할 수 있도록 중간에서 돕는 것으로 리더의 역할이 바뀌게 된 것이다. 업의 본질에 대한 발상의 전환으로 노사관계와 노무관리를 재정의 Redefinition하게 되었고, 조직 구성원의 정서에 지대한 영향을 주는 것은 리더의 인사, 노무 관심 여부라는 사실을 깨닫게 되었다.

• 2단계: 노무 직원들의 업무 방식 변화

실별 1~2명씩 배치되었던 노무 직원들이 종횡무진으로 관리하는 방식, 즉 직접 노사 현안, 조합원, 노조간부들의 고충을 처리하고 해결하는 방식에서 벗어나고자 했다.

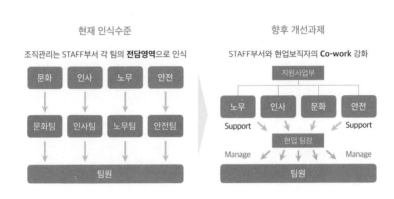

무엇보다도 가장 힘들었던 것은 기존 성과 위주 관리에서 직원 관리를 보직자인 팀장, 실장들이 해야만 하는 이유에 대한 설득이 었다. 그저 분기별 회식 한두 번 하고, 계절별 야유회, 체육대회 및 단합 행사 좀 하면 직원관리라고 생각했고, 그 일은 '노무팀에서 해야 할 일'로 인식했던 과거와 달리 이제는 팀 내 리더들이 A to Z 까지 관리해야 한다는 것으로 재인식시켰다.

이에 노무팀은 직접 관여에서 간접 관여로 방향을 틀었다. 현업 의 리더들(팀장, 실장, 임원 등)이 자기 조직 내 팔로워들을 제대로 관리할 수 있도록 리더로서의 통합적인 관리 마인드, 노무관리 마인드셋 제고, 실용적 대화 기술과 공감적 경청, 기업 내규의 이해,

노무관리 기초 상식, 최신 노동법 판례, 관련 정보 및 동향, 현안 대응 방식 등 다각적인 지식과 정보를 시의적절하게 제공, 교육하는 전형적인 스탭 역할을 강화했다.

특히 해당 조직의 노조간부, 대의원들이 소속된 팀 내 리더들에게 먼저 시범적으로 시행했다. 기업이 가고자 하는 노무관리 추진 전략을 공유, 멘토링 제도 등을 후원하여 현업 리더들이 가질 수 있는 변화의 두려움을 제거해 주고 자신감을 심어줬다. 저변확대를 통해 리더들이 해당 조직을 잘 이끌어가도록 유도한 것이 주효하였다.

• 3단계: 관리의 선순환

현업에서 보직자 리더들이 자기 조직 내 구성원들과 활발하게 소통하는 과정에서 팔로워들의 어려움과 고충을 전해 들은 것을 인사나 총무 부문에 연락해 내용을 전달해 주고 해결하는 과정의 빈도수가 과거에 비해 훨씬 많아졌다. 이 과정에서 현업과 스탭 부서인 지원실에서도 현장의 어려움과 사정들을 서로 잘 이해하는 계기가 되고 동시에 기업 내 각종 제도나 규정 시행에 앞서 현업의 목소리 Floor voice를 충분히 고려하게 되면서 '관리의 선순환'이 일어났다. 당연히 과거와 비교해 보더라도, 현업 실정에 둔감한 채 시행된 정책들을 사후에 수정하는 일이 점차 줄어들고 '사전적 예방 관리'가 자리를 잡아갔다.

보직자인 리더들이 먼저 나서서 직원들의 어려움을 이해하고 해결해주다 보니 점차 직원들이 노조나 노조간부에 의존하는 정도가 점차 낮아지고, 노조 입장에서도 상황이 좋아졌다. 직원들의 고충처리 건수가 대폭 줄어들었고 조합원들의 만족도가 크게 개선되었기 때문이다. 당연히 노조 간부들도 본연의 책임과 역할에 집중할 수 있었고, 노조의 순기능을 잘 유지할 수 있었다.

이러한 문제가 비단 K기업만의 일일까? 리더가 '내 일만 잘하고 성과를 내자'는 식의 생각을 하는 조직이라면 이 문제는 그 어떤 조직에서나 발생할 수 있다. K기업의 해결 사례와 같이, 리더는 팔로워와의 역할 차이를 제대로 인식하고, 현실 자각을 통한 반성과 성찰로 소속된 조직의 문제를 직접 해결해 나갈 힘을 길러야 한다.

> 당신이 친구와 함께 강가에 소풍을 즐기고 있는데, 갑자기 강 쪽에서 다급하게 외치는 소리가 들린다. 어린아이가 물에 빠진 것이다. 두 사람 다 곧장 물에 뛰어들어 아이를 구해 강가로 데리고 나온다. 그런데 숨 돌릴 틈도 없이 또 다른 아이가 도움을 요청하는 소리가 들린다. 당신과 친구는 아이를 구하려고 다시 강물에 뛰어든다. 그게 끝이 아니다. 물속에서 허우적대는 아이가 보이고, 또 보이고, 계속 보인다. 두 사람의 힘으로는 다 구하기가 벅찰 정도다. 그때 갑자기 친구가 당신을 혼자 두고 물 밖으로 나간다. "어딜 가는 거야?" 당신이 묻자 친구가 답한다. "상류로 가서 아이들을 물속에 던져 넣는 놈을 잡으려고"
>
> ― 댄 히스, 『업스트림』 웅진지식하우스, 2021.

모든 문제에는 원인이 존재한다. 급변하는 외부적 요인, 기업 내부적 변화를 인사팀, 노무팀이라는 한정적인 인원으로 해결하려고 했다는 것, 그리고 직원들의 니즈에 관심이 없고 조응 Alignment하지 못하는 리더들의 사고. 이러한 원인의 해결 없이 인사와 노무를 관리하는 팀의 규모를 늘린다든지 그만두는 직원들을 잡기 위한 임시방편식 해결 방법은 오래갈 수 없으며, 팔로워들이 떠밀려 강물에 빠지는 것을 계속 방치하는 상황이 발생할 수밖에 없다.

그러므로 팔로워의 정서관리 및 일반적인 노무관리는 따로 담당하는 직원을 두는 것이 아니라 팀 내 모든 업무를 관장하는 리더가 그 역할을 전담하는 것이 효율적이면서 효과적이다. 기업과 리더는 어떻게 하면 팔로워들의 업무관리에 정서관리를 자연스럽게 녹아들게 할 수 있을지 고민해야 한다. 이에 도움이 될 수 있는 방법론이 바로 '자가조직 완결형 조직관리' 또는 '자기조직 완결형 사람관리'이다. 리더의 리더십으로 조직 내 구성원들의 만족도를 제고시켜 직원 정서를 관리하는, 즉 '전全 리더의 노무관리자화'가 되어야 한다.

리더가 본연의, 혹은 팀 내 맡은 업무를 잘하는 것도 중요하다. 하지만 그건 그 밑에 팔로워들도 마찬가지다. 맡은 게 다른 것도 아닌데, 조금 더 빨리 입사했다고 아니면 급여를 더 받는다고 리더와 팔로워로 나뉘는 건 아닐 것이다. 리더는 업무 외적으로 팀 내 맡은 업무가 잘 진행될 수 있도록 팔로워들을 지원하고 적절한 업무 분위기를 조성해 주는 관리 능력을 발휘해야 한다. 이것이 리더와 팔로워의 차별화된 역할이다. 팔로워들의 고충 처리가 리더의 일이 아닌 노무팀에서 할 일이라고 인식하여 별다른 관심을 갖지 않는 분절적 사고, 바로 이것이 리더의 역할과 노무관리 개념에 대한 '무지의 소치'다. 조직 내 리더들의 '자기조직 완결형 관리' 마음가짐과 실천이 더해진다면 구성원, 조직, 기업 전체를 변화시킬 수 있다. 어렵게 생각하지 말자. "보직자(리더)로서 내 식구(팔로워들)는 내가 챙긴다"는 마음을 가지면 된다.

⊘POINT

1. 리더는 팔로워와 본인의 역할 차이를 분명히 인식하고 현실 자각을 통해 자신이 소속된 조직의 문제를 직접 해결할 힘을 길러야 한다.

2. 팔로워의 정서관리와 노무관리는 리더가 전담하는 것이 효율적이며 효과적이다. 이를 전담하는 데 있어 자신에게 필요한 자질은 무엇이며, 팀에 맞는 관리 방법에는 무엇이 있을지 고민해야 한다.

3. 기업 차원에서 전 리더의 노무관리자화를 위해 중간자적 역할을 할 현업 팀장들을 지원할 방안에는 어떤 것들이 있을지 살펴야 한다.

4. 인사 업무 또는 노무 업무 담당자는 스탭으로서 현업의 보직자(리더)들이 조직관리를 잘할 수 있도록 적극 지원해야 한다.

직원들이
회사에 다니는 이유

사회의 축소판이라고 할 수 있는 직장생활에서 직장인들은 끊임없이 자신이 일하는 이유를 고민한다. 직장 이야기를 한탄 섞어 주변 지인이나 동료에게 '왜 직장에 다니는지' 물으면 '돈 벌려고 다닌다'는 이유 외에 생각보다 다양한 의견들이 나왔다. 속한 조직 내에서 성공하고 싶어서, '자아실현'을 위해서라는 대답도 있었다. 생계유지를 위한 안정적 수입원이라는 이유도 중요하지만 내 삶을 헛되이 보내지 않기 위해 일하는 의미를 찾으려는 것은 어찌 보면 당연한 게 아닐까?

하지만 같은 기업을 다니고 같은 팀이어도 자신의 위치와 입장에 따라 그 일에 대한 의미가 달라지며, 기업으로부터 기대하는 것 또한 리더와 팔로워가 각각 다르다. 이 주장에 뒷받침이 되어 주는 자료를 보자.

Different perspective between Manager and Employee

	Manager Ranking	Employee Ranking
Full appreciation for work done(업무에 대한 인정)	8	1
Feeling 'in' on thing(소속감)	10	2
Sympathetic help on personal problems (개인사에 대한 심정적 지원)	9	3
Job security(고용 안정)	2	4
Good wages(높은 임금)	1	5
Interesting work(업무의 즐거움)	5	6
Promotion/growth opportunities(승진 기회)	3	7
Personal loyalty to workers(개인적인 충성도)	6	8
Good working conditions(좋은 작업 환경)	4	9
Tactful disciplining(유연한 규율 적용)	7	10

What managers believed that their employees most wanted from their jobs was in sharp contrast to
What the employees themselves reported as being most desirable

*Source: Professor Gerald Graham(Wichita State University, 2016)

조직 내 위치에 따라 기대하는 가치의 우선순위가 확연히 다르게 나타났다. 리더 Manager들은 팔로워 Employee들이 직장에 다니는 이유, 또는 직장으로부터 노동의 대가로 받고 싶은 우선순위를 높은 임금과 고용 안정, 승진 기회라고 생각했지만, 팔로워들의 생각은 달랐다. 이들은 오히려 높은 임금, 고용 안정, 승진 기회보다는 업무에 대한 인정, 소속감, 개인사에 대한 심정적 지원을 1, 2, 3위로 꼽았다. 즉, 리더들이 판단한 것과 완전히 상반된 인식 결과가 나온 것이다.

물론 이 데이터에 추가적인 확인 사항이 필요할 수도 있다. 직원들은 산업 동향과 동종 업계 수준에 따른 고용보장, 임금 체계, 근무 강도가 같다는 전제하에 그다음으로 기대하는 것들이 무엇인가에 초점을 맞춰 답변한 데이터일 수도 있다는 점에서 추가적인 확인이 필요할 수도 있다. 하지만 그 전제를 배제하더라도, 리더와 팔로워의 관점의 차이가 극명하게 드러난다는 점에서 조직 운영 및 관리, 리더십이 앞으로 어떤 방향으로 나아가야 할지에 대해 시사하고 있음은 분명하다.

왜 이렇게 생각의 차이가 크게 나는 것인가?

무엇보다도 가장 큰 차이는 세대 차이일 것이다. 동서양을 막론하고 베이비붐 세대부터 MZ세대까지 직장에 대한 인식은 판이하다.

그중 베이비붐 세대와 X세대 직장인의 인식은 매우 비슷하다. 이들은 현재 조직 내 경영진이나 고위급 리더에 포진해 있다. 조직을 운영하고 관리하며 책임지고 이끌어 가는 위치에 있는 것이다. 과거에는 '직장=돈 버는 곳', 즉 직장이라는 곳은 노동의 대가로 먹고살기 위한 수단이라는 인식이 일반적이었다. 직장에서 잘리지 않고 임금이나 복지, 더불어 작업 환경이 어느 정도만 유지되도 감지덕지였다. 그들 스스로 수십 년간 그렇게 살아왔기에 후배 세대들도 당연히 안정된 고용, 임금, 복지, 작업 환경이 가장 중요할 것으로 생각하는 것이다.

반면 MZ세대는 직장을 단지 '돈만 버는 곳'으로 생각하지 않는다. 돈을 벌기 위해 출근하는 건 맞지만, 팀에서 인정받아 그 속에

녹아들어 소속감을 느끼고, 회사와 함께 성장하며 발전하고 싶어 한다. 또한, 먹고살기 위해 직장을 다니기보다는 '내가 하고 싶은 것을 하기 위해 돈을 버는 곳'이라는 인식이 크다. 과거의 인식과는 목적성이 다르다. 그래서 필요한 만큼 일하고 일에 있어 의미적인 요소를 중요하게 생각한다.

과거와는 다른 새로운 팔로워의 인식에 맞춰 효율과 성과를 낼 수 있는 기업 환경 구축을 위해 기업과 리더는 어떻게 해야 할까?

우선 리더는 팔로워와 원활한 소통을 바탕으로 그들이 진정 필요로 하는 것이 무엇인지, 어떻게 하면 사기를 진작시킬 수 있을지 파악해야 한다. 앞선 표에서 알 수 있듯이, 직원들이 기업에 기대하는 것은 업무에 대한 인정, 소속감, 개인사에 대한 심정적 지원 등 소프트웨어적인 부분이다. 이 부분들을 포함한 조직문화를 먼저 구축하고 안정화한 뒤 제도, 프로세스, 임금 등 하드웨어적 영역을 정리한다면 직원들의 직장 만족도를 높일 수 있다.

칭찬과 격려, 적절한 피드백, 팀원으로서의 자부심, 팀원과의 정기적인 업무적 면담, 사적 면담, 일하는 과정에서 즐겁고 재미있는 분위기를 조성하는 것이 바로 소프트웨어 리더십 영역이다. 이런 리더십은 구성원들의 직무 만족도 및 이직률에 직접적인 영향을 미친다.

결국 리더십이 잘 발휘되면 직원들은 더 즐거운 마음으로 행복하게 일할 수 있고, 그 결과물들은 결국 회사의 실적이 될 것이다.

1. 리더의 업무 중 1순위는 팔로워들의 고충과 어려움이 무엇인지를 잘 파악하는 것이다.

2. 리더가 팔로워들의 고충과 어려움을 캐묻기 전에 팔로워들 스스로 리더를 찾아가 이야기를 나눌 수 있게끔 환경 조성에 힘써야 한다.

3. 조직에서는 수시로 직원들의 하드웨어, 소프트웨어적인 고충 사항과 어려움을 알기 위한 조사가 있어야 한다. 예를 들어 직무 만족도, 조직문화 진단 등에 대한 정량화된 조사가 필요하다. 정량화된 조사 결과를 잘 조합하여 팔로워들의 우선적인 니즈를 풀어 가는 것이 중요하다.

Sound body
Sound mind

세계적인 명언 중 '건강한 몸에 건강한 정신이 깃든다'라는 말이 있다. 이 말은 원래 고대 로마의 시인 유베날리스 Juvenalis 풍자시의 한 구절에서 유래된 것인데, 당시 몸만 단련하고 정신은 그렇지 않은 로마 검투사들을 풍자하는 말이었다. 하지만 후에 영국의 사상가였던 존 로크 John Locke가 유베날리스의 말을 잘못 번역, 인용해 몸이 건강해야 밝고 즐거운 생활을 하며 정신도 건강해진다는 뜻의 명언이 탄생하게 되었다.

이 말은 한국 사람들에게도 널리 사용되는 표현이다. 몸이 건강하면 어떤 일을 해도 쉽게 지치지 않아, 일을 하거나 사람들을 만날 때도 상대에게 좋은 인상을 남길 수 있다. 이는 기업 내 리더와 팔로워 둘 모두에게 해당되는 사항이다. 여기 두 명의 팀장이 있다. 팀원들 눈에는 서로 다른 건강 상태에 놓인 팀장이 어떻게 비칠지 간단히 살펴보자.

피곤한 A팀장

C대리: 팀장님, 엊그제 지시하신 '신제품 신흥국 진입 마케팅 전략' 보고하러 왔습니다.

A팀장: 어! 지금! 점심시간이 다 되어 가네. 그래, 알겠어요. 지금 좀 피곤해서 그런데 책상에 올려 두면 나중에 보고 피드백 줄게요!

쌩쌩한 B팀장

C대리: 팀장님, 엊그제 지시하신 '신제품 신흥국 진입 마케팅 전략' 보고하러 왔습니다.

B팀장: 어! 지금요!? 점심시간이 다 되어 가는데… 그럼 같이 확인하고 점심 같이 해요. 자, 한번 봅시다. (전체 보고 완료 후) 보고서가 잘 정리되어 있네요. 수고했어요. 지난번 보고했던 프로젝트는 진행 잘 되어 가나요? 점심 먹고 커피 한잔 하면서 그 프로젝트 어떻게 되고 있는지 이야기 좀 해 줘요.

A팀장은 피곤에 지쳐 C대리가 보고를 하러 왔음에도 추후 확인하겠다고 한다. C대리 입장에서는 열심히 준비한 보고를 팀장의 컨디션 난조로 미룰 수밖에 없어 속상했을 것이다. 그리고 마치 자신이 쉬고 싶은 팀장의 휴식을 방해하고 귀찮게 하는 건가 싶은 난감한 기분이 들 것이다. 업무 진행 또한 다시 보고하러 오거나 피드백을 받아야 하므로 당장은 일을 마무리할 수 없게 된다. A팀장의 건강 상태가 다른 사람에게까지 영향을 주게 된 것이다.

B팀장은 보고를 하러 온 직원을 생각해 점심을 같이 먹자고 제안한 후 바로 보고를 받고 있다. 그리고 C대리가 진행하고 있는 다른 업무 이야기를 꺼내며 팀원에 대한 관심도 표현한다. 피곤하다며 팀원을 되돌려 보내는 A팀장과는 확연히 차이가 난다. 자신의 피곤함을 이기지 못해 업무 지장뿐만 아니라 팀원과의 소통 타이밍도 놓친 것이다.

사람들이 삶을 열심히 살고, 직장인들이 열심히 직장생활을 하는 것은 궁극적으로 개인과 가족의 행복한 삶을 위해서일 것이다. 하지만 건강하지 않으면 행복하기는 어렵다. 그렇기에 직장생활을 하든 자영업을 하든 '건강'의 중요성은 아무리 강조해도 지나치지 않다.

대다수 직장인은 직장생활에 있어서 건강이 가장 중요하다는 점을 잘 알지만, 바쁜 업무와 일하는 과정에서 그 소중함을 곧잘 잊곤 한다.

만약 직장에 다니는 사람의 건강이 좋지 않다면 어떨지 생각해보자. 허리가 좋지 않아 장시간 자리에 앉기 힘들고, 늘 조심스럽게 걷거나 움직여야 한다면, 또는 위나 간 등 만성 속병이 있어 식사, 회식 때마다 여러 가지 음식을 가려야 한다면, 직장생활에서 어떤 형태의 모습이든 건강이 좋지 않을 경우 그로 인해 잃는 기회비용도 만만치 않을 것이다.

일하는 과정에서는 다양한 '감정의 굴곡'을 경험하게 된다. 감정의 굴곡을 줄이고, 매사에 긍정적인 마인드를 가지려면 기본적으로 건강한 신체를 유지해야만 한다. 건강하지 못한 상태에서 자꾸 마음속으로 '자 긍정적인 사고를 하자. 나는 할 수 있다'라고 속으로 수없이 외쳐 본들 그것이 효과가 있을까? 웬만해서는 쉽지 않다. 그래서 건강한 육체가 중요한 것이다. 건강한 육체에서 건전한 생각이 나오는 것 Sound body Sound mind이다. 직장생활에서 건강한 신체를 유지하는 것이 왜 중요한가를 리더의 입장에서 정리해 보면 아래와 같다.

첫째, 대부분의 리더는 자신의 건강관리를 철저히 하고 있다.

실제 사회나 기업에서 중요한 보직을 갖고 있는 분들을 보면 겉으로는 매우 바쁘게 생활을 하고 있어 운동할 시간이 있겠느냐는 의구심이 든다. 하지만 그런 리더들도 각자 자신의 건강관리를 철저히 하고 있다. 특히 우리가 익히 아는 훌륭한 리더들이나 조직 내 고위 임원들도 겉으로는 늘 바빠 보이지만 그들 나름대로 열심히 건강을 관리한다.

예를 들어 새벽 4~6시에 체육관에 가서 운동하거나, 저녁 약속 식사 후에는 가까운 집까지 도보로 걸어가거나, 주말에 등산, 골프를 할 때도 전동카트를 애써 타지 않고 전체 홀을 걷거나 뛰어다니는 등 여러 형태로 자신의 건강을 관리한다. 체력이 없다면 복잡하고 다양한 회사 업무를 처리하는 데 집중할 수 없을 것이며, 업무로 피로가 장기적으로 지속될 경우 쉬고 싶은 생각에 바로 처리해야 할 일도 미루게 되어 성과가 저하될 것이다. 실무자여도 문제지만 만약 한 기업의 리더가 이러한 의욕 없는 업무 패턴을 계속했다

간 기업의 발전과 생존을 장담할 수 없다. 오늘날 그 사회적 명성
이 있는 자리에 올라갈 수 있었던 것은 철저한 자기관리가 있었기
에 가능했던 것이다.

둘째, 사회나 기업에서도 '자기관리'를 리더십의 역량 중 하나라
고 생각한다.

어떤 사람에게 중요 보직을 맡기려고 하는데 만약 건강이 좋지
않다고 가정했을 때, 당신이 기업의 경영자라면 보직을 맡길 수 있
겠는가? 혹시 그 자리에 앉았다가 더 건강이 악화되어 개인의 생
활뿐만 아니라 회사 차원에서도 업무 공백으로 손해를 볼 수 있기
때문에 결정이 쉽지 않을 것이다. 이런 관점에서 많은 팔로워를 관
리해야 하는 리더는 건강관리 또한 리더의 역량이라고 볼 수 있다.

셋째, 건강관리의 중심과 그 시작에는 '자기애愛'가 있다.

이른 새벽에 잠을 깨워 체육관을 향한다. 가서 러닝머신을 열심
히 뛰면 심장 박동수가 올라가고 땀이 흐른다. '그만두고 싶지만
조금만 더 달리자'라며 스스로를 달랜다. 건강관리가 결코 쉬운 일
은 아니다. 다만, 잠자는 시간을 좀 줄여서라도 운동하는 것이 더
낫다는 경험이 있기에 열심히 하는 것이다. 맛있는 음식을 사 먹고
놀며 즐기고 싶은 것은 인간의 기본적인 욕망이다. 누군들 먹고 놀
고 쉬는 것을 싫어하겠는가? 그보다 더 중요한 것이 자기 자신을
사랑하는 일이라 생각하기 때문에 참는 것이다. 자신이 사랑하고
중요하다고 생각하는 것에 적절한 희생정신을 발휘해 더 긍정적인
결과를 내는 리더라면 자신이 이끄는 팀에도 그런 희생정신과 인

내를 적용할 가능성이 크다.

넷째, 리더의 주요 업무 중 하나는 '의사결정'이다. 사회가 다양화됨에 따라 업무 생태계도 타 부문과 복잡하게 얽히고설키게 되면서, 앞으로는 '소통과 협력'의 업무가 더욱 강조되고 있다. 올바른 의사결정을 하거나 직원들과 다양한 의견을 교환하는 과정에도 사실상 강한 체력이 필요하다. 만약 건강이 좋지 않다면 본인은 물론이고 타 부문의 업무 파트너와 소통에 지장을 줄 수 있다.

직장생활의 가장 큰 장점 중 하나가 지속성과 일정한 생활 패턴이다. 내가 건강을 관리하고 싶다면, 직장에서 거의 매일 만나는 동료와 함께 일정한 시간에 운동을 시작해 보는 건 어떨까? 혼자 하다가 힘들어 그만두게 되는 것보다 서로를 격려해 주고 스트레스도 풀면서 운동을 지속한다면 더 오랫동안 건강을 유지할 수 있을 것이다. 건강관리를 위해 시작한 운동이 건강뿐 아니라 직장생활 속 하나의 행복이 되어 줄지도 모른다.

◎ POINT ··

1. 팔로워들은 리더의 모습에서 팀과 자신의 미래 비전을 본다. 자기계발 및 건강관리를 잘하는 리더의 모습은 분명 그들에게 귀감이 될 것이다.
2. 팔로워들에게 신체활동을 하는 자기계발의 중요성을 알리고 운동과 취미 등을 권장해라. 팔로워들이 건강해야 팀도 건강해진다.
3. Sound body Sound mind, '몸이 건강해야 마음과 정신도 건강하다'는 말을 항상 되새겨라. 그리고 이 말을 직장생활에 적용해 이렇게도 기억해 주길 바란다. Sound team Sound result! '건강한 팀에서 건강한 성과가 난다'라고 말이다.

기업의 사회 공헌 활동과 ESG 경영,
글로벌 시민의식을 구축하다

    우리나라의 중학교 교과서에는 조직에 관한 주제를 다루면서 기업의 존재 목적을 '이윤 추구'로 정의하고 있다. 물론 완전히 틀린 말은 아니다. 기업은 지속 가능한 구조를 만들어 이윤을 남겨야 한다. 하지만 그 과정에서 얻게 된 이윤은 목적의 결과이지 목적 자체가 아니다.

  기업의 존재 목적을 이윤 추구로 한정함으로써 회사 사업주나 경영진을 장사치로만 보이게 하고, 기업 경영을 '돈을 벌기 위한 행위, 이익만 남기면 된다'라고 잘못 정의하면서 '기업'이라는 말에 부정적인 프레임이 씌워진 것이다. 산업화 시대를 거치면서 기업의 존재 목적인 이윤 추구는 노동자를 착취하여 부를 축적한다는 인식으로 더 변질되어 갔다. 오늘날에 와서는 부정적 인식이 많이 완화되긴 했지만, 그래도 여전히 한국 주요 대기업의 경영진들을 '재벌'로 칭하며, 이들과 관련된 범죄가 터질 때마다 일반인들의 범죄보다 더 인색한 시선으로 바라본다. 이윤을 추구한다는 이유 외에 대기업이나 재벌에 대한 부정적인 시선은 어디서부터 시작된 것일까?

한국은 과거 6·25전쟁 전후 원조를 받던 수혜국에서 원조 지원국이 된 전 세계 유일무이한 나라가 되었다. 그만큼 한국의 경제 발전은 전대미문의 사례다. 당시에 한국의 대기업들이 경제 발전의 주역인 것은 자명한 사실이지만, 이들의 경영 활동이 정치, 경제, 사회적 측면에서 국민의 시선과 눈높이를 미처 맞추지 못했던 점에서 반기업 정서가 나타났다고 본다.

또한, 일부 기업, 재벌들이 법망을 피해 저지른 내·외부 불법 거래, 불법 청탁 등 탈법적, 비도덕적 행위들이 기업에 대한 국민들의 부정적 인식을 더욱 심화시켰다.

이러한 국민적 인식과 아울러 기업을 운영하는 운영자 측면에서도 '기업 운영의 목적이 이윤 추구'라는 인식을 벗어나야 한다는 자각을 하게 되었다. 특히, 2000년 이후에는 대기업, 재벌에 대한 부정적 이미지를 극복하고 지속 가능한 경영을 위해 기업의 사회적 책임 활동 CSR, Corporate Social Responsibility 이 적극적으로 이뤄지고 있다.

실제 CSR 활동은 지난 20여 년간 상당히 활발하게 진행되고 있다. 그 예로, L사의 노동조합은 매우 적극적으로 사회적 책임 활동을 하고 있다. 노조를 중심으로 노동조합원들이 사회의 구성원으로서 지역사회 구성원들과 함께하는 노동조합의 사회적 책임 활

동 USR, Union Social Responsibility은 사회 전반에서 매우 신선하게 다가
오고 있다.

하지만 여기 또 다른 차원의 흐름이 나타났다. 바로 ESG 경영이
다. 기업이 기존에는 이윤 추구, 즉 재무적 경영 활동에 집중했다
면, 이제는 환경 Environmental, 사회 Social, 지배구조 Governance 등 비재
무적 경영 활동이 담보되지 않는 기업은 투자금 회수, 수출입 제한
이나 고객들의 외면을 받게 되었다. 이윤 추구가 기업의 존재 목적
이라고 정의했던 기존의 프레임을 끊어 내는 새로운 경영 패러다
임이 나타난 것이다.

ESG 경영은 기업이나 비즈니스에 대한 투자의 지속 가능성과
사회에 미치는 영향을 측정하는 세 가지 핵심 요소를 일컫는 용어
로, CSR이나 USR처럼 하면 좋고 아니어도 큰 상관 없는, 선택의
문제가 아니다. ESG 활동은 기존의 지속 가능한 경영 보고서에 포
함되는 각종 CSR 활동 등을 포괄하는 개념이며, 필수불가결한 경
영 활동으로 자리매김하고 있다.

1988년에 설립된 세계적인 자산운용사 블랙록 BlackRock의 래리 핑크 Larry Fink는 자신이 투자한 기업들에게 보내는 연례 서한에서 ESG 강화를 촉구하며 '앞으로의 투자 결정의 기준은 지속 가능성을 기준으로 삼겠다'고 언급했다. 블랙록은 삼성전자, SK하이닉스, 네이버 등 대한민국 대기업들의 3대 주주로서 국내에도 적잖은 영향력을 미치고 있는 기업이다. 이곳의 투자를 받기 위해 국내 대기업들은 ESG 경영 시스템을 앞다퉈 구축하고 있다.

기업들이 여러 단계의 활동을 거쳐 ESG 경영에 이르는 과정을 정리해 보면 아래와 같다.

• 1단계: 성금 납부 방식

성금을 낸다는 것은 우리에게 꽤 익숙한 방법이다. 불우이웃돕기 성금, 재난 시 피해복구 성금 등 금전 기부로 사회에 환원하는 방법이다. 물론 개인들의 소액 대비 기업들의 수십억의 성금은 기업 이미지 개선이 많은 도움을 준다. 가장 보편적이고 일반적인 사회 공헌 활동이다.

• 2단계: 기업 내 전담 조직 편성을 통한 본격적인 CSR 활동

1단계 과정을 거치면서 보다 효율적이고 체계적이며 지속적으로 사회 공헌 활동을 해야 한다는 의식이 생겼다면, 성금 예산을 훨씬 높여 사회 공헌 기금을 조성하는 것을 넘어 사회 공헌 전담 조직을 구성, 운영하는 단계에 이르게 된다.

실제 많은 기업이 조직 내 '사회 공헌팀', '기업 봉사팀', '사회 문화팀' 등을 신설하여 기업의 사회적 책임을 위한 활동을 펼치고 있다. 과거에 단순히 일부 수익금을 사회에 쾌척한다는 개념에서 이제 기업 경영 활동의 필수적인 한 축으로 사회 공헌 활동을 하는 것이다.

• 3단계: 기업 안의 노동조합이 이룬 사회 공헌, USR

2단계의 활동이 활발해짐으로써 각 기업의 노동조합도 적극적으로 조합원들과 함께 사회봉사 활동을 한다. 내적으로는 함께하는 시간을 통해 결속력을 다지고, 봉사에 참여하는 조합원들의 시민의식도 높일 수 있다. 외적으로는 노동조합과 이들이 속한 기업 이미지까지 긍정적으로 개선하는 효과가 있다.

• 4단계: 전 직원의 사회봉사 활동 참여 확산 및 시스템적 지원

CSR 활동은 내부 직원들의 사회 공헌 활동 동참을 유도한다는 점에서 중요하다. 이때 직원들이 열심히 해서 창출한 이익을 사회에 어떻게 환원하고 사용하고 있는지 알 수 있도록 해야 한다. 직원들은 자기 일이 사회에서 가치 있게 사용되는 것을 보며, 고취되고 더욱더 자발적으로 기업 활동과 사회 공헌 활동에 관심을 두고 참여하게 될 것이다.

몇몇 기업은 직원들의 봉사 활동 기록을 승진 가점제에 도입하거나 봉사 활동 시간을 복지 포인트로 인정하는 제도, ISR ^{Individual}

Social Responsibility 활동 경진대회 개최 등으로 사회 공헌 활동을 적극적으로 지원하고 장려하고 있다. 내부 제도를 활용해 팔로워들의 사회 공헌 활동에 동기를 유발하는 것이다.

원래 사회봉사 활동의 속성상 초기에 직원들이 봉사 활동에 대한 노출이 없는 상태에서 마냥 개인에게만 전적으로 맡길 경우 그 실효성이 낮다. 실제 기업에 근무하면서 본인 스스로 사회 공헌 활동에 먼저 다가서는 경우는 매우 드물다.

따라서 초기에는 약간의 반강제성, 강한 권고적 성격으로 사회적 공헌 활동을 유도할 필요가 있다고 본다. 최소 한 번이라도 사회 공헌 활동을 경험해 보면 그 보람과 가치를 인식할 수 있기 때문이다.

• 5단계: 전 직원들의 '노블레스 오블리주'

4단계에서 기업에 소속된 구성원들이 회사의 관리 시스템에 의해 사회 공헌 활동에 노출되는 과정에서 점차 자발적 참여로 전환된다. 직장생활을 하면서 사회봉사 활동도 하게 되는 것이다.

대기업 직원들일수록, 연봉 수준이 높을수록 앞장서서 사회 공헌 활동을 하는 것이 매우 중요하다. 연봉이 높은 경우 그들이 누리는 혜택 일부를 사회에 환원하는 것이 지극히 정상적이라는 의식과 믿음, 그리고 행동이 바로 '노블레스 오블리주 Noblesse oblige'며 동시에 글로벌 시민의식을 함양하는 것이고 진정한 세계 시민이 되는 전제 조건이다.

대기업에 근무하는 구성원들의 사회적 지위와 수준은 오롯이 그들만의 능력과 노력만으로 이루어진 것이 아니다. 대기업 직원이나 고액연봉자의 경우 비가시적인 사회 구조나 시스템으로 본인의 몫보다 더 많은 혜택을 받을 수 있기 때문이다. 그렇기에 기업의 사회 공헌 활동이 개인 활동으로까지 퍼져나가는 것은 바람직한 방향일 것이다.

ESG 경영은 비재무적 경영 활동이다. 오늘날에는 외부 고객, 내부 직원, 투자자를 포함한 모든 이해관계자가 ESG 경영 활동에 관심을 갖도록 만드는 것이 기업의 중요한 과제가 되고 있다.

환경 부문에는 환경 정책, 기후 변화, 자원 재활용 등이 있다. 사회 부문에는 노사관계, 안전, 근무 조건, 지역 사회 이슈 등과 더불어 지배 구조 부문의 지배 구조 건전성, 배당의 적정성, 이사회의 독립성, 역량, 리스크 관리 능력 등 매우 광범위한 활동을 요구하고 있다. 즉, 기존의 CSR 활동과는 완전히 수준이 다른 레벨의 적극적 경영 활동을 요구하고 있는 것이다.

이는 단순히 사회적 책임 활동을 전담하는 '사회 문화팀'과 같은 조직을 만들어 대응하면 된다는 수준으로는 해결하기 힘들다. 전적으로 경영 패러다임 자체를 혁신한다는 마음으로 기업 경영 활동 전체를 변화, 혁신하는 관점으로 접근해야만 한다. 즉, 조직 내 전체 구성원들의 노블레스 오블리주, ISR 활동을 훨씬 뛰어넘는 수준의 ESG 경영 전략 그리고 그 방향성에 걸맞은 경영 활동 시스템을 구축해 가야 한다.

CSR에서 USR로 이어지고 다시 ISR로 확대되는 과정에서 해당 조직 리더의 역할이 또 다른 긍정적 효과를 끌어낼 수 있다.

예를 들어, 팀 차원의 소박한 사회 공헌 활동 등을 먼저 기획해 보는 것이다. 조직적인 차원에서 정기적으로 실시하는 팀 회식 또는 팀 단합대회와 같은 조직 활성화 프로그램을 고아원, 양로원을 방문하여 봉사하는 것으로 대체하는 것이다. 이외에도 농어촌 일손 돕기, 소외 지역 자녀 과외 공부 돕기, 지역 관광지 청소하기 등 아이템은 매우 다양하다. 개인적 차원에서는 일회용 컵 대신 개인 텀블러 사용하기, 최대한 종이 프린트하지 않기 등 일상생활에서의 소박한 캠페인도 가능하다.

개인의 사회 공헌 활동은 습관이 되어야 한다. 마치 식사 후 양치질을 하듯이 회사와 같은 조직생활 속에서도 수시 또는 정기적으로 사회의 어둡고 힘든 곳을 찾아가 그들에게 조그만 희망과 도움의 손길을 뻗치는 것을 당연한 삶의 한 부분으로 인식하는 것이 중요하다. 글로벌 시민으로서 최소한의 ISR 활동에 동참하는 일은 필요하다.

리더는 이러한 ESG 경영 활동에 많은 역할을 담당하고 있다. 예를 들어 리더십을 잘 발휘해 기업에 훌륭한 인재가 많이 육성되고 그들의 활약으로 제품의 안전과 품질이 좋아지는 것, 기업과 팔로워 사이를 제대로 중재하며 서로에 대한 신뢰 형성에 이바지하는 것, 팔로워들에 대한 안전 및 보건 관리를 잘하는 것 등 모두 매우 중요한 사회 부문의 평가지표에 해당되는 것이다. 이처럼 단순히 사회봉사 활동 강화 수준이 아니라 기업 전반의 경영 활동에 ESG 경영 활동이 녹아 있다는 점에서 향후 리더들의 책임과 역할은 더욱 중요하다.

⊘POINT ....

1. ESG 경영 전반에 대한 개념 정립이 필요하다. 리더와 팔로워 모두 ESG 경영 활동에 대한 전반적 지식을 습득해야 한다.
2. 리더는 팔로워들의 사회 공헌 활동을 위해 제도적, 시스템적으로 개선·보완 되어야 할 부분들을 찾아 ISR 활동이 활성화될 수 있는 환경을 조성해야 한다.
3. 팔로워들과 함께 ESG 경영의 밑바탕이 될 활동들을 찾아 매달 실천하는 사내 문화를 만들어라.
4. 리더부터 사회 공헌 활동에 참석하자. 전형적인 솔선수범이 필요한 영역이다. 리더가 먼저 하지 않고 팔로워들을 강제하기는 매우 어렵다. 사회 공헌은 한두 번 경험해 보고 자연스럽게 생활화하는 것이 중요하며 초기에 부정적 감정을 갖지 않도록 유의해야 한다.

글로벌 경영의 관건은
글로벌 리더십이다

　　글로벌 시대가 도래했다. 특히 국내 굴지의 기업들은 내수는 기본이고, 해외 수출 또는 해외 현지 공장 건설을 통해 글로벌 경영을 하고 있다. 주요 대기업들은 예외 없이 해외로의 수출을 통한 상품 판매와 해외에 제품 생산 라인을 구축하는 등 해외 시장 개척에 동참하고 있다.

　　진정한 글로벌 경제 시대다. 그러므로 기존에 체득해 온 리더십에도 변화가 필요하다. 그렇다면 훌륭한 글로벌 리더가 되려면 어떻게 해야 할까?

　　첫째, 글로벌 마인드 Global mind를 가져야 한다.

　　글로벌 마인드는 외국의 다양한 시장과 문화를 이해하고 받아들이는 역량으로, 다름을 틀린 것으로 인식하는 게 아닌 문화의 한 부분으로 받아들이도록 하는 '문화 감수성'을 의미한다. 사례를 통해 글로벌 마인드에 대한 개념을 살펴보자.

따르는 사람, 이끄는 사람

미국여자프로골프 LPGA는 2010년까지만 해도 연간 30개가 넘던 대회 수가 24개까지 감소하는 등 존립의 위기를 겪었다. 다행히도 수년 전부터는 다시 인기를 되찾으며, 2015년 시즌에는 무려 공식대회만 32개를 유치하는 등 반전에 성공했다. 이는 미국 위주였던 투어의 기반을 아시아, 유럽 등 해외로 돌려 글로벌화를 추진한 결과였다. 덕분에 한국여자프로골프 선수들의 선전이 눈에 띄었고 장하나, 김세영, 백규정, 김효주 등 한국 선수들이 대거 진출했으며, 최나연, 김세영, 박인비, 양희영, 리디아 고 선수가 2015시즌 LPGA투어에서 개막 후 5연승을 달렸다. 아래는 LPGA 존 포다니 Jon podany 부회장과의 인터뷰 내용 중 일부다.

한국인 기자의 질문: 2014년 마지막 LPGA 4개 대회를 포함하여 2015년 현재 총 5개 대회까지 총 9개 대회를 연속으로 한국 선수들이 우승하고 있다. 특히 2015년 초반 한국 선수들이 5개 대회를 휩쓸면서 '흥미 저하'를 우려하는 목소리도 있는데 이에 대해 어떻게 생각하는가?

존 포다니 LPGA 부회장 답변: 그들은 한국 선수가 아닌 LPGA 선수일 뿐이다. 한국을 비롯한 미국, 스페인, 중국 등 다양한 국적의 선수들이 펼치는 경쟁은 오히려 흥미롭다. 더구나 박인비, 최나연, 유소연 등은 팬 서비스에도 적극적이다. 특정 국가 선수라는 국적 개념이 아니라 LPGA 정회원 선수라는 것이 중요하다.

기자의 질문 취지는 '이렇게 한국 선수들이 우승을 휩쓸었다가는 다른 국가 선수들과 팬으로부터 질투를 받는 것 아닌가'라는 우려를 담은 것이었다. 이 질문에 대해 '국적, 인종, 민족에 앞서 모두

LPGA 정회원 멤버'라고 표현한 존 포다니 부회장의 대답은 '글로벌 마인드'에 대한 정의를 명확히 드러낸다. 같은 조직에 속한 정회원들은 모두 동등하다는 생각을 담은 대답, 이것이 바로 '글로벌 마인드'다.

둘째, 글로벌 리더는 최대한 해외 현지 문화에 많이 노출된 경험이 있어야 한다.

지식적으로 접근해서는 다른 나라의 문화를 온전히 이해하기란 불가능하다. 직접 체험하고 경험을 쌓는 것이 중요하다.

국내 대기업인 동서식품은 2010년 자신들의 주력 상품 중 하나인 '프리마'를 중앙아시아 카자흐스탄으로 수출해 690만 달러, 한화로 약 80억 원의 실적을 올렸다. 동서식품의 성공에는 '문화에 대한 이해'가 있었다. 동서식품의 해외 영업팀 직원들은 이 수출을 성사시키기 위해 카자흐스탄을 면밀히 조사했다. 그들의 데이터에 따르면, 카자흐스탄 사람들은 예로부터 차에 가축의 젖을 넣어 마셔 왔기에 자신들이 수출하고자 하는 프리마가 적격이라는 것이다. 그래서 현지의 입맛을 이해하고 적응 훈련을 위해 매일 홍차를 마시며 2시간 이상씩 미팅을 했다고 한다.

이 사례는 '문화를 이해한다는 것'이 비즈니스 성패를 좌우하는 중요한 경쟁력임을 보여 준다. 다른 나라의 문화와 일상에 녹아들어 꾸준히 경험하고 체득하며 기업 경영과 업무 진행, 성과 창출에 활용하고 팔로워들에게 이를 전수해 주는 것이 앞으로의 리더들에게 꼭 필요한 역량이다.

따르는 사람, 이끄는 사람

개인이 할 수 있는 서로 다른 두 가지의 사례를 통해서 글로벌 노출 Exposure과 경험 Experience이 글로벌 리더십에 얼마나 영향을 미치는지 알아보자.

P전무는 한국 본사에 근무하며 해외 공장 운영 및 관리 지원을 담당하고 있어 1개월에 1~2번 정도로 해외 출장이 잦은 편이다. 예를 들어 체코공장을 방문하면 공항에 픽업을 받고, 호텔 투숙, 이튿날 아침에 현지 공장에서 픽업, 현장 라인 방문 및 업무 보고의 2박 3일 일정을 하더라도 그 동선이 '공항-호텔-공장-호텔-공항'으로 말 그대로 업무만 하고 복귀한다. 게다가 업무 스케줄도 매우 타이트하게 잡는다.

P전무는 매우 업무 중심적이고 공식적 업무 외 사적인 자리에는 관심이 적다. 그러다 보니 체코 현지에 가더라도 현지인 팀장, 임원들과 별도의 간담회를 통한 그들의 이야기를 듣는 시간이나 현지인 거주 지역, 현지인 가정에 초청받는 것을 부담스러워 하는 등 해외 출장은 갔지만 해당 지역의 사람, 문화, 풍경, 거주지 환경 등에 노출되는 일은 거의 없다. 해외 출장을 많이 다닌다고 글로벌 문화에 많이 노출되고 이를 경험하는 것은 아님을 P전무의 사례로 알 수 있다.

또 다른 사례를 보자.

한국인들의 경우 해외 여행을 갈 때, 소수의 인원보다는 다수의 인원으로 가는 것을 선호한다. 특히 가족 단위의 여행에는 두세 가족이 함께 가는 경우가 많다. 아는 가족끼리 가면 경비 절감 및 안전 문제, 서로 의지할 수 있는 등 긍정적 효과가 크기 때문이다. 하지만 해외 여행 시 두 가족 이상이 함께 팀으로 움직일 경우 현지 여행지에 가더라도 다른 외국인 가족과 자연스럽게 어울리게 되는 가능성이 차단된다. 즉, 해외 여행 장소는 외국이지만 같이 어울리는 사람들은 기존의 친구나 가족과 같은 한국인이다.

외국인 가족들 입장에서는 한국인 가족끼리 성역을 구축해 버림으로써 우연찮게라도 함께 어울릴 만한 여지가 아예 사라지는 것이다.

두 사례는 해외에 갔지만 현지의 다양한 문화, 사람들과 어울리거나 부딪힐 기회를 스스로 차단한 경우다. 처음 보는 현지 직원들과 가족 간에 만나고 인사하고 말을 섞는 과정, 그들과 어울리고 소통하는 과정에서 자연스럽게 글로벌 노출과 경험을 하게 되고 그런 것들이 누적되면서 글로벌 리더로서의 소양이 쌓이는 것인데, 위의 두 사례는 그 부분이 조금 부족하다.

글로벌 리더로서의 소양을 갖추기 위해서는 해외에 방문했을 때 의도적으로라도 새로운 문화에 자신을 노출시켜야 한다. 그곳에서 보고 배운 경험들을 팔로워들에게 알려줄 수 있고, 조언할 때 참고할 수도 있다. 혹은 다음에 맡게 될 프로젝트에 그 경험이 큰 도움이 될지도 모르는 일이다. 열린 마음을 가지고 낯선 문화를 경험하라.

셋째, 글로벌 리더는 글로벌 센싱 Global sensing 능력이 필요하다.

글로벌 센싱 능력은 전 세계적인 관점을 가지고 특정 지역에서 발생한 사건이나 이슈가 해당 국가나 기업들에 어떠한 영향을 미치는지를 파악하는 능력을 의미한다. 기업에서 근무하는 리더와 팔로워들은 국제 정치, 경제, 문화적 요인 중에서 특정 이슈가 발생하면 그것이 해당 기업에 미치는 영향을 직관적으로 판단하고 관련 조사를 즉각적으로 실행하여 그 파장을 예측하고 준비하는 대응 능력이 있어야 한다. 이를 잘하는 것을 두고 글로벌 센싱 능력이 뛰어나다고 한다.

글로벌 센싱 능력은 외국어 사용 능력이 좋을수록 좋다. 특정 이슈에 대해서 정보, 자료 검색을 할 경우 혹시나 네이버, 다음과 같은 국내 사이트를 사용하는가? 사실 해외와 관련된 광범위한 검색을 위해서는 해외 사이트를 활용하는 것이 좋다. 하지만 정보의 표기가 영어로 되어 있어 외국어 사용 능력에 따라 지식을 받아들일 수 있는 수준이 달라질 수 있다. 더 많은 정보를 깊이 있게 획득하고 싶다면 외국어 사용 능력은 필수다. 그러므로 리더는 외국어 사용 능력을 향상시키기 위해 내·외부 교육에 적극적으로 참여해야 한다. 그리고 해외 사이트를 자주 이용해 검색하고 중요 이슈는 번역 프로그램의 도움을 받아 어떤 내용인지 숙지하려는 노력이 필요하다.

넷째, 글로벌 에티켓 Global etiquette을 갖춰야 한다.

일반적으로 글로벌 에티켓은 한 국가나 한 문화의 지엽적이고 지역적이고 특수적인 규범을 넘어 전 세계 사람들이 유의해야 할 규범으로, 외국에 갔을 때 그 나라의 정치적, 사회적, 종교적, 문화적 특성을 잘 파악하여 그들의 감성이나 현지 문화, 현지 국가의 원칙과 예의에 어긋나지 않게 행동하고 처신하는 것을 말한다.

글로벌 시대에 도달하면서 에티켓이 성과를 결정짓는 핵심 경쟁력이 되면서 이에 대한 관심도 급부상했다. 그래서 국내의 몇몇 대기업에서는 이 글로벌 에티켓을 기업에 소속된 이들에게 적극적으로 홍보하고 있다. 대한항공은 기내지에 글로벌 에티켓을 소재로 한 칼럼을 실었으며, 아시아나항공과 삼성전자도 글로벌 에티켓 관련 캠페인을 진행한 바 있다.

하지만 전 세계 200여 개 국가에 수많은 민족이 외국에 갈 때마다 해당 국가의 모든 것을 사전에 파악하여 그 나라에서만 통용되는 행동 규범을 실행에 옮기는 것은 현실적으로 불가능하다. 매번 모든 국가별, 민족별, 개별적 상황에 맞게 대응하기는 절대 쉽지 않다.

그렇다면 국가와 민족을 떠나 모두 아우르는 글로벌 에티켓은 무엇일까? 그것은 '인간에 대한 최소한의 예의'다. 사람 대 사람으로서 인종, 나이, 국적, 성별과 관계없이 '인간에 대한 존중'과 '사람에 대한 애정'만 갖고 있으면 이미 그 사람은 글로벌 에티켓을 잘 갖추고 있는 것이다.

따르는 사람, 이끄는 사람

리더는 팔로워들에게 업무 역량 강화 교육을 하듯, '인간에 대한 최소한의 예의'를 기반으로 하여 해외 에티켓에 대한 지속적인 교육을 진행해야 한다. 예를 들어, 이탈리아에서는 미팅을 할 때 상대의 눈을 응시해야 하는데, 그렇지 않으면 다른 수를 쓰려 한다고 의심받을 수 있다. 또한, 인도네시아에서는 허리를 양손에 얹는 건 화가 났다고 오해할 수 있으며 우산을 선물하는 것은 '다시 보고 싶지 않다'는 것을 의미하므로 선물로 우산은 피하는 것이 좋다.

리더는 이처럼 책과 인터넷에 무궁무진하게 떠도는 에티켓들을 모아 팔로워들에게 공유하자. 그리고 해외 파트너와 미팅을 갖거나 해당 국가에 방문 시 활용할 수 있도록 팀 내 자체 가이드를 만들어 리더와 팔로워 모두 학습할 수 있도록 해야 한다.

다섯째, 글로벌 시민의식 Global citizenship 을 갖추어야 한다.

'글로벌 시민의식'이라 함은 특정 국가나 민족에 연연치 않고 전 세계의 모든 사람과 함께 조화롭게 살아가는 능력과 교양을 말한다. 출신 국가의 주체성은 가지되 다른 국가 및 민족에 대한 동등한 의식을 가지고 공존하며 살아가는 능력을 키워야 한다.

글로벌 마인드, 글로벌 노출 경험, 글로벌 센싱 능력, 글로벌 에티켓 및 글로벌 시민의식을 잘 갖추었을 때 비로소 글로벌 리더십이 뛰어나다고 할 수 있을 것이다.

1. 본인이 종사하는 업종이 세계적으로 어떤 상황이고 이슈가 있는지 관심을 가져야 한다. 세계 시장에 상품을 제조, 판매하는 업종이면서 해외에 사업장이 있다면 조직 내 핵심 리더 후보군에 포함되는 팀장들은 해외 사업장 근무의 경험을 갖는 것이 글로벌 리더십 형성에 절대적인 도움이 될 것이다.

2. 영어 신문이나 영어 방송을 수시로 접하는 것은 글로벌 센싱 능력과 더불어 영어 구사 능력 및 영어 독해 능력을 향상시킨다. 자료나 정보 검색 시 한국어 포털에만 의존할 것이 아니라 습관적으로 구글 같은 영어 포털을 이용해 보는 것도 권장한다. 리더십 관련 번역본을 보고 책의 내용이 두 번 이상 볼 가치가 있는 내용이라면 영어 원서를 구입해 다시 읽어 볼 것을 권장한다.

3. 업무적으로 해외 출장을 가거나, 개인적인 해외 여행을 갈 경우에도 개방적인 마인드를 갖고 누구라도 만나서 이야기해 볼 수 있다는 자신감을 갖고, 글로벌 노출 경험을 쌓아라. 특히 기회가 되면 전 세계 4대 문명 관련 정치, 역사, 종교, 전쟁 등의 굵직한 아젠다에 대해 관심을 두고 학습해라.

4. 리더는 책, 인터넷을 통해 글로벌 에티켓에 대한 정보를 모아 팔로워들에게 공유하고 나중을 대비해 가이드를 만들어 둬라.

리더의
자기 객관화 능력

        인간은 사회적 동물이다. 항상 조직을 구성하게 되고, 해당 조직 내 구성원들 사이에는 필연적으로 리더가 생긴다. 인간이 집단생활을 시작한 이후 그 조직이나 커뮤니티에는 자연스럽게 리더가 생겼다. 그리고 그 리더와 함께 팔로워의 기대에 부응하여 행동하고 반응하는 리더십도 항상 존재했다. 두 명 이상의 사람들이 함께 생활하면, 그 안에선 이끄는 사람과 따르는 사람이 있기 마련이고, 이에 대한 리더십 이슈도 당연히 발생할 수밖에 없다. 태곳적부터 4차 산업혁명을 운운하는 현재, 나아가 앞으로도 인간이 존재하는 한 리더십 이슈는 끊임없이 제기될 것이다.

    많은 리더가 훌륭한 리더십을 갖추고 유지하기 위해 노력하지만 쉽지 않다. 그 이유는 직위, 직책 같은 조직 내·외부의 권위가 높아짐에 따라 자연인으로서의 내적 자아를 잃어 가고, 스스로를 객관적으로 보고 평가할 수 있는 능력이 줄어들기 때문이다. 이에 대한 예시로 K팀장의 사례를 살펴보자.

K팀장은 본인이 '소통의 달인'이라고 생각한다. 누구보다 '술'도 잘 마시고 즐기면서 팀 안팎으로 많은 사람을 만난다. 그는 스스로를 지금 시대에 최적화된 '소통의 리더십을 갖춘 리더'라고 믿고 있다. 이에 반해 그 술자리에 함께했던 팀원들이나 주변 동료들은 K팀장을 떠올리면 고개를 절레절레 흔든다. 한 번 정도는 어떻게 자리를 함께하겠지만, 두 번은 같이 하기 싫은 스타일이라고 한다. 도대체 무슨 일이 있었던 것일까?

그 이유를 들어 보니, 술자리에서 K팀장은 혼자 떠들고 재밌어했다고 한다. 자리를 함께한 팀원들은 두세 시간 동안이나 K팀장의 술자리 도우미 역할을 해야 했고, 정작 본인들은 의례적인 이야기 외에는 제대로 된 대화를 나누지 못했다. 회식 자리는 업무 외적으로 마음을 터놓고 소통할 수 있는 유일한 창구인데, K팀장은 왜 본인 말만 하고 팀원들의 얘기를 들어주지 않는지 답답하기만 하다.

팀원들의 시각에서는 여러 가지 문제가 속속들이 보이는데, 정작 K팀장 본인은 무엇이 문제인지 전혀 인식하지 못하고 있다. 특히 밤마다 술자리를 만들어 가며 팀원들과 열심히 '소통'을 하고 있다고 착각하는 것이 가장 큰 문제다. 그러면서 연말 인사고과 시기가 되고 직원 승진 및 보직 임명이 있을 때마다 본인이 팀장 이상의 리더 그룹에는 진입하지 못하는 것에 불만을 품는다. 누구보다 열심히 잘하고 있는데 조직에서 제대로 인정을 해 주지 않는다고 억울해하면서 '조직 탓'을 하는 것이다.

너 자신을 알라

만약 필자가 K팀장과 아는 사이였다면 이 말로 조언을 시작했을 것이다. 고대 그리스의 유명한 이 격언은 '자기 객관화 능력'을 단적으로 표현하는 말이다. 사람은 살면서 다양한 지식을 배우지만, 정작 자기 자신에 대해서는 깊이 성찰하지 않는 경우가 많다. 위 격언은 자기 자신을 알아야 한다는 의미도 있지만, 업무관계나 인간관계에 문제가 있을 때 상대가 아닌 자신을 먼저 돌아봄으로써 해결의 실마리를 찾을 수 있다는 뜻도 담겨 있다. 이런 관점에서 볼 때 K팀장은 평소 자신의 행동을 객관적으로 되짚어 봐야 한다.

자기 객관화 능력은 '자가 리더십', '셀프 리더십 Self-leadership'이라고도 하며, 말 그대로 자기 스스로를 객관적으로 볼 수 있는 능력을 의미한다. 메타인지 이론을 빌리자면, 현재의 외형적으로 드러나는 '나'라는 A실물자아가 있고, 그 이면에 '또 다른 나'라고 할 수 있는 A′내면자아가 따로 있는 것이다. 즉, 평생을 살아가면서 A실물자아와 A′내면자아는 서로가 갈등하거나 공감하는 등 상호보완적인 관계를 유지하게 된다.

예를 들어 A실물자아가 원초적 욕망과 본능에 따른 행위를 하고자 할 때 A′내면자아가 그 욕구를 조절하기 위해 인내를 발휘하고 다른 방향으로 관심사를 전환하는 역할을 함으로써 A실물자아가 사회생활을 적절하게 잘할 수 있도록 도와주는 것이다. 엄밀히 보자면 사실상 A실물자아는 A′내면자아의 통제, 관리를 받는 것이다. 즉, 스스로가 스스로를 이끌어 가는 것이다.

자기 객관화 능력이 높거나, 셀프 리더십이 뛰어난 리더들의 경우 바로 A′내면자아가 발달해 있다. 우리가 보통 '정신적으로 성숙했다'라고 하는 것은 바로 이 A′내면자아의 교양이 높음을 의미한다.

그렇다면 A′내면자아가 성숙하지 못한 이유가 무엇일까?

기업에서 직위가 올라가 팀장이나 실장, 사업부장, 본부장이라는 보직을 맡게 되면 직위, 직책이라는 권위가 작용하게 된다. 일명 직책에 따른 책임과 역할이 '권력'으로 인식되기 시작하는 것이다. 이때부터 서서히 문제가 발생한다. 직위, 직책이 높아질수록 권력은 더 강해지게 된다. 그래서 점차 A′내면자아의 자리에 '권력'이 자리 잡게 되고 그 맛을 느끼게 된다. 이것이 나중에는 권력 남용과 오만한 행위로 표출되는 것이다.

K팀장의 사례로만 봐도 리더 스스로와 팔로워와의 관계를 위해서 '자기 객관화 오류'는 리더의 발전과 팀 내 신뢰 형성을 위해서는 반드시 제거해야 할 요소임은 분명하다. 이를 극복하는 것에는 개인적 차원의 방법과 조직적 차원의 방법이 있다.

우선 개인적 차원에서의 개선 노력 방법으로 첫 번째는 주변 동료들의 이야기에 귀를 기울이는 것이다. 그런데 이 방법은 부하 직원이든 주변 동기든, 상사든 K팀장에게 직언이나 조언을 해 주지 않을 수도 있다. 그동안 K팀장은 자기 이야기만 하고 남의 이야기는 듣지 않는다는 평판을 쌓아 왔기 때문이다. 그래서 주변 사람들은 그에게 이야기해 봐야 듣지 않을 거고, 들었다고 하더라도 결코 고치거나 개선할 사람이 아니라고 생각할 가능성이 크다. 특히 부하 팔로워들의 직언이나 의견은 더욱 인정하거나 수용하지 않을 수도 있어 도움을 주기 어려울 수 있다.

두 번째, 팔로워들이 리더에게 조언이 되는 어떤 말을 할 때 불이익을 받지 않을 것이라는 믿음을 심어 줘야 한다. 그래야 서로 건강한 피드백을 주고받을 수 있으므로 자유롭게 말할 수 있는 신뢰를 우선 쌓길 권장한다. 에이미 에드먼슨 교수의 저서『두려움 없는 조직 The fearless organization』에서는 이를 '심리적 안전감Psychological safety'이라 제시하며, 조직의 리더가 조성한 심리적 안전감 수준만큼 팔로워들이 다가와 이야기할 수 있다고 말한다. 즉 리더와 구성원 간에 쌓인 신뢰를 기반으로 '상호작용'이 일어나며, 그 상호작용이 활발해지면서 리더가 현재 자신의 수준을 팔로워들로부터 확인할 수 있게 된다는 것이다.

셀프 리더십을 통한 본인의 내면자아가 바라본 실물자아와 직원들이 바라보는 실물자아에 대한 평가값이 유사하면 자기 객관화 능력이 우수한 것이고, 그렇지 않을 때는 무엇이 문제인지를 파악하는 것이 바로 자기 객관화 과정이다. 즉, 팔로워들 간의 일상적인 소통 과정을 통해서 본인의 리더십을 수시로 자체 평가하고 검증해야 한다.

셋째, 말을 하기 전, 입에서 뇌를 거치는 듯한 시간적 여유를 가져야 한다. 일반적으로 대화 상대의 말을 듣지 않고 본인의 말을 주도적으로 하는 사람들은 그만큼 사고가 빨리 돌아가는 사람일 수도 있지만, 전반적인 분위기 등은 개의치 않은 채 바로바로 내뱉는 사람으로도 보일 수 있다. 그러다 보니 소통하는 대상의 공감을 얻지 못하고, 말하는 과정에서 말실수하거나 굳이 할 필요 없는 말까지 하는 경우가 잦다. 사적인 소통에서도 이런 문제는 돌이키기 어려운데, 공적인 업무를 처리할 때 이렇다면 기업 내 이것저것 얽혀 있는 복잡한 문제를 해결함에 많은 어려움을 겪을 수밖에 없을 것이다.

'나무를 보지 말고 숲을 보라'는 말이 있다. 당장 이 말을 꼭 해야겠고, 어떤 걸 꼭 지적하고 싶은 마음이 용솟음칠 때가 있을 것이다. 그때 '할까 말까'를 망설일 필요 없다. 그냥 안 하면 된다. 그 상황 자체를 나와 '단절'해 보는 연습을 해야 한다. 예를 들어, 팔로워들과의 간단한 티타임 중 질문을 던지는 형식만을 취해라. 내가 겪은 일 따위는 중요치 않다. '내 말은 뇌를 거쳐 입으로 오는 중이다', '내 말은 내가 언제라도 할 수 있으니 심적 여유를 갖자'는 생각으로 우선 다른 이들의 말에 귀 기울이는 것이다.

넷째, 리더가 개인적으로 외부로 나가 새로운 인사이트를 경험해야 한다. 기업 내에서 매일 마주하는 사람들과의 좁은 인간관계만을 맺다 보면 '어떤 사람인지 다 안다'는 착각을 하기 쉽다. 다 안다고 생각하다 보니 소통을 하면서 무심코 말을 던지게 되는 경우가 생긴다. 그렇기에 조금은 '말하기 불편한 상황'을 맞닥뜨려 보는 게 좋은 방법이 될 수 있다. 리더가 이제껏 쌓아 온 권위를 내려놓고 평소에는 접하기 어려운 새로운 환경에서 다양한 사람들을 보고 그 이야기를 들어 보길 추천한다. 누가 어떤 말을 할지, 그리고 어떤 삶을 살고 무슨 일을 해 왔는지 예측할 수 없기에 한 조직의 리더라 할지라도 쉽게 말을 꺼내기 어려울 것이다. 그러다 보면 자연스럽게 말을 줄이고 듣는 연습을 할 수 있다.

조직적 차원에서의 개선 노력 방법은 정기적인 대화 채널을 활용하는 것이다. 1년에 1회 또는 반년에 1회 정도는 팀장과 팀원 간의 '극도의 솔직함'을 전제로 하는 대화 채널을 가동하는 것이다. 리더에 대한 칭찬 사항, 당부 및 부탁 사항, 금기 사항 등에 팔로워들이 팀장에게 이야기하는 시간을 정기적으로 갖는 것이다. 대면으로 말하는 것이 어렵다면 무기명으로 그 내용을 작성하여 한번에 모아 팀장에게 전달하고, 팀장은 공식적인 회의 자리에서 그 건의에 답변하는 방법도 있다.

'극도의 솔직함'을 전제로 하는 대화 채널 가동을 조금 더 공식적으로 적용한 다면평가360 Degree feedback 제도도 한 방법이 될 수 있다. 상사뿐만 아니라 본인, 동료, 부하, 외부 고객 등 여러 사람이 다양한 각도와 관점으로 피평가자를 평가하는 방식이다. 요즘은 이 다면평가 결과를 인사 평가 차원에서 참조하고 리더십 평가의 절대적인 지표로 활용하는 조직들이 늘어나고 있다. 실제로 실리콘 밸리의 다수 회사에서는 다면평가를 통해 팀장을 선정하거나 승진, 해임을 결정하는 경우도 있다.

한편으로는 이 평가 제도로 인해 리더가 팔로워나 동료들의 눈치를 봐야 하는 불쌍한 신세로 생각될 수도 있다. 좋은 평가를 받기 위해 인기에만 영합하는 리더들도 적지 않다. 하지만 실제 도움이 되는 다양하고 공정한 관점의 피드백을 받을 수 있으며, 이를 통해 리더가 발전할 가능성이 커진다는 장점이 있다. 자신을 객관화하는 데는 리더 스스로 강한 의지가 필요하다. 자신에 대한 평가가 좋지 않다고 해서 감정적으로 대응하기보다는 오히려 더 진정성 있는 평가를 해 달라고 재차 요청하는 적극성과 솔선수범을 보여 줘야 한다. 리더가 자기의 리더십 능력을 향상하고자 시작한 일인데, 본인이 듣고 싶은 이야기만 듣고 불편한 진실은 듣기를 거부한다면 성장할 수 없다. 안 좋은 소리라고 생각하기 전 얻고자 하는 본질에 집중해야 한다.

개인적 차원의 노력은 물론이고 조직적 차원에서도 평가를 통해 자기 객관화 능력이 어느 정도인지 스스로 인식하며 '내적 민첩성Inner agility'을 키우는 것은 매우 중요하다. 팀에 긍정적인 영향을 미치는 리더가 되고 싶다면 내면의 목소리에 집중하여 자기 자신부터 단단히 하는 데 힘을 쏟아야 한다. 더 나아가 기업에서도 리더들이 내면을 다질 수 있는 인사 평가 및 육성 시스템을 갖추는

데 더 많은 투자가 필요하다.

홀륭한 리더십은 '자기 자신을 아는 것, 그것도 객관적으로 자기 자신을 볼 수 있는 것'에서부터 시작함을 절대 잊지 말자.

조직문화가 곧
기업의 힘이다

조직문화란 개인과 집단 그리고 조직의 태도와 행동에 영향을 주는 공유된 가치와 규범을 의미한다. 조직문화는 구성원들이 일체감을 가지고 조직에 몰입할 수 있도록 해 주며, 조직의 가치를 강화시킨다. 아래 문장은 조직문화 구성의 순환을 단적으로 보여 준다.

"사람이 제도를 만들고, 제도가 일하는 방식을 만들고,

일하는 방식이 모여 문화를 만들고,

그 문화가 사람을 지배한다"

이 말을 기업에 빗대면, '사람이 기업을 만들고 그 기업의 일하는 방식들이 모여 조직문화를 만들고 이것이 사람을 지배한다'는 의미가 된다. 조직문화가 최종에는 집단을 지배한다는 점에서 매

우 중요한 요소임은 분명하다.

조직문화는 갑자기 만들어지는 것은 아니다. 회사 설립 및 사업 초기에는 소수의 '사람에 의한 경영(창업자 경영)'으로도 충분히 조직 운영이 가능하며 경영진의 요구와 경영 스타일에 따라 직원들의 일하는 방식이 결정된다. 그렇기에 창업주의 사업 수완과 능력이 기업의 존폐에 절대적인 영향을 미친다. 그러다 조직이 성장하면서 직원들의 숫자가 늘어나고 매출액이 증가함에 따라 더 이상 소수 경영진에 의존한 경영의 한계에 봉착하게 된다. 기업의 경영진들은 매출 확대와 함께 기업의 가치를 상승시키고 지향하는 목표를 이루기 위해 기업 내부의 모든 것들을 시스템화하고 프로세스를 구축하면서 조직문화를 형성한다. 이 과정에서 각종 제도와 규정, 정책들이 생기고 '제도에 의한 경영(시스템 경영)'을 도입하게 되는데, 경영진 한두 명의 잘잘못에 의해 기업의 사운이 결정나지 않도록 체계적이고 안정적 경영시스템을 구축하는 것이다. 대다수 국내 기업들이 1970년대부터 2000년에 이르는 시기인 양적 성장 시기에는 이 단계가 절대적으로 필요했던 때이기도 했다.

"한 번 문화에 지배당한 사람은 잘 안 바뀐다"

이때 사업 성과가 좋았던 국내 기업들은 경영진을 비롯한 구성원들은 자신들의 일하는 방식에 대한 확신과 더불어 해당 조직의 조직문화가 바람직한 방향으로 가고 있다는 생각이 강해졌다. 그렇다 보니 현재까지도 이 제도에 의한 경영방식의 장점을 맹신하고 확신하는 기업들이 꽤 많다.

그러나 기존의 방식을 '절대 원칙'으로 간주하고 오랜 시간 고수하는 것은 또 다른 발전을 위한 '혁신의 걸림돌'이 될 수 있다. 제도에 의한 경영을 하던 시기에 양산된 각종 제도와 규정, 절차들이 이제는 반대로 점차 직원들을 옥죄며 자율성, 창의성, 열정을 사라지게 하는 결과를 초래할 수 있다. 즉 과거의 '효율성'이 미래의 '창조성'을 죽이는 것이다.

현 시기는 과거 성장기 때와는 다르다. 그 시간을 벗어난 지금에는 '제도에 의한 경영'은 오히려 독이 될 수 있다. 전대미문의 고도성장, 성공적 경영을 경험한 조직일수록 이런 시스템 경영을 벗어던지기 어렵다. 기업의 평균 수명을 좌지우지하는 것이 바로 이 대목이다. 기존의 조직문화에 의존한 채 성공의 함정을 벗어나지 못하고 안주하는 기업들은 대부분 저성장의 길로 들어서고, 미래에 대비해 이전과는 다른 조직문화의 변화와 혁신을 추구하는 기업만이 살아남을 수 있다. 이에 대한 거시적인 변화 방식에는 '문화에 의한 경영 Culture management'이 있다.

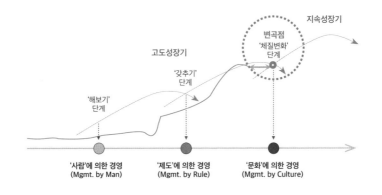

문화 경영은 모든 조직 내 팔로워들이 기업의 사업 목표 달성을 위해 일상적인 업무를 하는 과정에서 핵심 가치를 기반으로 하는 업무 진행이 요구된다. 여기서 핵심 가치는 '개인 또는 전체 구성원이 공통적으로 인지하고 있는 의사결정의 판단 기준'을 이르는 말로, 미션 수행과 비전 달성을 위해 내재적으로 공유해야 할 공통분모로서의 가치를 의미한다. 체질변화가 이뤄져야 하는 단계인 문화 경영에서 매우 중요한 변곡점이 되어 주는 요소기도 하다.

그렇다면 기업의 조직문화에 있어 이 핵심 가치는 어떤 역할을 할까?

첫째, 핵심 가치는 리더와 팔로워의 의사결정 판단 기준이 된다.

일반적으로 기업에는 많은 사람이 소속되어 있다. 그리고 그 구성원 각각은 자신의 자리에서 시시각각 어떤 판단을 하고 업무에 반영한다. 특히 조직의 규모가 클수록 수많은 의사결정이 일어나는데, 매번 상사의 지시나 동의를 얻은 후 업무를 추진하는 것은 사실상 불가능하다. 또한, 현장에서 발생하는 사소한 일들을 사사

건건 상사나 경영진에게 보고하고 그 지침을 받아서 처리할 수 없고 실무자의 판단과 일하는 방식에 따라 업무를 처리해야 한다. 이런 이유로 조직 내 구성원들에게 어느 정도의 판단 근거나 기준으로 삼을 수 있는 가이드라인을 설정해 주는데, 이것이 바로 '핵심 가치'다. 핵심 가치가 잘 내재화되어 있으면 웬만한 의사결정은 팔로워 스스로 내릴 수 있게 된다.

둘째, 조직 구성원들의 행동 방향을 설정해 준다.

핵심 가치는 의사결정의 판단 기준이 되는 것처럼 구성원들이 기업이 이끄는 한 방향의 목표를 향해 나아갈 수 있도록 행동을 잡아 주는 역할을 한다.

조직의 규모가 커지면 조직 구성원들의 다양한 성격과 성향들이 공존하게 되고 그로 인해 각각 다른 행동 양식을 보이게 된다. 만약 다들 다른 생각을 가지고 각자의 수준과 방향에 맞게 행동한다면 어떨까? 조직의 규모가 크면 클수록 혼란이 생길 것이다. 그래서 핵심 가치를 통해 기업이 가지고 있는 미래의 방향성을 제시하는 것이다.

제도에 의한 경영으로 팔로워를 통제 관리하려는 것을 유지한 채, 다시 그 위에 직원의 자율성을 요구하는 위로 새로운 것을 덧대는 것은 결코 발전적인 발상이 될 수 없다. 이전의 경영 방식을 벗어나 문화 경영을 추구하는 기업이 되기 위해서는 기업의 비전과 철학이라는 핵심 가치를 명확히 하여 경쟁력을 유지해야 한다. 일반적으로 국내 기업들은 그 비전과 이념이 명확하지 않고 성과에 집중하는 경향이 더 큰 비율을 차지하고 있다. 공식적으로 비전과 이념을 제시했다 할지라도 리더와 팔로워 간에 공유하고 있는 범위가 작거나 경영 전략 및 기업 내 제도와의 연계성이 부족하며, 경영진들의 솔선수범과 언행일치도 찾아보기 어렵다. 즉 기업의 비전과 철학을 내세우고 이를 이어 나가기엔 관리상의 체계적인 노력이 부족한 실정이다.

핵심 가치로 기업에 닥친 위기를 넘긴 일화에서 자주 언급되는 기업이 있다. 바로 1886년 설립된 존슨앤존슨 Johnson&Johnson 의 '시카고 타이레놀 사건'이다. 1982년, 미국 시카고 일대에서 며칠 새 7명이 의문의 죽음을 맞았다. 이 7명 모두 죽기 전 타이레놀을 복용했는데, 이 캡슐에 생명에 치명적인 독극물인 청산가리가 있었다는 사실이 밝혀져 경찰이 조사에 착수했다. 경찰이 아직 사건의 진상을 밝히지 못했던 상태였지만 존슨앤존슨은 자신들이 할 수 있는 조치를 하기 시작했다. 우선 타이레놀 제조 중단과 함께 리콜을 결정했으며, 해당 광고를 모두 내렸다. 그리고 존슨앤존슨 회장이 직접 언론을 통해 입장 표명 및 파악된 상황에 대해서 공유하고, 진상이 밝혀질 때까지 제품을 복용하지 말도록 했다. 수사 결과, 이는 존슨앤존슨의 제조나 포장, 유통에서 문제가 있었던 것이 아닌 소매상이 유통하는 과정에서 일어난 범죄임이 밝혀졌다.

이 사건이 터졌을 당시에는 많은 사람이 부동의 감기약 1위였던 타이레놀은 이제 시장에서 외면받을지도 모른다고 생각했다. 하지만 소비자들은 존슨앤존슨의 조치를 높이 평가했다. 그들의 조치에 담긴 진정성이 소비자들에게도 닿은 것이다. 이 일을 계기로 타이레놀은 이물질을 넣을 수 없도록 캡슐로 약을 만드는 생산을 중지하고 삼중 포장 용기를 개발해 다시 시장에 복귀했으며 빠르게 이전과 같은 시장점유율을 회복했다. 이들의 뛰어난 위기 극복 뒤엔 기업 설립 때부터 지켜온 그들만의 핵심 가치가 있었다.

'우리의 신조 Our credo'는 존슨앤존슨이 고객과 종업원, 지역사회, 주주 등에 대한 기업의 책임을 표명한 것이며, 이 신조의 첫 문장에는 아래와 같은 문장이 쓰여 있다.

> 우리는 가장 먼저 우리 회사 제품을 사용하는
> 의사, 간호사, 환자, 그들의 부모 등
> 모든 소비자에게 책임을 진다.

존슨앤존슨은 다른 가치들도 중요하지만, 저 첫 문장을 통해 소비자에 대한 책임을 가장 우선시하고 있음을 알 수 있다. 타이레놀 청산가리 사건에 대한 존슨앤존슨의 조치와 위기 극복은 이런 핵심 가치에 기반을 둔 해결책이었으며, 이것이 바로 핵심 가치, 조직문화의 힘이다.

생산성과 성과에 몰두하여 그 외적인 부분은 외면하던 시대를 지났다. 이제 기업들도 본업에 충실해야 하는 것은 물론 창의적이고, 진취적이며 유연한 사고를 하는 조직으로 거듭나야 하며, 이를 위해 문화 경영을 통한 경영관리시스템 재구축은 기업에 주어진 필수 과제다. 제도에 의한 경영으로 창의성과 자발성 저하 및 사기 저하가 초래된 조직이라면 기존의 각종 규제(규범, 제도, 정책 등)를 완화, 해소, 제거하는 '탈규제화 Deregulation'를 의도적이고 적극적으로 우선시해야 한다. 더 나아가 기업의 비전과 철학에 맞는 마인드셋을 팔로워들에게 일관적이고 지속적으로 인식시키는 방법을 고민해야 한다. 이것은 절대 개개인의 팔로워가 해낼 수 있는 영역이 아니다. 그 주체는 최고 경영진을 비롯한 임원, 팀장 등 리더 그룹이 되어야 한다.

실제 몇몇 기업에서 경영진을 비롯한 리더들을 대상으로 인문학 강의, 외부 초청 강의 및 조찬 미팅 등을 진행한다. 교육을 통해 기존 리더들의 리더십과 조직문화까지 새롭게 바꾸고자 하는 움직임의 일환인 것이다. 새로운 조직문화나 기업문화의 방향성이 설정되었다면 그 방향으로 가기 위한 모든 제도와 시스템, 프로세스 등도 전체적 정렬 Alignment이 되어야 한다. 이를 위해서는 리더그룹이 조직문화 변화를 위한 비전 선언을 대내외적으로 다양한 캠페인을 통해 공식화하고, 리더그룹의 변화 의지를 구체화하기 위해 특히 임원 그룹에 대한 KPI 평가, 업무 성과 평가 방식부터 변경해야 한다.

건전한 조직문화 구성을 위한 미시적인 변화 방식도 있다. 몇십 년을 유지해 온 기업의 조직문화를 리더가 순식간에 변화시키는 것은 불가능하다. 큰 틀에서는 위에서 언급한 문화에 의한 경영으로 가는 방향을 추구하되, 유지하고 있던 조직문화에 맞춰 변화를 시도하는 리더십을 발휘해야 한다.

조지아 주립대 채드 하트넬 ^{Chad Hartnell} 교수와 애리조나 주립대 안젤로 키니 ^{Angelo Kinicki} 교수의 연구팀은 기술기업들이 정보 교류를 하는 협회에 소속된 114명의 CEO와 324명의 임원을 대상으로 '과업 지향'과 '관계 지향'의 조직문화와 리더십이 조직에 미치는 영향을 설문 조사했다. 그리고 이 경영진들의 회사 재무 데이터 ^{ROA}를 기반으로 조직문화와 리더십이 일치했을 때와 그러지 않았을 때의 재무 성과를 확인했다. 결과는 의외였다. 원래 연구팀이 설정했던 '리더십과 조직문화가 일치할수록 성과가 긍정적'이라는 가설에 반대 결과가 나온 것이다. 오히려 일치하지 않을수록 재무 성과가 좋았다. 관계 지향의 조직문화를 가진 조직에서는 관계 지향의 리더십이 적은 리더의 성과가 좋았고, 과업 지향일 때도 결과는 같았다. 이 연구 결과는 우리에게 과유불급 ^{過猶不及}의 교훈과 조직문화에 따라 리더십을 어떻게 발휘해야 하는지를 알려 준다.¹⁾

지나침은 오히려 모자람만 못하다.

과업 지향과 관계 지향이 서로 반대 개념이라는 가정에서 이 연

---

1) Chad A. Hartnell, A. Kinicki, L. Lambert, M. Fugate, Patricia Doyle Corner, <Do similarities or differences between CEO leadership and organizational culture have a more positive effect on firm performance? A test of competing predictions.>, The Journal of applied psychology, Vol 101(6), Jun 2016.

구는 과업과 관계, 이 둘이 어느 쪽으로 치우치지 않고 균형을 이뤘을 때 조직에 성과를 낼 수 있다고 말해 주고 있다. 이러한 연구 결과에 기반하여, 리더는 자신이 속한 기업의 조직문화를 파악해 그와 반대되는 리더십을 발휘하여 어느 한쪽에 쏠리지 않도록 균형을 잡아야 한다. 과업 지향적인 조직문화를 가진 기업에 속한 리더라면 직원들과의 소통, 협력을 유도하는 관계 지향의 리더십을 지향하면 되고, 관계 지향적인 성향의 조직문화를 가진 기업의 리더라면 팔로워들에게 달성할 목표를 확실히 세워 주고 그 방향으로 갈 수 있도록 이끌어주는 과업 지향적 리더십을 지향해야 한다.

영원하고 성공적인 조직문화는 없다. 제아무리 성공적인 조직문화도 주변 환경이 변하면 점차 잘못된 조직문화로 변질할 수 있다. 잘못된 조직문화를 개선하거나 바꾸어야 하는데, 과거 성공한 사업성과를 이루게 해 준 조직문화라고 착각하고 변화하지 않는 것은 어리석은 선택이다. 조직문화는 리더십에 절대적 영향을 받는 요소임을 잊지 말고 리더그룹부터 변화하려는 노력과 기존의 조직문화에 반대되는 조직문화를 도입해 보려는 과감한 시도를 병행하는 것만이 지속 가능한 경영에 가까워질 수 있는 길이다.

1. 과일의 썩은 부분이 있으면 빨리 도려내야 하듯이 잘못된 '조직문화'가 정착되어 있을 때 리더는 이를 개선하는 모습을 팔로워들에게 보여 줘야 한다.

2. 해당 조직의 기업문화를 변화시키려면 최고 경영진을 비롯한 임원, 팀장 등 상위 리더 그룹이 먼저 바뀌어야 한다. 인문학 강의, 외부 초청 강의 등 가리지 말고 공부, 또 공부해라.

3. 새로운 조직문화의 방향을 설정했다면 바꿔야 할 모든 제도, 프로세스 등을 재검토해야 한다. 단순한 비전 선언이 되지 않도록 구체적인 방향성을 제시하여 리더 그룹의 조직문화 변화 의지를 팔로워들에게 공식화하여야 한다.

성공한 리더와 실패한 리더,
당신은 어떤 리더가 되고 싶은가

회사라는 조직에서 리더는 파트장, 팀장, 실장, 본부장 등의 보직을 맡는 사람을 의미한다. 실무자를 넘어 보직자가 되었다는 것은 실무 능력과 함께 해당 조직의 리더가 될 자격이 충분하다는 인정을 받은 것이기도 하다. 만약 첫 보직을 맡게 되었다면 향후 팀장, 실장으로 성장할 수 있는 첫발을 뗀 것이며, 임원으로 승진할 수 있는 가장 기본적인 조건을 채운 것이라고도 볼 수 있다.

오늘날 많은 조직이 소통과 협업, 팀워크, 공유, 공감, 수평적 문화, 집단지성을 강조하며 기존처럼 혼자 일하지 않고 여러 사람이 팀을 이뤄 일하는 경우가 많다. 이때 리더는 팔로워의 역량을 잘 이끌어 조직 성과를 만들어 내는 역할을 하게 된다.

이 책에서는 이러한 중요한 역할을 하는 리더들을 위해, 그리고 이들을 따르며 성장해야 하는 팔로워들에게 도움이 될 만한 내